CRYPTOASSETS

The Innovative Investor's Guide to
Bitcoin and Beyond

加密资产

[美] 克里斯·伯尼斯克（Chris Burniske）　杰克·塔塔尔（Jack Tatar）◎ 著

林　华　蔡长春　林　侃　邹传伟　田思源　等 ◎ 译

中信出版集团 · 北京

图书在版编目（CIP）数据

加密资产 /（美）克里斯·伯尼斯克,（美）杰克·
塔塔尔著；林华等译 . -- 北京：中信出版社，2019.1 (2019.2重印)
　书名原文：Cryptoassets:The Innovative Investor's
Guide to Bitcoin and Beyond
　ISBN 978-7-5086-9658-4

　I.①加… 　II.①克… ②杰… ③林… 　III.①投资 –
基本知识 　IV.① F830.59

中国版本图书馆 CIP 数据核字（2018）第 233474 号

Chris Burniske and Jack Tatar
CRYPTOASSETS: The Innovative Investor's Guide to Bitcoin and Beyond
Copyright © 2018 by McGraw-Hill Educaiton
ISBN 978-1-260-02667-2
All Rights Reserved. No part of this publication may be reproduced or transmitted in any form or by any means, electronic or mechanical, including without limitation photocopying, recording, taping, or any database, information or retrieval system, without the prior written permission of the publisher.
This authorized Chinese translation edition is jointly published by McGraw-Hill Education and CITIC Press Corporation. This edition is authorized for sale in the People's Republic of China only, excluding Hong Kong, Macao SAR and Taiwan.
Copyright © 2018 by McGraw-Hill Education and CITIC Press Corporation.

加密资产

著　　者：［美］克里斯·伯尼斯克 　［美］杰克·塔塔尔
译　　者：林 华　蔡长春　林 侃　邹传伟　田思源 等
出版发行：中信出版集团股份有限公司
　　　　　（北京市朝阳区惠新东街甲 4 号富盛大厦 2 座　邮编　100029）
承 印 者：北京诚信伟业印刷有限公司

开　本：787mm×1092mm　1/16　　　印　张：24　　　字　数：333 千字
版　次：2019 年 1 月第 1 版　　　　印　次：2019 年 2 月第 2 次印刷
京权图字：01-2018-5964　　　　　　广告经营许可证：京朝工商广字第 8087 号
书　号：ISBN 978-7-5086-9658-4
定　价：89.00 元

版权所有 · 侵权必究
如有印刷、装订问题，本公司负责调换。
服务热线：400-600-8099
投稿邮箱：author@citicpub.com

译者团队

主 译　林　华

译 者　蔡长春　林　侃　邹传伟　田思源

　　　　许余洁　姜晓芳　杨鑫杰　赵　伟

　　　　郝　莹

献给我的父亲，是你教会我如何写作；

献给我的母亲，是你让我相信自己可以写作。

——克里斯·伯尼斯克（Chris Burniske）

献给埃里克（Eric）和格蕾丝（Grace），你们就是未来。

——杰克·塔塔尔（Jack Tatar）

资产是一个古老的概念，从出现人类文明开始，它的内涵便伴随着人类的发展而不断丰富。

区块链，作为一种综合了密码学、博弈论、信息网络等多学科知识的计算机技术，出现时间很短。如果把 2009 年比特币的推出作为区块链诞生的标志，短短不到 10 年的时间，它已从极客①们在邮件讨论组中讨论的小众事物，逐步成为街头巷尾热议的话题。

一般来说，技术只是为资产计量、交易等服务的，现代社会发达的资产流通体系离不开快速发展的信息技术的支持。区块链作为一种新兴技术，它能为资产的发展带来什么呢？作为资产交易的辅助手段，肯定是没问题的，区块链的分布式记账、不可更改等特性，可以为资产的快速交易带来诸多好处。但是区块链在资产交易中的作用不仅限于此。实际上，区块链与资产的碰撞，产生了一种全新的资产类别，即所谓的加密资产。其实我觉得"加密资产"这个词不太准确，毕竟加密或不加密，资产都在那里，不多不少，如果加密后资产看不到了，那就是做假账了。所以，在我看来，用"通过密码学手段定义的资产"来给这个资产类别命名更为科学。既然"加密资产"这个名词已被大家接受，那暂且使用"加密资产"这一名词吧。

有一种很普遍的看法，区块链即数字货币、数字资产……对此，我们首先要明确的是，区块链只是一种技术手段，跟资产本身是没有

---

① 英文为 geek，指对计算机和网络技术非常狂热的人。

关系的。只有某种协议、产品通过区块链这个技术手段表现出来，具有了资产的属性和投资价值时才能被称为资产。此外，按照会计准则：资产是由过去的交易或事项形成的，由企业拥有或者控制的，预期会给企业带来经济利益的资源。因此，不带来经济利益的资源是无法成为资产的，这是理解加密资产的基础。近些年出现的形形色色的空气币，尽管也使用了区块链技术，也号称数字货币，但是它们既没有流通性，也不代表任何有价值的东西，可以说不具备任何资产的特征，显然并不能算作加密资产。

这是一本关于加密资产这一另类投资领域很有意思的书，也是目前为止为数极少的从技术（不仅是计算机技术，还有投资技术）角度讲解区块链投资的著作之一。作者从加密资产的源头说起，介绍了作为加密资产支撑技术的区块链技术，加密资产的分类，加密资产的投资组合管理，进而介绍了投资技术分析，投资手段等。这本书既可以作为了解区块链技术的通用读物，也可以作为加密资产投资的入门指南，还可以作为通用另类投资的参考手册。也许现在看来，书中提及的某些所谓的"加密资产"算不上真正的资产，甚至还有很大的争议，但随着区块链、物联网等技术的逐步成熟，大量实物资产的数字化必将成为现实，加密资产这一资产类别也许将越来越不"另类"。在加密资产投资时代真正来临之前，提前了解有关加密资产投资的方方面面，逐步形成自己的理解，也是一种未雨绸缪了。

在此，我愿向读者推荐这本书。不管是浅尝辄止的涉猎者，还是希望在加密资产投资领域有所作为的严肃投资者，这本书都值得一读。

蔡鄂生

中国银监会原副主席

另类资产配置不可或缺的一环

2016 年我曾经做过一个演讲，题目就是"区块链与另类资产配置"。我当时预测在未来几年，数字资产将因为其与传统资产的低相关性和高超额收益，逐渐成为各种投资组合必然配置的另类资产之一。

《加密资产》系统地论述了这个新鲜话题。在这本书里作者分析道，从 2010 年 7 月到 2017 年 1 月，加密数字资产的绝对回报和风险调整后的回报（夏普比率）都要好于标准普尔（简称标普）500 指数及 FANG［脸书（Facebook）、亚马逊（Amazon）、奈飞（Netflix）、谷歌（Google）四家美国最大的互联网公司］股票组合。

大家知道，从 2010 年起，美国股市一直处于牛市，而其中涨幅最大的又非 FANG 股票组合莫属。说加密数字资产的绝对回报高于标普 500 指数及 FANG 股票组合，我一点也不意外，毕竟这几年加密数字资产涨幅确实惊人。我没有料到的是，加密数字资产的夏普比率也好于标普 500 指数及 FANG 股票组合！一般情况下，我们都感性地认为加密数字资产价格是高波动性、高风险性的，而夏普比率表征的是经过风险调整之后的回报。也就是说，加密数字资产虽然有高波动的特征，但更高的回报足以补偿它的高波动性。或者说，投资者完全可以也应该接受这种波动性而把它纳入自己的资产组合配置里去。

大家都知道，耶鲁大学捐赠基金在过去几十年之所以能取得比同行更高的回报，秘诀就在于当欧美等成熟市场和股票债券等传统资产回报不够有吸引力的时候，它的管理人一是加大了另类资产的配置比例，二是加大了新兴市场的配置比例。相比传统资产，另类资产波动更大；相比欧美市场，新兴市场风险更高。但只要经过风险调整后的夏普比率足够好，这样的投资策略依然是稳妥的。投资界把耶鲁大学捐赠基金创造的这个投资模式叫作"耶鲁模式"，它一时风靡世界，风头无双！

大家知道吗？据美国媒体报道，耶鲁大学捐赠基金最近向一家加密数字资产基金投资了数千万美元。这又是开风气之先、引领潮流之举！初看好像有点离经叛道，但细想这又非常符合"耶鲁模式"：对任何新型另类资产持开放态度，积极尝试将数字另类资产纳入资产组合配置当中。美国科技媒体 Information 紧接着报道说，在耶鲁大学捐赠基金之后，哈佛大学、斯坦福大学、MIT、达特茅斯学院和北卡罗来纳大学的捐赠基金也各自至少投资了一只加密数字资产投资基金。

从 2008 年开始，区块链和加密数字资产走过了十个年头。加密数字资产的投资历程，也经历了三个阶段：第一个阶段，投资者大多是极客和普通投资者，主要是以个人身份来投资加密数字资产；第二个阶段，欧美老牌家族办公室从 2017 年开始加入，它们从家族资产配置的角度买入少量加密数字资产，因为它们只为家族内部服务，而且它们拥有的都是富有经验的合格投资者，做相关投资决策相对容易；目前正在进行的也就是第三阶段，像耶鲁大学捐赠基金这样具有部分外部性的机构投资者，也开始尝试配置一小部分基金资产在加密数字资产上面。我预测 2019 年某个时候，当美国证监会准许加密数字资产 ETF（Exchange Traded Funds，译为交易型开放式指数基金）挂牌交易，个人投资者可以通过公开市场买卖加密数字资产 ETF 时，加密数字资产的投资历程就进入第四阶段了，这标志着加密数字资产合规化、合法化了。

近两年，美国国会召集了从监管者、研究者到投资者再到开发者和服务提供者等各相关方，为加密数字资产举行了很多场听证会。到目前为止，各方立场渐渐明晰：美联储认为，加密数字货币不属于货币，不在美联储的监管之下；美国证监会认为，除比特币和以太币外，其他加密数字资产都是证券；美国商品期货委员会认为，比特币是商品，因此芝加哥商品期货交易所上市了比特币期货合约。最近几个月，美国的地方法院也做出了判例：ICO（首次发行代币）受到美国证券法的保护（此处"保护"的含义是说，ICO投资者受美国证券法规的保护，也就是说美国投资者可以依据证券法规来追究ICO发行者的责任）。受监管的证券类代币的发行和交易即将成为现实。加密数字资产合法化、合规化的曙光就在眼前。

《加密资产》建议，在家庭资产配置或机构组合资产配置时，把加密数字资产作为另类资产，适当地纳入配置当中，是恰当并适时的。这样做可以在不大幅改变投资组合的风险特征的同时，显著提升组合的投资回报。我认为这得益于两点：一是，加密数字资产与传统资产的相关性极低，各自表现，各美其美，不会同涨同跌；二是，加密数字资产经风险调整后的收益高于传统资产，即其夏普比率优于传统资产。基于这两点，在目前各种传统资产波动性加大的时刻，在各个金融市场呈现"同此冷暖"的时刻，适当配置一些加密数字资产，应该也是一种分散风险的操作。

但在配置加密数字资产的时候，投资者一定不要只为追求回报而误入歧途！一个没有任何监管的市场，都不应该是个人投资者可以进入的市场；一种没有任何法律保护的资产，也不是个人投资者应该投资的资产。要知道，个人投资者与耶鲁大学捐赠基金这样的机构投资者，并不在同一条起跑线上。耶鲁大学捐赠基金因其专业投资能力，被视为各种另类资产、各种私募行为的合格投资者，而个人投资者往往因为不具备这样的专业能力，而无法识别其中的风险。等待加密数字资产法律框架和监管体系的成熟，也许是个人投资者必须有的耐心。

《加密资产》是全球第一本专门论述加密数字资产投资的畅销书。感谢林华博士，他非常敏锐地为中国读者搜寻国外高质量的区块链和数字资产的出版物，并用心地组织翻译，从而使得它们能够尽快在中国出版，以飨中国读者，以促进区块链行业在中国的发展。

唯心唯诚！善莫大焉！

肖风

中国万向控股有限公司副董事长

当我首次听说比特币时，我认为它必将失败。根据我读过的几篇文章以及作为一个拥有 20 年经验的谨慎交易者，我曾在美国全国广播公司财经频道《快钱》（Fast Money）栏目上大声宣称：比特币必亡——尽管现在非常后悔。它会变成什么样？缺少任何单位的支持，没有一个中央银行，税收体系也不接纳它，而且没有法律部门强制要求使用它。另外，它非常不稳定，且臭名昭著——所有这一切注定它必将过早衰亡。然而在我的整个职业生涯中，自己犯了如此之大错。

美国全国广播公司财经频道（CNBC）资料库里保存着我的一个视频——我臭骂了这个"神奇的互联网货币"。假如您正在阅读此书并且可以观看这个视频，请删掉这个视频！我逐渐认识到：比特币及它的底层技术——区块链，是一种技术进步，有望革新目前的金融服务业，其影响力极大，正如同电子邮件之于邮局。

当我认识到区块链技术是一种颠覆性力量时，我开始向其他人分享我的观点。在首届华尔街区块链联盟（Wall Street Blockchain Alliance）假日晚会上，我遇到了伯尼斯克，我们立即发现我们拥有共同的观点，即基于区块链的资产（或者加密资产）将成为一种新的资产类别。当时，很少有人认识到比特币的潜力，伯尼斯克除外。我意识到，他拥有罕见的领导力和非常广阔的视野。

塔塔尔是一名退休规划领域的专家，拥有 20 多年的金融市场从业经验，他将金融和投资知识引入了加密资产的世界。新科技的诞生，往往令人疑惑，甚至有些吓人。然而在这本书中，塔塔尔有能力将一个复杂的题目变得简单易懂。《加密资产》结合了伯尼斯克和塔塔尔的视角和观点，它能满足读者的好奇心，并让他们很快就进入这一领域。

读者将从两位作者的观点和他们丰富的知识中获益。作为投资数字资产的对冲基金的基金经理，我不断地研究此资产类别的投资潜力，当我遇到绊脚石时，我首先想到了伯尼斯克，他在此书中分享了他的观点，这让我异常兴奋。塔塔尔是写比特币文章的首批金融记者之一，您可以充分利用他们在书中提供的知识。

此书之美在于：它介绍了比特币怎样从"大金融危机"废墟中崛起，进而成长为传统投资组合中的一个多元化产品。那些希望了解区块链技术的读者，将发现这本书精彩地描述了支持此技术的巧妙架构。同时，像我这样的金融从业者，也将在此书中找到作者对于投资泡沫（invest-ment bubbles）的有益探讨。作者巧妙地将金融历史课程应用于加密资产投资领域。下面这段可能有些剧透：尽管区块链技术正在颠覆传统的金融市场，然而恐惧和贪婪仍旧是人类的特征，身处加密资产领域的人也是如此。好在，作者向读者提供了必要的工具和知识，让他们知道，当泡沫发生时应该注意什么。

您在掌握了这些知识以后，可以利用这本书中第 12 章和第 13 章列出的评估框架，找出具有潜力的加密资产。在评估加密资产时，不同于传统型投资——它们往往不具有收益或现金流，因此，这给评估加密资产的人们提出了一个难题。在此，作者创造性地向您介绍了，如何根据网络效应和去中心化开发者团队来评估一种资产。您在思考是否投资加密资产时，请阅读这些章节。

区块链革命最精彩的一个成果，即加密资产颠覆了曾经的"颠覆者"。正如伯尼斯克和塔塔尔所言，众筹（包括 ICO）正在改变风险投资（简称风投）的商业模式。加密资产由代码构成，可轻松地追踪和传递其所有权，因此它可用作创业公司的筹资工具。在过去两年间，一大批创业者已经绕过了风投资本家，选择上述方法为创业公司筹措资金。

如同其他新模式，加密资产的合法性和可持续性仍然存在问题，然而硅谷的信条——先打破成规，再请求原谅，这也适用于华尔街。参与筹资全过程（从风投至资本市场）的专业人员，将发现自己非常喜欢探讨这些筹资新方法，尽管他们内心也许还有一丝害怕。

我自己的著作《比特币大爆炸》（*The Bitcoin Big Bang*）的最后一章《您对商业的一切认识都是错误的》（*Everything You Know About Business Is Wrong*），介绍了一种在伯尼斯克和塔塔尔看来将最终改变资金筹措和配置的方法。自筹资金和去中心化组织，作为全球经济的一个新物种，正在改变我们对于商业的一切认知。加密资产，作为去中心化组织的助推器，不仅改变了组织结构，也重新排列了激励结构。

这些新组织，正在改变着软件的开发方法。加密资产已经颠覆了在互联网发展阶段运行完美的价值创建体系。这些所谓的"胖协议"（fat protocols）是一种能够使开发者通过在其上构建程序从而实现价值创造和增值的自筹开发平台。这是一种适用于开源项目的全新的范式，将激励开发者开发一系列对社会有益的项目。

当我刚刚从业于华尔街时，互联网只不过是在交易柜台末端电脑上操作的一个事物。当时还不存在亚马逊、易贝（eBay）和谷歌。然而短短5年时间，这些公司改变了全世界。当时，作为一名交易员新手，我过于年轻且缺乏经验，因此无法认识到互联网是一个千载难逢的投资机遇。我当时以为自己终此一生也不会遇到另外一个价值呈指数级增长的投资机遇，直到我发现了区块链技术。区块链技术是金融史上最重要的创新之一，它正在改变我们的交易、资本分配及公司的组织模式。如果您像我一样错过了互联网投资机会，请阅读此书，这样您将抓住互联网时代以来最大的一个投资机遇。

布莱恩·凯利（Brian Kelly）
美国全国广播公司财经频道撰稿人
美国资产管理公司（BKCM）电子资产基金经理人

当我们从 2016 年 12 月开始创作这本书时，每个比特币（bitcoin）的价格约 700 美元，每个以太币（ether）约 7 美元，加密资产的网络总价值不足 100 亿美元。而在数月之间，我们见证了比特币价格突破 4 000 美元，而以太币价格超过 400 美元，加密资产网络总价值超过 1 000 亿美元。加密资产从内行人才懂的暗网用品，一跃成为主流话题，受到广泛关注。

当我们开始查阅文献资料时，我们意识到记录全球增速最快的市场是多么困难。这些市场起起伏伏，变化日新月异——其一日之变化如同股票市场之一年。然而，我们反复地遇到同一个问题：我该阅读哪些资料以完全了解这些市场的变化和发展呢？随着市场进入 2017 年上半年，这个问题最终成为一种大声的呼喊，然而信息仍旧分散于红迪网（Reddit）、推特（Twitter）、电报（Telegram）、Slack，以及其他媒体。

虽然我们意识到难以涵盖加密资产市场的全貌，然而我们相信：本书全面介绍了比特币和其他加密资产的历史、技术和市场动态。在编写本书时，我们尽量使它在背景和方法论等方面紧跟时代潮流，因此尽管市场不断变化，本书仍有其独特价值。我们承认：当您阅读本书时，某些资产的价格已经"时过境迁"，而且许多团队可能由于我们未报道他们的故事而感到不满。但本书不可能包含每一次价格变动或者每一个故事，否则我们绝无可能出版本书。

我们希望本书可以成为读者理解加密资产的起点和手段，以帮助大家共同研究和体验加密资产这一领域。加密资产仍处于早期发展阶段，等待我们和后来者的记录。

书籍、电视节目和电影里几十年来不断地做出对未来的预想，有些在一开始就被观众认为怪异荒诞。后来证明《星际迷航》（*Star Trek*）的几个预想并非那么古怪：电影中不可或缺的手持通信工具对应如今的智能手机，私人显示设备对应如今的平板电脑，方便通用的翻译机器对应如今的多个翻译软件。爱德华·贝拉米（Edward Bellamy）在 1887 年出版的隐晦神秘的著作《回顾》（*Looking Backward*）中预测了借记卡和信用卡，《2001：太空漫游》（*2001：A Space Odyssey*）中则设想了社交媒体，尽管其规模难以达到当今世界。艾尔文·托夫勒（Alvin Toffler）的著作《未来冲击》（*Future Shock*）则捕获了 20 世纪 70 年代读者的心，因为它预测指数型变革终将动摇我们的社会，它也告诫人类：此后短短 30 年间，在 21 世纪，数百万心理正常的普通人，将突然之间与未来碰撞。这一未来将创造"我们个体难以承受的压力和迷惑，因为我们在如此短的时间内遭遇了如此大的变化"。

指数变化（exponential change）如今成为一个流行词，然而少有人思考指数曲线的威力。每一年遭遇的变化都大于前一年。这一概念与线性变化率（linear rates of change）相比具有显著差异，因为根据线性变化率，未来的变化速度与过去相同（参考图 0.1）。在变化早期阶段，这二者貌似相似，然而，当指数曲线开始快速地（有时剧烈地）弯曲时，二者的差异显而易见。

如图 0.1 所示，指数变化和线性变化在第一年的数值完全相同，第二年也是如此。然而在第七年时，指数变化率几乎是线性变化率的 10

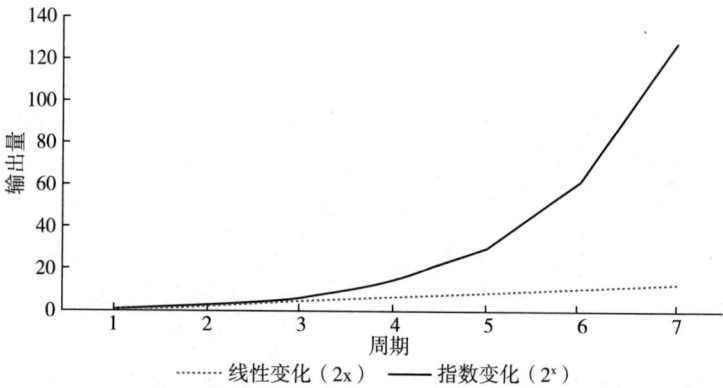

图 0.1　指数变化和线性变化率

倍。我们经常粗略假设：接下来一两年的变化率，大致等同于前几年的变化率，这是线性世界观。这适用于变化的早期阶段，然而当指数曲线开始如同曲棍球球棍一样弯曲时，事实却并非如此。遗憾的是，大多数基金公司在管理投资组合时，采用了线性世界观；用与过去挂钩的指数指导着我们未来的投资。在指数变化时代，没有什么比线性世界观更加目光短浅和危险的。

　　互联网以不可撤回的方式改变了这个世界，随着开发者在互联网创建的连接平台上不断地添砖加瓦，这种改变仍将继续。到此为止，万维网已经成为利用互联网底层纤维的最大元应用。这一索引型网络（indexed web）包含至少 47.3 亿个网页，乃至于几乎每一个人都有一个网页。[①]

　　我们通常认为互联网发迹于 20 世纪 90 年代，当时蒂姆·伯纳 – 李（Tim Berners-Lee）试图为欧洲核子研究组织（CERN）创建信息管理系统，他头脑中偶然出现了创建"万维网"这一想法；另外，马克·安德森（Marc Andreessen）开发的首个被普遍使用的网络浏览器，最终发展为网景浏览器（Netscape）。尽管蒂姆·伯纳 – 李和安德森的成就是互联网能够成为主流的关键所在，然而网络和畅游网络的能力，

[①]　http://www.worldwidewebsize.com/.

是构建于互联网之上的首个"杀手级"应用软件，不能与互联网本身的创建混为一谈。就利用互联网的潜力且在互联网平台上构建元应用而言，我们仍旧处于早期阶段。

互联网概念最先提出于 20 世纪 60 年代，即一旦美国本土遭遇核武器攻击，能够存活下来且恢复性强的通信网络。根据互联网的一位创始人保罗·巴兰（Paul Baran）所言，拥有此等恢复力的关键即去中心化。① 约瑟夫·利克莱德（J. C. R. Licklider）力劝他在美国国防部高级研究计划局（DARPA，负责为美国军方调查和开发新技术）的同事采用"星际计算机网络"这一概念，并且让他们相信这一概念的重要性。② 伦纳德·克兰罗克（Leonard Kleinrock）是美国麻省理工学院的一位教授，当时正在从事分组交换（Packet Switching）技术（即互联网底层技术）的研究，他出版了与通信网络主题相关的第一部著作。讽刺的是，尽管他们都投身于寻找一种连接全世界的手段，但该时期的许多早期研发者并未意识到彼此的存在。

然而他们的梦想最终实现了。每一天全球产生谷歌查询词条 35 亿个③、发送 187 亿条短信息④〔这甚至不包括瓦次普（WhatsApp）和脸书桌面窗口聊天客户端（Facebook Messenger），否则每天将有超过 600 亿条短信息〕、发送 2 690 亿封电子邮件⑤。然而，有趣的是，当时过境迁，互联网却越来越中心化，有可能危及其最初的构想——一个"存活性强的系统"。

人类的独创性往往出现于最需要的时刻，如今，一种新科技已经诞生——区块链技术，它将回归初代互联网的"去中心化"信条，彻底改革我们的计算基础设施和交易基础设施。每一秒钟，人类和机器之间通

---

① Paul Baran, *On Distributed Communications*：*I. Introduction to Distributed Communications Networks*（Santa Monica, CA：RAND Corporation, 1964），http：//www. rand. org/pubs/research_memoranda/RM3420. html.

② http：//www. Internetsociety. org/Internet/what-Internet/history-Internet/brief-history-Internet.

③ http：//www. Internetlivestats. com/google-search-statistics/.

④ https：//www. textrequest. com/blog/texting-statistics-answer-questions/.

⑤ https：//www. lifewire. com/how-many-emails-are-sent-every-day-1171210.

过互联网交易数百万个信息包，而区块链技术正迫使我们重新思考这些交易的成本、安全性和所有权。

区块链技术来源于比特币。换言之，比特币是区块链技术之母。"比特币"（Bitcoin）是携带可编程货币"比特币"（bitcoin）的一个平台。此平台的技术基础即分布式数字账本，被称为区块链。在 2009 年 1 月份，比特币平台首次上线时，它代表着全球第一个区块链的顺利启动。

从那时起，人们开始下载开源软件"比特币"，研究它的区块链技术，并发布了数个超越比特币的区块链。区块链技术如今已经是一种公认的通用技术，可与蒸汽机、电力和机器学习媲美。

我们在此引用 2016 年 5 月由唐（Don）和亚历克斯·塔普斯科特（Alex Tapscott）发表于《哈佛商业评论》（Harvard Business Review）的一篇文章中的一段话，"最有可能改变未来 10 年商业运作的科技，并非社交网络、大数据、云计算、机器人或者人工智能。这种技术肯定是区块链——比特币和其他数字货币背后的技术。"[1]

在位企业（通常指大型公司）逐步意识到内在创造性的毁灭，这尤其发生在金融服务领域。它们明白，获胜者必须开发新市场，以满足非居间化投资的需求。许多创业公司发现了头脑中常闪烁着思想［这一思想归结于亚马逊创始人杰夫·贝佐斯（Jeff Bezos）的一句话"你的肥厚利润就是我的机会"］的这些中间商。[2]

假如金融在位企业自身无法欣然接受科技进步，那么，比特币和区块链技术对于银行业的影响，正如同手机于电话线杆。几乎每一家全球银行、交易所、保管机构和金融服务提供商，皆属于某个区块链财团的一部分，它们投资潜在的颠覆者，或者向内构建自己的团队。这些选手包括：摩根大通（JP Morgan）、高盛集团（Goldman Sachs）、花旗银行（Citibank）、纽约证券交易所（the New York Stock Exchange）、纳斯达克（NASDAQ）、西班牙国际银行（Banco Santander）、巴克莱银

---

[1]　https：// hbr. org/2016/05/the-impact-of-the-blockchain-goes-beyond-financial-services.

[2]　https：// dailyfintech. com/2014/08/28/hey-banks-your-fat-margin-is-my-opportunity/.

行（Barclays）、瑞士联合银行（UBS）、南非储备银行（South African Reserve Bank）、东京三菱银行（Bank of Tokyo Mitsubishi）、瑞穗银行（Mizuho）、中国招商银行、澳大利亚证券交易所（Australian Stock Exchange）等。

金融在位企业意识到，区块链技术正在打造一个无现金的世界——不需要账单、传统银行或者（有可能）中心化的货币政策。相反，区块链技术通过虚拟手段处理价值，拥有一个不需要中央权威人物且以一种去中心化、民主方式管理的系统。数学运算推动操作秩序。我们的生活积蓄以及我们后代的生活积蓄将完全无形，漂浮于一连串安全的 1 和 0 中。另外，每个人通过计算机和智能手机即可访问整个系统。

技术提供商也注意到这种颠覆，而微软（Microsoft）和 IBM（国际商用机器公司）当属其中声势最浩大的领头羊。微软在其 Azure 云平台上向开发者提供区块链，作为一种服务选项（BaaS）。马利·格雷（Marley Gray）作为微软科技策略主管，曾经说："我们希望，坦诚讲，我们的客户希望，访问每一个区块链。有可能是车库里的两个伙计叉起一个比特币，然后有了这个天才想法，以后人们都希望试一试。我们不希望存在任何障碍。我们欢迎所有相关想法。我们甚至帮助最微不足道的选手进入这一领域。"[①]

如同互联网和万维网改变了我们的生活方式以及人与人之间的沟通方式，它们也在那些依靠这些技术而创建公司的创新者以及投资这些公司的投资者当中造就了许多百万富翁。那些富有远见，在首次公开募股（IPO）阶段购买谷歌股票的投资者，在 2016 年 8 月时，其投资额已经增值 1 800% 。而那些购买亚马逊"首次公开募股"首日股票的投资者，其投资额也增值 1 827% 。

区块链架构及其原生资产，正逐渐成为利用互联网基础设施的下一个伟大元应用。区块链技术当前提供的服务包括全球货币、世界计算机、去中心化社交网络以及几百种其他服务。

---

① http://www.coindesk.com/microsoft-blockchain-azure-marley-gray/.

原生资产以前被称为"加密货币"或"替代数字货币",然而我们更加偏向于使用"加密资产",在本书中我们将使用这一术语。"加密货币"和"替代数字货币"仅仅传递出当前发生于加密资产经济领域的一小部分创新行为。当前存在的 800 多种加密资产并非全部是货币。此时,我们不仅仅看到区块链技术以去中心化的方式创造货币,同时它也在创造商品、数字产品和服务,因为这一技术将科技和市场融合,正在打造网络 3.0 技术时代。

纵观区块链技术的发展史,尚未有书从投资角度出发,专注于研究公有区块链及其原生加密资产。我们正在改变这一状况,因为投资者需要认识到这个机会,做好准备,占据优势,同时在混乱中保护自己。

不可避免地,此等规模的创新,在利益的狂热驱动下,可能导致有些投资者过于乐观。在早期便已经发现互联网股票潜力的投资者们,遭遇了毁灭性的互联网泡沫。在百万书店(Books-A-Million)宣布它更新网站之后的一周时间内,股票上涨了 1 000% 以上。后来,股价大跌,该公司从此逐渐没落,最后只能私有化。其他一度股价大涨却最终暴跌的互联网公司包括 Pets. com、Worldcom 和 WebVan。① 如今,这些股票都已经不复存在。

这些加密资产是继续存活还是重蹈百万书店的覆辙,我们此时不得而知。然而,有一点十分清楚:有些加密资产将成为大赢家。总而言之,在区块链原生资产和利用此等创造性毁灭的公司之间,投资者必须采用某种策略以分析新的加密资产投资方案,并且最终获利。本书目的不在于预测未来——未来变化如此之快,凡是猜对者纯属运气——而在于让投资者做好准备以应对多种未来。

比特币是大家最熟悉的加密资产,其价格如同坐过山车一样。假如一位投资者在 2009 年 10 月(历史上首次为新生数字货币建立兑换率)将 100 美元投资于比特币,那它们如今的价值已经超过 1 亿美元。在 2013 年 11 月,如果一位投资者将同样的 100 美元投资于比特币,那

---

① https://en. wikipedia. org/wiki/Dot-com_bubble#cite_note-40.

么在 2015 年 1 月份其价值跌幅将高达 86%。类似的故事还有 800 多个，这是由于在全球互联市场上，共有 800 多种加密资产。截至 2016 年年底，排名前 50 的加密资产包括：

比特币（Bitcoin）、以太坊（Ethereum）、瑞波币（Ripple）、莱特币（Litecoin）、门罗币（Monero）、以太经典（Ethereum Classic）、达世币（Dash）、MaidSafeCoin、新经币（NEM）、Augur、Steem、Iconomi、狗狗币（Dogecoin）、Factom、Waves、Stellar Lumens、DigixDAO、零币（Zcash）、Lisk、Xenixcoin、E-Dinar Coin、Swiscoin、GameCredits、Ardor、BitShares、LoMoCoin、Bytecoin、Emercoin、AntShares、Gulden、Golem、Tether、ShadowCash、Xaurum、Storjcoin、Stratis、Nxt、Peercoin、I/O Coin、Rubycoin、Bitcrystals、SingularDTV、Counterparty、Agoras Tokens、Siacoin、YbCoin、BitcoinDark、SysCoin、PotCoin 和全球货币储备（Global Currency Reserre）。[1]

本书将首次深入研究上述多种加密资产。虽然许多加密资产已经不再位居主流之列，然而它们再次回归主流的机会，将和比特币一样大。

我们希望，通过提供一本指南类的书，解释何为加密资产，为何考虑它们以及如何投资它们，进而将当今的聪明的投资者改变为创新型投资者。本杰明·格雷厄姆（Benjamin Graham）的《聪明的投资者》（*The Intelligent Investor*）是一本开创性的书，专注于价值投资，因此被沃伦·巴菲特（Warren Buffet）称为"史上最好的投资类的书"。[2] 虽然我们仅仅希望能够达到格雷厄姆在启迪投资者时实现的成就的万分之一，然而我们的目的是类似的。我们选择了一种在格雷厄姆时代还不曾存在的资产类别，如今我们在面对指数级变化时却可

---

[1] https://coinmarketcap.com/historical/20161225/.

[2] https://www.fool.com/investing/general/2013/12/25/buettbooks.aspx.

将它用作一种防范措施,因为指数型增长将颠覆已有的证券投资组合。

格雷厄姆那本书的一个关键点在于,它总在提醒着投资者关注投资的内在价值,不要因为市场的非理性行为而遭受损失。正如同他希望向聪明的投资者提供相关工具以帮助他们根据基础分析做出投资决策,我们也在为当前正打算将加密资产加入其投资组合的创新型投资者做同样的事情。

这并非一本提供最新信息以便让您"快速致富"的书。诚然,本书根据这一新型资产类别的历史、常用投资策略和金融投机历史等,对其进行仔细分析。投资者如果追随内心对于加密资产的兴趣,根据自身的整体金融目标和投资组合策略而研究这些加密资产,那么他们自己将成为创新型投资者。

我们为新手和专家们编纂了这本书。我们将本书划分为三部分:"什么"、"为何"以及"如何"。"什么"部分(第 1~5 章)描述了这一新兴资产类别的基础,简要解释了加密资产的相关技术和历史。"为何"部分(第 6~11 章)深入探讨了投资管理为何重要,以及我们为何认为加密资产是一种全新的投资类别(既提供了巨大机遇,也存在严重风险)。"如何"部分(第 12~18 章)介绍了如何将一种加密资产加入投资组合中,包括用于调查一种新资产优势的框架,以及加密资产的获取、存取、税务和管理等。每一个章节都独一无二。

加密资产世界有时候如同科幻小说,当相关学者第一次解释和探讨互联网时也是如此。对于许多人而言,改变引发恐惧,我们理解这种担忧,然而这也预示着机遇。我们希望读者们能够做好准备,去识别、理解和抓住加密资产世界的机遇。

明天必将变成今天。指数级变化不会随风而逝。这本书不仅将帮助创新型投资者生存,也将助其成功。让我们一起学习吧。

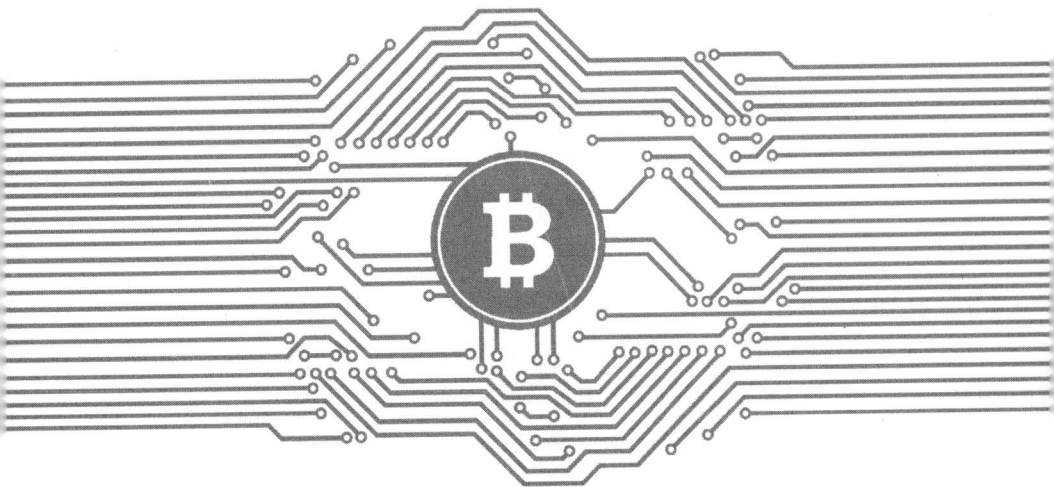

第1章

比特币和2008年金融危机

THE INNOVATIVE INVESTOR'S
GUIDE
TO BITCOIN AND BEYOND

2008 年，比特币在华尔街几近崩溃的灰烬中如凤凰涅槃般冉冉升起。在 2008 年 8 月至 10 月的 3 个月里，发生了一系列前所未有的变化：Bitcoin. org 被注册，雷曼兄弟（Lehman Brothers）申请美国历史上最大的破产，美国银行（Bank of America）以 500 亿美元收购美林（Merrill Lynch），美国政府成立了 7 000 亿美元的问题资产救助计划（Troubled Asset Relief Program，简称 TARP），以及中本聪（Satoshi Nakamoto）发表了一篇比特币和区块链技术基础的论文。①

　　一方面是金融崩溃，另一方面是比特币崛起，两者的纠缠难以忽视。金融危机给全球经济造成了数万亿美元的损失，并摧毁了金融巨头与公众之间信任的桥梁。② 同时，比特币为价值转移提供了一个去中心化的信用体系，不依赖于人类的道德规范，而依赖于计算机的冷静计算，并为避免华尔街的大部分需求奠定了可能的基础。

谁是中本聪？

　　将中本聪称为"他"只是为了方便起见，因为到目前为止，没有人确切地知道中本聪是谁，甚至是什么。中本聪是他、她、他们或它，还完全是未知的。在中本聪为"P2P 基金会"创建的个人资料页面上——他创造比特币时用它与其他人交流——写道，他是一位住在日本的 37 岁男性。③

① 　https：∥www. stlouisfed. org/financial-crisis/full-timeline；http：∥historyoitcoin. org/.

② 　http：∥www. gao. gov/assets/660/651322. pdf.

③ 　http：∥wayback. archive. org/web/20120529203623/；http：∥ p2pfoundation. ning. com/prole/SatoshiNakamoto.

　　然而，对此事的考察已经使人们相信，中本聪可能居住在英国、北美、中美洲、南美洲，甚至加勒比海地区。人们以他无可挑剔的书面英语或偶尔的英国短语作为其在英国居住的证据，① 而其他人则指出，其发帖模式表明他生活在位于东部或中部时区的地理位置。② 时不时地，也会出现一些冒牌的中本聪，因为媒体都急于为这样的花边问题提供答案。澳大利亚人克雷格·怀特（Craig Wright）在 2016 年 5 月声称自己是中本聪，并在被揭穿之前暂时吸引了诸如《经济学人》（ _The Economist_ ）③ 和《连线》（ _Wired_ ）④ 等杂志的关注。⑤

　　现在，中本聪的位置已经覆盖了五大洲，这让我们想到中本聪可能不只是一个人，而是一群人。大师中本聪展示了广泛的专业能力——包括密码学、计算机科学、经济学和心理学——并且能够与其他人流畅地沟通，这似乎支持了中本聪不止一个人的假设。但他们会是谁呢？虽然这个谜团可能永远都无法解开，但是中本聪确实知道华尔街日益增长的不稳定性。

2008 年金融危机

　　对于许多金融巨头来说，2008 年是一场噩梦。2008 年 3 月，华尔街第一大机构——贝尔斯登（Bear Stearns）向"恶魔"表示顺从。在经历了 85 年的种种市场风险后，贝尔斯登终于被下滑的住房市场拖累。3 月 16 日，摩根大通以每股 2 美元的价格将其收购，约为其一年前每股 170 美元的 1%。⑥ 为促成这项交易，美联储（Federal Reserre）

---

① http：// observer. com/2011/10/did-the-new-yorkers-joshua-davis-nail-the-identity-of-bitcoin-creator-satoshi-nakamoto/.

② https：// en. wikipedia. org/wiki/Satoshi_Nakamoto#cite_note-betabeat-12.

③ http：// www. economist. com/news/business-and-finance/21698060-craig-wright-reveals-himself-as-satoshi-nakamoto.

④ https：// www. wired. com/2016/05/craig-wright-privately-proved-hes-bitcoins-creator/.

⑤ http： // www. economist. com/news/finance-and-economics/21698294-quest-find-satoshi-naka-moto-continues-wrightu2019s-wrongs.

⑥ http： // www. nytimes. com/2008/03/17/business/17bear. html?_r = 0.

同意出资购买贝尔斯登的 290 亿美元不良资产。① 然而，令人不安的是，收购后一个月，摩根士丹利（Morgan Stanley）和高盛集团的首席执行官约翰·麦克（John Mack）和劳埃德·布兰克费恩（Lloyd Blankfein）分别告诉股东，住房市场的危机是短暂的，它已接近尾声。②

这场危机大部分是由不负责任的放贷（也被称为次级贷，指发放给没有能力偿还债务的美国人）造成的。从历史上看，当一家银行发放贷款时，银行需要确保借款人有偿还资金的能力并对此负责。但是，在许多次级贷的案例中，一旦这些贷款被发放给借款人，它们就被打包或证券化为复杂的工具，即抵押担保债券（Collateralized Mortgage Obligations，简称 CMO）。这些抵押担保债券随后被出售给其他投资者，通过金融工具有效地将风险像烫手山芋一样传递出去，基于声称的多元化，购买者受到"低风险、高回报"的诱惑。

包括华尔街高管在内的人们并没有意识到，这些金融工具之间有多么盘根错节。部分问题在于，抵押担保债券是复杂的金融工具，由混合了模拟和数字系统的传统金融架构支持。因为缺乏无缝的数字文档，所以量化风险并准确理解抵押担保债券的构成是极其困难的，甚至是不可能的。此外，由于这些抵押担保债券销往全世界，因此全球投资者都陷入这张巨大的美国抵押贷款的网中。③ 2008 年夏天，尽管财务缺乏透明度，但由于受到获准使用美联储资金以处理后续不良资产，雷曼兄弟的首席执行官小理查德·福尔德（Richard Fuld Jr.）神秘地声称："我们现在不会倒闭了。"④

当风暴围绕不知情的华尔街高管们酝酿时，中本聪正在忙于充实比特币的概念。2008 年 8 月 18 日，比特币信息主页 Bitcoin.org 被注

① https://www.federalreserve.gov/newsevents/reform_bearstearns.htm.

② http://www.wsj.com/articles/SB123051066413538349.

③ 情况甚至更糟，因为抵押担保债券并非罪魁祸首，更复杂的工具（债务抵押债券）让事情更加棘手。

④ http://www.wsj.com/articles/SB123051066413538349.

册。① 无论作为个人还是实体，当时清楚的是，中本聪正在设计一项技术，一项将改善抵押担保债券不良透明度的技术。由于区块链的分布式透明度和不可篡改审计日志，发放和打包到不同抵押担保债券的每笔贷款都可以被记录在一个单一的区块中。这将允许任何购买者查看其中抵押担保债券的所有权和每项抵押贷款状态的一致记录。遗憾的是，在 2008 年，多个不同的系统（昂贵并且糟糕）之间只能通过数字字符串连接在一起。

2008 年 9 月 10 日，星期三，上午，福尔德及其他高管不得不直面其在夏天所发表的自信宣言无法兑现的现实。管理层努力向一批重要分析师解释 53 亿美元的"不良资产"减记计划和当季 39 亿美元损失的事实。② 此次通话突然结束，分析师们带着对雷曼兄弟正在采取措施的不信任离开了。市场在前一天已经惩罚了雷曼兄弟，它的股价下跌了 45%，周三又下跌了 7%。③

两天后的星期五下午，美林、摩根士丹利和高盛的首席执行官与美联储主席、美国财政部（U. S. Treasury Secretary）部长以及纽约联邦储备银行（New York Federal Reserve）总裁，在纽约联邦储备银行会面。话题是，该如何处理雷曼兄弟的问题。情况显然变得至关重要。起初，似乎要么是巴克莱银行，要么是美国银行来拯救雷曼兄弟，但这种可能性很快就消失了。

周六，在纽约联邦储备银行再次会面时，美林公司首席执行官约翰·塞恩（John Thain）有一个令人不安的想法。当介绍雷曼兄弟的情况时，他意识到他的公司距离这一场灾难可能只有几步之遥。他说："下周五可能是我坐在这里。"④ 塞恩迅速转向寻找美林的有意收购者，最有希望的选择是美国银行，该银行当时正在与雷曼兄弟就收购进行谈判。随着美

---

① http://historyoitcoin. org/.

② http://blogs. wsj. com/deals/2008/09/10/live-blogging-the-lehman-conference-call/.

③ http://www. nytimes. com/2008/09/10/business/10place. html?_r = 1&hp&oref = slogin；http://old. seattletimes. com/html/businesstechnology/2008171076_weblehman10. html.

④ http://www. wsj. com/articles/SB123051066413538349.

林和美国银行之间秘密进行的谈判进展顺利，巴克莱银行成为唯一有希望的雷曼兄弟收购者。

截至9月14日，星期日，巴克莱银行准备批准购买雷曼兄弟的交易。雷曼兄弟只需要美国或英国政府为其提供几天的流动性支持，以便让巴克莱银行进行股东投票以获得最终批准。但两家政府都不愿意介入，交易的可能性开始消失。在亚洲市场开市之前仅剩几个小时，美国政府就雷曼兄弟唯一的选择——破产——加以质询。

哈维·米勒（Harvey Miller），威嘉律师事务所（Weil, Gotshal & Manges）一位备受尊敬的破产律师，自周四晚以来一直安静地工作，为这种最糟糕的破产情景做准备。当被一位美联储高级官员问道，"米勒先生是否认为雷曼兄弟应该准备申请破产"时，他回答道："这将会引发金融危机。"

如果雷曼兄弟申请破产，那么与雷曼兄弟做生意的金融公司也将损失数十亿美元，这可能会引发破产的多米诺骨牌效应。

当天晚些时候，美国银行签署了一笔交易，以500亿美元收购美林公司，而在几个小时之后，周一凌晨，雷曼兄弟申请破产保护，成为美国历史上最大的破产案。至此，这家从干货店起家，已有164年历史，发展为美国第四大投资银行的公司结束了。它标志着一个时代的结束。[1]

雷曼兄弟的破产和美林的被收购，被证明只是一个开始。周二，纽约联邦储备银行被授权向美国最大的保险商——美国国际集团（AIG）提供高达850亿美元的资金，因为这家庞大的机构开始摇摇欲坠。[2] 9月中旬，华尔街和全球金融市场阴云密布。

比特币的诞生

六个半星期后，2008年10月31日，中本聪发布了"比特币白皮

---

[1] http://som.yale.edu/sites/default/les/les/001-2014-3A-V1-LehmanBrothers-A-REVA.pdf.

[2] https://www.stlouisfed.org/nancial-crisis/full-timeline.

书",这是区块链的起源。在其论文的最后一段,中本聪写道:"我们提出了一个不依赖于信用的电子交易系统。"①

在发表这篇论文时,他已经对整个系统进行了编码。用他自己的话说,"我必须写出所有的代码,然后才能说服自己可以解决所有问题,然后写了这篇文章"。② 根据历史估计,中本聪可能在 2006 年年底的某个时候开始正式确定比特币概念,在 2007 年 5 月左右开始编写代码。在同一时间,许多监管机构开始相信美国房地产市场过度扩张并且可能会陷入困境。③ 很难相信像中本聪这样具有如此广泛知识的人会与他在全球金融市场中见证的东西保持距离。

在发表白皮书后的第二天,中本聪将他的论文链接用电子邮件发送给"密码学邮件列表"(The Cryptography Mailing List),该列表中的人都是专注于密码学及其潜在应用的用户。④ 中本聪的电子邮件引发了一系列的热议。

2008 年 11 月 7 日,星期五,为了回复日益兴奋的支持者,他写道:"你不会在密码学中找到解决政治问题的办法……但是我们可以在军备竞赛中赢得一场重大战役,并在几年内获得新的自由领地。各国政府善于控制像纳普斯特(Napster)这样中心控制的网络,但像努特拉(Gnutella)和洋葱头(Tor)这样的纯 P2P 网络似乎更能拥有自己的权力。"⑤ 从这句话可以看出,中本聪并没有让比特币无缝融入现有的政府和金融体系,而是想让它成为一个没有自上而下控制的替代体系,让它由去中心化的大众管理。这种去中心化的自治也是互联网早期的基础,网络上的每个节点都是一个自治代理,通过共享协议与其他代理进行通信。

11 月 9 日,比特币项目在 SourceForge. net 上注册,该网站旨在促

---

① https://bitcoin. org/bitcoin. pdf.

② http://www. mail-archive. com/cryptography@ metzdowd. com/msg09980. html.

③ https://www. fdic. gov/news/news/press/2006/pr06086b. pdf.

④ http://www. mail-archive. com/cryptography@ metzdowd. com/msg09959. html.

⑤ http://www. mail-archive. com/cryptography@ metzdowd. com/msg09971. html.

进开源软件开发。为了回应越来越多关于"密码学邮件列表"上的询问，中本聪在 11 月 17 日写道："我会尝试并尽快发布源代码作为参考，以帮助理清所有这些实现问题。"①

然后，随着华尔街继续崩溃，中本聪安静了几个月。2008 年的《紧急经济稳定法案》（The Emergency Economic Stabilization Act）对缓解雷曼兄弟破产引发的危机并没有起到作用。美国国会通过并由乔治·布什（George Bush）总统于 10 月 3 日签署的《紧急经济稳定法案》确立了 7 000 亿美元的问题资产救助计划。通过问题资产救助计划，美国政府获得了数百家银行以及美国国际集团、通用汽车（General Motors）和克莱斯勒（Chrysler）等大型公司的优先股。当然，这些股票并不是免费的，美国政府花了 5 500 亿美元来稳定那些摇摇欲坠的"大象"。②

在比特币作为公共网络开放的时刻，中本聪明确表示他对全球金融体系心存疑虑。在比特币区块链记录的第一个信息中，中本聪写道："《泰晤士报》2009 年 1 月 3 日，财政大臣正站在第二轮救助银行业的边缘"。③ 这引用了英国报纸《泰晤士报》中一篇关于英国政府可能需要帮助更多的银行保持运营状态的文章。④ 多年以后，人们会意识到，区块链技术最强大的用处之一就是，记录无法修改，这些信息永不会从数字历史上抹去，并可以免费供所有人查看。通过撰写关于银行救助的说明，中本聪首先选择使用这一功能，这表明他希望我们不要忘记 2008 年的金融危机。

另类金融体系

在这个记录产生的 9 天后，第一笔使用比特币的交易发生在中本聪和哈尔·芬尼（Hal Finney）之间，后者是一位比特币早期的倡导者和开发者。9 个月后，他们为比特币设定了第一个汇率，即每个比特币

---

① http：//www. mail-archive. com/cryptography@ metzdowd. com/msg10006. html.

② http：//www. nytimes. com/packages/html/national/200904_CREDITCRISIS/recipients. html.

③ https：//en. bitcoin. it/wiki/Genesis_block.

④ http：//www. thetimes. co. uk/tto/business/industries/banking/article2160028. ece.

0.08 美分，或者 1 美元兑换 1 309 比特币。① 如果你当时投资 1 美元，到 2017 年年初投资价值将超过 100 万美元，这呈现了创新带来的"病毒式"增长。

深入研究中本聪在这段时间的文章，可以明显地看出，他着迷于提供一种替代（如果不能完全取代的话）的金融体系。网络启动并运行了一个多月后，关于比特币，中本聪写道："它完全去中心化，没有中央服务器或信用方，因为一切都基于加密证明而不是信用……我认为这是我们第一次尝试一个去中心化的、不基于信用的系统。"②

2010 年 12 月 5 日，中本聪表现出了人性中胆怯的一面，在主要信用卡网络阻止用户在维基解密（WikiLeaks）进行支付之后，他请求维基解密不接受比特币作为支付手段。中本聪写道："不，不要用它。项目还需要逐步完善，这样软件才能逐渐健全。我恳请维基解密不要尝试使用比特币。比特币还是一个处于起步阶段的小型测试社区。通过它，你们只会获得少得可怜的一点零钱，但由此带来的热浪，可能会在这个阶段摧毁我们。"③

此后不久，中本聪消失了。有人推测是为了比特币。毕竟，作为一项有可能取代目前大部分金融体系的技术的创造者，最终必然会引起强大的政府和私人部门的愤怒。中本聪消失了，同时取消了比特币的头部区块，并带来了单点故障。但是一个拥有数千个接入点和数百万用户的网络，仍矗立在他身后。

另一方面，华尔街遭受了许多失败。当尘埃落定时，美国政府花的钱远远超过了最初为问题资产救助计划担保的 7 000 亿美元，总共 2.5 万亿美元被注入系统中，更不用说为重塑金融机构信心承诺的 12.2 万亿美元。④

---

① http：// historyoitcoin. org/.

② http：// p2pfoundation. ning. com/forum/topics/bitcoin-open-source?xg_source = activity.

③ http：// archive. is/Gvonb#selection-3137. 0-3145. 230.

④ http：// www. nytimes. com/interactive/2009/02/04/business/20090205-bailout-totals-graphic. html?_r = 0.

我们知道，尽管华尔街正在经历一次昂贵的死亡，但比特币的诞生没有让这个世界花费分文。它是作为一种开源技术而诞生的，并很快就像一个没有母亲的孩子一样被抛弃。也许，如果全球金融体系更加健康，那么支持比特币的社区就会少一些，是社区最终让它成为现在这个健壮但又坏脾气的蹒跚学步的孩子。

欢迎来到比特币创造的世界

自中本聪消失后，比特币已经引发了一波又一波关于推倒和反思全球金融和技术系统的浪潮。无数的比特币衍生品被创造出来——例如以太坊、莱特币、门罗币和零币等——这些系统都依赖区块链技术，中本聪送给世界的礼物。与此同时，许多金融和科技企业已经开始接受这项技术。下一章我将进一步分享包括对区块链技术、比特币、比特币技术、加密资产的理解以及相关投资机会。

第2章

比特币和区块链技术基础

THE INNOVATIVE INVESTOR'S
GUIDE
TO BITCOIN AND BEYOND

是时候来区分比特币软件（Bitcoin）、比特币区块链、比特币货币（bitcoin）、区块链技术以及其他虽然相关但意义截然不同的概念了。乍一看，这里有很多专业术语，无形中抬高人们理解它的门槛。事实上，在最近发明的词汇中只有少数是陌生概念，而人们很遗憾地被拒之门外。人们在谈论比特币或区块链技术的不同应用时经常使用这些词汇，看似很高深，其实不难。先需要确定关键概念，然后使之成为理解许多区块链技术应用的基础。

以大写字母 B 开头的比特币软件保管以小写字母 b 开头的比特币货币并使后者流通。

- Bitcoin 等于软件。
- bitcoin 等于货币。

本书的大部分内容都以比特币软件为出发点。比特币是区块链运动的起源。人们通常将新创建的区块链和比特币相比较，这是因为比特币区块链是最为源远流长的参考点。因此，了解比特币的基础知识至关重要。

然而，为了真正理解比特币软件，人们必须摒弃其为数字庞氏骗局或由犯罪分子使用的影子系统的看法，但此类看法依旧层出不穷。2016 年 7 月，伦敦政治经济学院（London School of Economics and Political Science）、德意志联邦银行（Deutsche Bundesbank，即德国的中央银行）和威斯康星大学麦迪逊分校（the University of Wisconsin at Madison）的研究人员发表了论文《比特币经济的演变》（*The Evolution of the Bitcoin Economy*），并表示三家知名机构不会在一个没有增长潜力的邪恶货币上浪费研究时间，甚至损及声誉。

在那篇论文中，研究人员描述了他们对比特币区块链及其交易进行的广泛分析。以下是论文的摘要：

> 在本文中，我们将比特币身份的最小单位（即个人地址）汇集在一起，并将它们分组为近似的商业实体，我们称之为"超级集群"。虽然这些集群在很大程度上可以保持匿名，但正如在2009—2015年所观察到的，我们能够通过分析其中的一些具体交易模式，将模式归入特定的业务类别。然后，我们可以提取并创建它们之间支付关系网络的映射，并分析在每个业务类别中发现的交易行为。确定比特币经济发展的三个显著阶段：早期的原型阶段、第二增长阶段（这个阶段大部分是"邪恶"企业，如赌场、黑市）、第三阶段（标志着从"邪恶"向合法企业的急剧发展）。[1]

当然，比特币的早期采用者，有不少是犯罪分子。但对于大多数革命性技术来说也同样如此，因为新技术通常对那些试图逃避法律惩罚的人来说是有用的工具。在第3章中，我们将讨论与加密资产（包括比特币）相关的特定风险。但是很明显，比特币作为一种货币已经不仅仅是一种针对非法商品和服务的支付手段。超过100篇媒体文章曾经宣布比特币已经死亡，[2] 但每次都被证明是错的。

人们在更广泛地以技术演进为主题的背景下对比特币进行了中立思考，认为它正处于核心技术浪潮的最佳位置。举例来说，由于人们越来越多地突破地理以及出身限制，以对等方式连接，整个世界的交流正变得越来越实时。比特币能满足这些新需求，它可以使全球交易

---

[1]　https://papers.ssrn.com/sol3/papers.cfm?abstract_id=2808762.

[2]　https://99bitcoins.com/bitcoinobituaries/.

在一个小时，而不是几天内完成。它以点对点的方式运作，这也促使优步（Uber）、爱彼迎（Airbnb）和 LendingClub 成为各自领域内价值数十亿美元的公司。比特币使任何人都能成为自己的银行，把控制权交给普通人，并赋予全球无银行账户者以权力。

然而，相对优步、爱彼迎和 LendingClub，比特币更令人印象深刻。前者将服务去中心化比较容易，并在点对点方面有先例。每个人都曾有朋友开车送他们去机场，或者和在另一个国家的亲戚住在一起，或者从父母那里借钱的经历。但是要将货币去中心化很难，不仅需要与自上而下的权威组织协调，还需要拥有全球认可的支付手段和价值储备。

货币的诞生最初是为了促进贸易，使社会能够超越易货贸易和**双重需求偶合的局限**。随着时间的推移，它变得更加便利，形成了目前的纸币形态。事实上，除了其他人认为它有价值并且被政府要求对其履行财务义务的事实之外，这张纸几乎没有什么价值。从这个意义上讲，它是一种有用的价值共享表示。自由主义者会说，这是一个对价值的**有用共享幻象**，但纸币本身没有任何价值。比特币是一种类似的价值共享表示，只是它没有实物形态，也没有自上而下的权威组织来保护它。尽管存在这些障碍，但数学的优雅能让它发挥作用，也使它能够增长并储存数十亿的价值。

比特币区块链的内部工作机制

部分比特币软件涉及比特币区块链的构建，可以将其视为数字分类账（digital ledger），通过借记和贷记来跟踪用户余额。从这个意义上说，比特币区块链是一个记录其本币货币，即比特币流量的数据库。这个数字分类账有什么独特之处？

比特币区块链是一个分布式的、加密的和不可篡改的数据库，使用工作证明来保持生态系统的同步。这是普通人难以理解但并非不能理解的科技术语。

分布式

分布式是指计算机访问和维护比特币区块链的方式。与大多数严格控制谁可以访问其中信息的数据库不同，世界上任何计算机都可以访问比特币区块链。比特币区块链的这一特点使比特币成为全球货币不可分割的一部分。任何地方的任何人都可以利用比特币区块链查看不同账户之间的借记和贷记记录，并因此创建了全球信用系统。一切都是透明的，所以每个人都在公平的竞技场上。

Ⓑ 什么是密码学?

密码学最初是一个"可怕"的词，它是一门与安全通信相关的科学。它获取信息并对其进行混淆，只有特定的收件人才能理解并以其特定目的使用该信息。混淆消息的过程就是加密，使其恢复原状的过程是解密，这些都是通过复杂的数学技巧完成的。

密码学是一个战场，那些试图安全地传输信息的人，对抗着那些试图解密或操纵信息的人。最近，密码学已经拓展出向更广泛的参与者证明信息所有权的应用——如公钥密码学——这是比特币与密码学相关的一个重要部分。

加密技术已经被使用了数个世纪。在战争期间，尤利乌斯·恺撒（Julius Caesar）使用了一种简单的加密方法将作战计划传递给他的将军们。他会用实际字母后面第三个字母发送消息。例如，他不会在他的消息中使用字母 ABC，而会将它们写为 DEF，而他的将军们会通过解密来理解他发送的消息。可以理解的是，这种加密形式不会长久地保证安全。[1]

最近的一个例子是电影《模仿游戏》（*The Imitation Game*），主题是第二次世界大战期间，一组英国密码学家对纳粹德国的信息进行

---

[1] Simon Sinyh, *The Code Book*（Anchor, 2000）.

解密，这些信息被称为恩尼格码（Enigma）密码机的编码设备予以加密。机器学习和人工智能领域的知名科学家阿兰·图灵（Alan Turing）是该团队的主要成员，他们努力攻破恩尼格码代码，最终对德国战争战略造成破坏性影响，并帮助结束了战争。

密码学已成为我们生活中至关重要的一部分。每次输入密码，用信用卡支付，或者使用瓦次普，我们都享受着密码学的好处。如果没有密码学，恶意的参与者很容易窃取敏感信息并用其攻击我们。加密技术确保信息只能被特定的人使用。

加密

在比特币区块链中记录的每笔交易都必须经过加密验证，以确保尝试发送比特币的人实际拥有他们试图发送的比特币。密码学也应用于交易团体被加入比特币区块链。交易不是一次一个地添加，而是存在于"链"在一起的"块"中，因此有了区块链这个术语。我们将在后面的"工作证明"部分深入探讨这个过程的具体细节，但现在需要了解以下内容：密码学允许构建比特币区块链的计算机在自动化的数学信用系统中进行协作。在是否用比特币区块链确认交易方面并不存在主观性，它只决定于相关数学技巧。为了深入研究密码学，我们强烈推荐西蒙·辛格（Simon Sinyh）编写的《密码故事》（*The Code Book*）。

不可篡改

全球**分布式**计算机可以以**加密**的方式验证交易并构建比特币区块链的组合，形成不可篡改的数据库，这意味着构建比特币区块链的计算机以**只能追加**的方式操作。**只能追加**意味着信息只能按时间顺序被添加到比特币区块链中，但不能删除——好比刻在数字花岗岩中的查账索引。一旦信息在比特币区块链中得到确认，它就是永久的，不能被删除。在事情很容易被抹去的数字世界中，不可篡改性是一种罕见的特性。随着时间的推移，这可能会成为比特币越来越有价值的特征。

工作证明

虽然前三个属性都是有价值的，但它们都不是天生的新特性。**工作证明**（Proof-of-Work，简称 PoW）将**分布式**、**密码学**和**不可篡改**的数据库概念联系在一起，并且使各个分布式计算机在哪一组交易将被接续到比特币区块链上达成一致。换句话说，工作证明特别擅长处理交易是如何被分组为"块"的，以及这些"块"如何链接在一起，从而构成比特币区块链。

计算机用户，又被称为矿工，使用工作证明机制互相竞争，以获得将交易块添加到比特币区块链中的特权，这就是交易被确认的方式。每当矿工添加一个"块"，他们便因此获得报酬，这就是他们选择参加竞争的主要原因。

财务奖励的竞争也是比特币区块链安全的保证。任何动机不纯的参与者如果想要改变比特币区块链，他们都需要与遍布全球的其他矿工进行竞争，这些矿工为进行工作证明所需的计算已投入数亿美元用于采购机器。矿工通过寻找解决密码问题的方法进行竞争，这将使他们能够在比特币区块链中添加交易块。

这个密码问题的解决方案涉及 4 个变量：时间、所提出交易的摘要、前一个块的身份，以及一个被称为 **nonce** 的随机数。

随机数 nonce，当通过加密的哈希函数（hash）与其他 3 个变量组合时，会产生符合难度标准的输出。满足这个标准的难度由一个动态调整的参数定义，以便所有矿工大约每 10 分钟就能找到一个解决这个数学难题的方法。如果所有这些看起来像从消防水带中喝水一样，那没关系——一开始就是这样。我们将在第 4 章更详细地介绍这一过程，然后在第 14 章中深入讨论。

工作证明中最重要的部分是 4 个变量之一的"前一个块的身份"，其中包括创建该块的时间、交易集合、前一个块的标识及 nonce。如果创新型投资者继续遵循这一逻辑，他们会意识到这能将比特币区块链中的每个区块联系在一起。因此，即使是多年前创建的任何过去块中的信息，都不能在不更改其后的所有块的情况下进行更改。这种变化会被分布式矿工拒绝，这就是比特币区块链和其中的交易不可被篡改的原因。

矿工通过创建一个新的交易块来获得经济回报，这个块包含一个交易，即币基（coinbase）交易，而回报则包含新挖掘的比特币，以及块中所有交易的费用。币基交易缓慢地将新发行的比特币放入货币供应中，对此稍后将更多地予以介绍。

比特币生态系统的有用类比

用类比的方式把所有概念联系在一起，这将为我们在第 3 章中讨论区块链技术的应用做准备（见图 2.1）。将这些概念想象成一系列与个人计算机相关的硬件、操作系统、应用程序和用户是有帮助的。

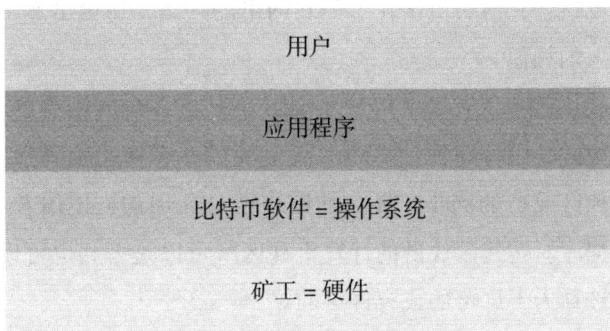

图 2.1　比特币生态系统

通过"工作证明"来构建比特币区块链的矿工是硬件，就像笔记本电脑 MacBook Pro 为个人计算机提供硬件一样。硬件需要操作系统（OS），而对比特币来说，其操作系统是一种开源软件，协助完成前面所述的一切。这个软件由一组志愿者开发，就像大多数云所基于的操作系统——Linux 一样，由一群志愿者开发维护。比特币生态系统除了硬件和操作系统外，还有应用程序，就像 Safari——一个在苹果（Apple）操作系统上运行的应用程序一样。应用程序与比特币"操作系统"相链接，根据需要将信息推送到或抽取出比特币区块链。最后，终端用户与应用程序进行交互。将来有一天可能没有硬件或软件的概念，因为用户只需要知道如何浏览应用程序即可。

私有区块链与公有区块链

一般来说，有两种类型的实体可以拥有支持区块链的硬件：公有区块链和私有区块链。公有区块链和私有区块链之间的区别与互联网和内联网之间的区别相似。互联网是公共资源，任何人都可以使用它，没有"看门人"，而内联网是公司或财团用来传输私有信息的"带围墙的花园"。公有区块链与互联网类似，而私有区块链则像内联网。今天两者都很有用，但几乎没有人会争论说，互联网比内联网创造了更多的价值。尽管在 20 世纪 80 年代和 90 年代，有人曾大声疾呼公共互联网永远不可信任，但历史站在了公共网络的一边，历史虽然不会重演，但总是惊人的相似。①

公有区块链和私有区块链的重要区别是实体访问网络的方式。请记住，区块链是由分布式计算机系统创建的，它使用密码学和共识流程来保持社区成员的同步。孤立的区块链是无用的，使用者不妨使用集中式数据库。构建区块链的计算机社区既可以是公共也可以是私有，它们通常被称为无许可的或有许可的。

公共网络就像比特币一样，任何拥有相应硬件和软件的人都可以链接到网络并访问其中的信息，没有保镖在门口检查身份证。相反，参与网络形成了一种经济均衡，在这种均衡中，实体如果认为自己能够赚钱，就会购买更多的硬件来参与构建比特币区块链。公有区块链的其他例子包括以太坊、莱特币、门罗币、零币等，这些将在第 4 章和第 5 章中详细讨论。

---

① 这一引语（或格言）被认为出自伟大的马克·吐温（Mark Twain），然而如同许多伟大的引语，其真实作者不详。请参考 http://quoteinvestigator.com/2014/01/12/history-rhymes/。

另一方面，私有系统在门口雇用保镖。只有具有适当权限的实体才能成为其网络的一部分。这些私有系统是在比特币之后出现的，因为企业和机构意识到它们喜欢比特币区块链的效用，但不希望或合法地不允许其信息在公共实体之间传播。

到目前为止，这些私有区块链已经被金融服务机构广泛接受，成为更新信息技术（IT）架构的一种手段，而自从为计算机系统漏洞（Y2K）做好准备以来，这些架构并没有被大规模改版。在金融服务领域，这些私有区块链大部分都是企业努力保持现有业务的解决方案。尽管这些解决方案有许多优点，但一些人声称，最大的变革是让大型的秘密实体共同合作、共享信息和做出最佳实践，这将最终降低终端消费者的服务成本。[1] 我们认为，由于开放式网络的发展，实施私有区块链将削弱集中式强力集团的地位。换句话说，这是进一步去中心化和使用公有区块链的第一步。

私有区块链的潜在应用范围远远超出金融服务行业。银行和其他货币中介机构很快采用该技术，因为对专门从事安全交易的系统而言，已开展的私有链应用效果显著。除金融服务行业外，正在探索区块链技术应用的还包括政府部门、音乐行业、房地产行业、保险行业、医疗保健行业、网络、民意测验机构、供应链、慈善团体、枪支追踪执法部门等。[2]

在本书中，我们将关注公有区块链及其原生资产（或者**加密资产**），因为我们认为它们是创新型投资者的最大机会所在。有时候，加密资产的名称与其母体区块链一样，只是用大小写首字母进行区分。其他时候，原生资产的名称稍有不同。例如，比特币区块链的原生资产是比特币，而以太坊区块链的原生资产是以太币（ether），莱特币区块链的原生资产是莱特币等。

---

[1]　https：//www.bloomberg.com/view/articles/2016-09-01/maybe-blockchain-really-does-have-magical-powers.

[2]　https：//www.cbinsights.com/blog/industries-disrupted-blockchain/.

许多公有区块链之间有明显不同。比特币社区的一些早期成员认为，区块链的区别应该是非常明确的，特别是任何区块链必须使用工作证明作为其达成共识的手段。我们不同意这种观点，因为还有许多其他正在开发的有趣的共识机制，例如权益证明（PoS）、存在证明（PoE）、消逝时间证明（PoET）等。就像机器学习并不只有一个流派，而是由符号流派、联结流派、进化流派、贝叶斯流派和行为类比流派组成，区块链技术也有很多种。在《终极算法：机器学习和人工智能如何重塑世界》（ *The Master Algorithm* ）中，① 佩德罗·多明戈斯（Pedro Domingos）假设，所有这些机器学习的流派（都是某些时刻苦战的对手）有一天会合并。区块链技术可能也是如此。如果这些去中心化的价值数据库要真正转型，它们将不得不互操作（interoperate）并相互估价。

Ⓑ "区块链"一词的多种用途

尽管区块链技术越来越受到关注，但由于该术语在使用中不规范，它的具体含义仍混乱不明。例如，"一个区块链"、"那个区块链"、"区块链"和"区块链技术"，都可以指不同的东西。

通常，当人们说区块链时，指的是原始区块链，或比特币区块链。虽然概念表述显得冗余，但为了表意清晰，我们将始终使用"比特币区块链"而不是"区块链"。

另一方面，区块链和区块链技术等术语现在通常指的是与原始比特币无关的衍生品。但区块链一词通常被用来指代这个概念本身，而不是客户端。这会造成表意不明，因此这也是我们最不喜欢的术语用法。

---

① http://www.washington.edu/news/2015/09/17/a-q-a-with-pedro-domingos-author-of-the-master-algorithm/.

第3章

"区块链，不是比特币？"

THE INNOVATIVE INVESTOR'S
GUIDE
TO BITCOIN AND BEYOND

在给公有区块链和私有区块链划分边界时，我们就进入了一个创新型投资者应该理解的备受争议的领域。这两类区块链差别巨大，它们各自的支持群体之间的关系很紧张，因为这两个阵营的技术目标不同。尽管有些武断，但可以说，私有区块链一般由各行业的从业者支持，而公有区块链则是颠覆者的选择。

要弄清楚创新型投资者进入加密资产领域的来龙去脉，了解区块链是如何从单一类型——比特币区块链——演变到包括各种类型的公有区块链和私有区块链是很重要的。否则，创新型投资者在听到有人声称比特币不再受关注或已被替代时，会感到困惑。虽然这些说法都是不正确的，但是理解这些说法背后的动机和原理无论如何是有帮助的。

早期的比特币

我们在第 1 章中提到过，由于比特币太年轻，它容易受到攻击，中本聪在 2010 年 12 月 5 日请求维基解密不要接受以比特币作为向其网站捐赠的支付手段。此时是比特币区块链诞生后大约两年的时间，在这段时间里，它存在于一个非常宁静的环境中。然而，这一切即将改变。

在中本聪提出请求的几个月后，一款使比特币名扬世界的应用程序发布了。丝绸之路（Silk Road）于 2011 年 2 月推出，它为任何可以想象的产品提供了一个无规则的去中心化市场，它使用比特币作为支付手段。只要是你能说出名字的东西，你在丝绸之路都可以买到。高客传媒（Gawker）在 2011 年 6 月的一篇文章《地下网站可以买到任何可以想象到的毒品》中简明扼要地指出了这一点。① 显然，这是比特币背上恶名的一个原因，尽管比特币及其开发团队并没有为此背书。丝绸之路通过在其平台上构建应用程序来简单地利用这种新兴的去中心化数字货币。

如图 3.1 所示，高客传媒的文章引发了比特币历史上的第一次谷歌搜索量高峰，并在一周内将比特币的价格从大约 10 美元推高到 30 美元。② 然而，高客传媒的文章引起的谷歌搜索量与 2013 年 3 月至 4 月的谷歌全球搜索量相比黯然失色，当时比特币价格上涨了近 8 倍，在大约 1 个月内从不到 30 美元上涨到 230 美元。这次比特币需求背后的驱动因素比高客传媒的文章引发的搜索量高峰更加不透明，尽管许多人认为塞浦路斯（Cyprus）的紧急救助以及由此造成的市民在银行账户上的损失是比特币价格暴涨的核心驱动因素。比特币不受政府控制，其持有者可以免受此类事件的影响，这使其赢得了足够多的关注。彭博新闻（*Bloomberg News*）于 2013 年 3 月 25 日发表了一篇文章，其吸引眼球的标题是《比特币可能成为全球经济的最后避风港》。③

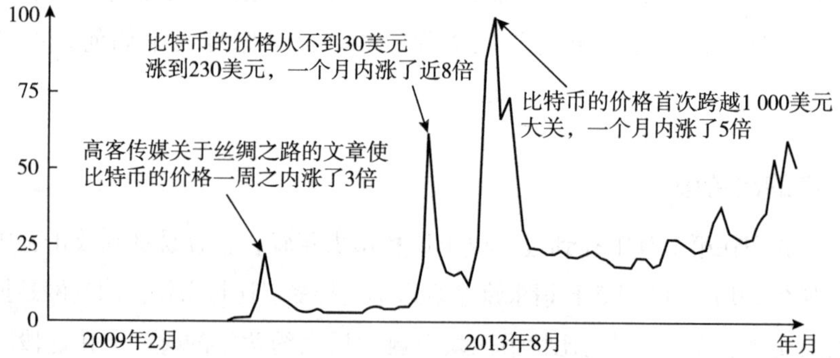

图 3.1 谷歌搜索"比特币"一词的峰值

资料来源：谷歌搜索截图的注释。

① http://gawker.com/the-underground-website-where-you-can-buy-any-drug-imag-30818160.

② CoinDesk BPI.

③ https://www.bloomberg.com/news/articles/2013-03-28/bitcoin-may-be-the-global-economys-last-safe-haven.

虽然 2013 年的春天是值得关注的，但它只是比特币受到全球关注的盛大开幕式的预演。6 个月后，也就是 2013 年 11 月，中国对比特币需求量的增加以及美国参议院（the U. S. Senate）对该创新模式的兴趣导致比特币价格出现超过 1 000 美元的超常攀升，这一事件占据了国际新闻的头条。①

Ⓑ 谷歌搜索趋势的使用

谷歌搜索趋势是吸引主流关注的有用指标。创新型投资者可以访问 https://trends.google.com/，探索人们如何搜索不同主题的模式。谷歌甚至可以提供按地理位置探索搜索趋势的选项，给出兴趣点分布的图表，以及显示相关主题上升的情况。例如，在输入"比特币"后，投资者可以查看过去 1 年，甚至 5 年的谷歌搜索趋势，或者定制范围，调查尼日利亚与印度的差异。我们建议不要只对加密资产使用此工具，它是一个开启全球化思维的迷人窗口。

此时，比特币价格的暴涨引起了多方关注。FBI（联邦调查局）逮捕了丝绸之路的创始人罗斯·乌布利希（Ross Ulbricht）。② 不久之后，当时最大的比特币交易所门头沟公司（Mt. Gox 的昵称，位于日本东京）③ 的崩溃，使许多比特币投资者在面对政府和执法部门的严厉打击时处于边缘地位。④ 随后，2014 年全年比特币价格下跌，2015 年 1 月触底反弹、波动、持续，这令那些被这一新概念吸引的早期投资者感到沮丧。

---

① http://money.cnn.com/2013/11/27/investing/bitcoin-1000/；http://money.cnn.com/2013/11/18/technology/bitcoin-regulation/?iid=EL.

② https://www.i.gov/contact-us/eld-oces/newyork/news/press-releases/ross-ulbricht-aka-dread-pirate-roberts-sentenced-in-manhattan-federal-court-to-life-in-prison.

③ https://www.theguardian.com/money/us-money-blog/2014/feb/25/bitcoin-mt-gox-scandal-reputation-crime.

④ http://www.bbc.com/news/technology-24371894.

虽然比特币的价格在下跌，但其开发者已经着手改进协议并在其基础上构建应用程序。在那段时间，关于底层技术的对话频率呈现增长的势头，因为早期的比特币玩家强调比特币之所以重要，不仅因为其去中心化货币的特点，还因为支撑它的系统架构。对于比特币支撑技术的强调，恰好发生在因为受到新闻影响，众多开发者和企业开始研究比特币的时候。很明显，事情正在发生变化，比特币的技术新参与者正在试图弄清楚这项技术。

比特币玩家捍卫和解释比特币技术的颠覆性潜力、比特币价格的急剧下跌、新参与者对这项技术的研究，这3件大事对比特币造成了巨大的影响。新参与者并不一定以他们想要使用区块链技术的方式来看待有关比特币的需求，2014年持续下跌的比特币价格，让他们更加确信了这一点。但是对于比特币玩家来说，它一直是"比特币和区块链"。资产——比特币——促使以矿工、开发者、公司和用户等玩家为基础的生态系统的形成，基于比特币区块链，它受到保护和构建，为全球用户提供价值的交易和存储服务。

除了以上对比特币底层技术的考查，两种趋势在区块链技术领域呈爆炸性增长。第一是出现了支持新型加密资产的公有区块链，比如以太坊。这些新的公有区块链在比特币领域之外提供了新的功能。例如，以太坊的目标是成为一个去中心化的世界计算机，而比特币的目标是成为一个去中心化的世界货币。这种多样性导致玩家之间的局势变得紧张，因为这些加密资产存在竞争关系，但这无法与比特币和第二种趋势之间的紧张关系相比。

第二是对于只有通过比特币或任何加密资产才能从区块链技术中获得价值的说法，有人提出质疑。我们将在本章进一步探讨第二种趋势，因为对于创新型投资者来说，了解为什么有些人会声称不需要比特币或其他加密资产也可以保证安全并可运作很重要。

Ⓑ 中本聪从来没提到过区块链

中本聪在 2008 年的白皮书中没有提及区块链这个词，是早期的比特币公司在当时的小众社区中普及了这个词。例如，于 2011 年 8 月被推出的比特币钱包服务——blockchain. info。[①] 中本聪经常将该系统称为"工作证明链"。他的最接近区块链的说法，是"被链接的块"或"块链"之类的短语。由于中本聪仅在"链"之前直接放置了"工作证明"，因此许多早期的比特币从业者都坚称，区块链这一术语只能是基于工作证明的。请注意，工作证明是构建比特币区块链的所有计算机构建比特币时保持同步的一种机制。

区块链， 不是比特币

2014 年第 3 季度来自英格兰银行的一篇文章认为，"数字货币的关键创新是'分布式账本'，它允许支付系统以完全去中心化的方式运作，而不需要像银行这样的中介机构"。[②] 英格兰银行强调技术而非原生资产，但它对是否需要原生资产并没有给出答案。

在 2015 年 4 月的"深入探讨比特币"会议上，[③] 很多比特币长期从业者对华尔街有多少出席者评头论足。虽然比特币仍受追捧，但是"区块链不是比特币"的呼声越来越高，这对比特币从业者来说是离经叛道的说法。

2015 年秋季，**区块链**这一术语开始独立于比特币在北美获得更广泛的使用，当时两个著名的金融杂志促进了大家对这一概念的认识。首先，《彭博市场》（*Bloomberg Markets*）发表了一篇题为《布莱思·马斯特斯告诉银行区块链正在改变一切：使用驱动比特币的代码，帮助

---

① 第 14 章会详细介绍钱包。

② http：//www. bankofengland. co. uk/publications/Documents/quarterlybulletin/2014/qb14q3d-igitalcurrencie sbitcoin1. pdf.

③ http：//insidebitcoins. com/new-york/2015.

推出全球信用违约掉期的银行家再一次颠覆金融行业》①的文章，在强调"驱动比特币的代码"时，它悄然质疑了原生资产的需求，转而强调底层技术。马斯特斯（Masters）是金融服务领域一位知名且备受尊敬的人物，也是一位金融创新领域的知名人士。在担任摩根大通全球商业负责人之后，她选择加入一家当时还鲜为人知的公司——数字资产控股公司（Digital Asset Holdings），因为她相信区块链技术不再处于商业世界的边缘。在该篇文章中，马斯特斯的一句话——你应该认真对待这项技术，就像你应该在20世纪90年代早期开始研究互联网，这类似于资金的电子邮件——引起了大家的关注。

2015年10月31日出版的杂志《经济学人》的封面文章《信用机器》，虽然偏向比特币，但它的焦点是更广泛适用的"比特币背后的技术"，并在整篇文章中使用了术语——**区块链**。②

马斯特斯、《彭博市场》和《经济学人》的共同作用，导致大众对区块链技术兴趣的激增，并引发谷歌全球搜索量持续攀升，"区块链"热度仍处于上升趋势。在《彭博市场》和《经济学人》发表文章后的2015年10月18日至11月1日，"区块链"谷歌全球搜索量增长了70%（见图3.2）。

马斯特斯在金融服务领域的区块链技术方面主要关注私有区块链，其与比特币区块链有很大不同。很重要的一点是，私有区块链不需要原生资产。由于对网络的访问受到严格控制（主要通过排他性维持安全），因此支持区块链的计算机的作用不同。③ 由于这些计算机不必担心来自外部的攻击——它们在防火墙后运行，并与已知的实体协作——这消除了对原生资产的需求，此类资产主要用于激励矿工并建立一个强大的网络。

---

① https://www.bloomberg.com/news/features/2015-09-01/blythe-masters-tells-banks-the-blockchain-changes-everything.

② http://www.economist.com/news/leaders/21677198-technology-behind-bitcoin-could-transform-how-economy-works-trust-machine.

③ 在技术层面，计算机并非矿工，因为它们并非挖掘任意新资产，也不会由于它们的工作而直接获得酬劳。

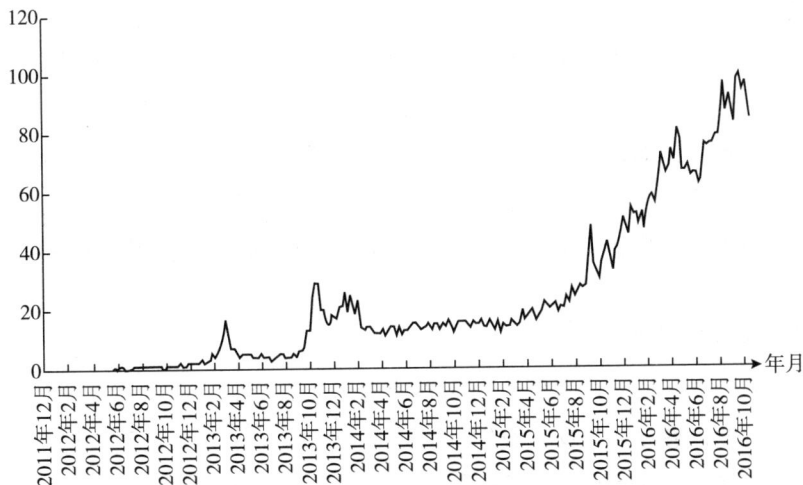

图3.2 谷歌搜索趋势中短语"区块链"的上升趋势

资料来源：谷歌搜索趋势。

私有区块链通常用于加快现有流程并提高效率，这就是对开发软件并维护计算机的实体的奖励。换句话说，节约成本也是创造价值，拥有计算机的实体享受了这些成本的节约。因此，这些实体并不需要像公有区块链一样通过原生资产获得报酬。

另外，为了激励这些自发的全球志愿者（被称为矿工）将资金投入验证和确保比特币交易的矿机中，需要有一个原生资产可以支付矿工的工作。原生资产以真正的去中心化的方式自下而上地奠定了支持服务的基础。公有区块链是一种自下而上进而创建去中心化全球数字服务的系统架构，而不仅仅是数据库。随着时间的推移，矿工的报酬将从新比特币的发行转变为交易费用，如果全球采用范围足够大，那么交易费用将足以承受支付给矿工的报酬。

许多私有区块链的狂热支持者的核心信念是：原生资产本身（如比特币）是不相关的，它们可以从架构中被移除，而技术的最佳部分可以完美保留。对于这些人正在推进的场景，这是事实。但是，对于公有区块链，这不是事实。那些从更新当前技术栈（大多是数据库的形式）的角度来探索区块链技术的企业经常偏向私有区块链。许多金融服务公司是这种倾向的最早支持者。

除了质疑原生加密资产的必要性——这会自发地激怒那些非常重视加密资产的社区——公有区块链倡导者认为私有区块链混淆了区块链的精神。例如，马斯特斯的数字资产控股公司旨在帮助现有金融服务公司采用这项新技术，从而帮助其反击试图破坏现状的颠覆者，而不是以去中心化和民主化的精神来改变现有金融服务现状的各个方面。

区块链是一种通用技术

我们对区块链技术那激动人心的应用充满信心，但我们并未持有排他性的世界观。相反，我们认为比特币区块链是现有最重要的区块链技术之一，并且它产生了一种超越比特币的新型通用技术。

通用技术普遍存在，最终影响到所有消费者和公司。随着时间的推移，它们会随着技术的收敛进程而得到改善，最重要的是，它们是未来构建创新的平台。此前一些比较著名的例子包括蒸汽、电力、内燃机和信息技术。在此，我们还可添加区块链技术。虽然这种说法可能对某些人来说显得夸张，但这正是我们面临的真实状况。

作为一项通用技术，区块链技术包括私有链，这些区块链将对许多行业产生深远影响，而比特币之外的公有链将会呈现爆发式增长。因为私有链并未产生可接受公众投资的全新资产类别，所以公有链及其原生资产的领域与创新型投资者最为相关。

区块链技术在成熟度曲线上的位置

到目前为止，创新型投资者已经清楚，区块链技术领域正在不断发展，并将在未来几年继续保持这种趋势。迷人的技术极具吸引力，它会为公众带来不同视角与思维，最终将推动技术边界的扩展。

新技术的发展过程及其获得人们关注的方式，是高德纳咨询公司（Gartener）提出的新兴技术成熟度曲线的核心①，该曲线将技术成熟过

---

① http://www.gartner.com/newsroom/id/3412017.

程分为五个阶段①：

- 创新触发期。
- 过热期。
- 低谷期。
- 复苏期。
- 生产力成熟期。

第一阶段是将技术引入世界的创新触发期。虽然不是很明显，就像比特币在其发展早期几乎不可见一样，文字传播的力度和预期也处于增长阶段。随着时间的推移，这些微弱的力量获得动力，随之新技术发展到第二阶段——过热期。此时的峰值代表了围绕原始技术定义的混乱高度，因为人们经常乐观地将其应用于他们所看到的一切。但是，没有技术是灵丹妙药。

随着企业创立并尝试从概念验证转向大规模实施，人们经常会发现在现实世界中应用新的颠覆性技术要比预期的困难得多。新技术必须与许多其他系统集成，这通常需要进行大量的重新设计。此外，还需要对员工和消费者进行再培训。这些困难将技术发展慢慢地推向了第三阶段——低谷期，人们会感叹这项技术很难得到广泛应用。

当很多人放弃，而坚定的人继续努力时，技术发展曲线又开始回升，这次不是早期的虚假繁荣，而是不断改进、更具生产力的持续发展，此时也就进入第四阶段——复苏期。随着时间的推移，该技术逐渐成熟，最终进入第五阶段——生产力成熟期的稳定平台，并为建立其他技术奠定基础。

虽然很难预测区块链技术目前落在成熟度曲线的哪个位置（这些事情总是回顾起来比较容易），但我们认为比特币正从低谷期中走出来。与此同时，剥离原生资产的区块链技术（私有区块链）正在从2016 年夏季遭受 DAO 黑客攻击（将在第 5 章中详细讨论）之前达到的

---

① http://www.gartner.com/technology/research/methodologies/hype-cycle.jsp.

"过热期"顶峰呈现下降趋势。

　　比特币之外的加密资产则处于创新触发期和低谷期之间不同的点。这些差异是因为它们出现在比特币之后的不同时点，并且许多还在不断涌现。加密资产的前途光明，张力很大，机会正等待创新型投资者。接下来让我们来看一下当前存在的各种加密资产。

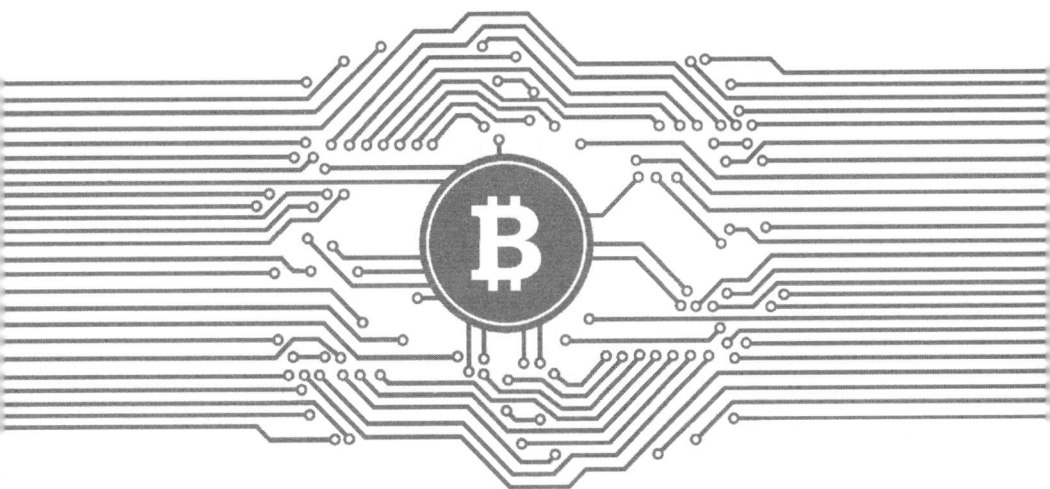

第4章

加密资产分类

我们已经看到，比特币引发了加密资产的革命，它的成功促使许多其他拥有自己原生加密资产的无须许可的（公有）区块链诞生了，我们将其称为比特币的"数字兄弟"。截至 2017 年 3 月，共有超过 800 种加密资产和一个迷人的家族树，它们的网络价值[①]累计超过 240 亿美元。[②]当时，比特币是这些加密资产中数额最大、交易量最高的一种，其网络价值 170 亿美元，占加密资产全网价值总额的约 70%，远超其他加密资产。第二个网络价值最大的加密资产是以太坊的以太币，超过 40 亿美元。但加密资产发展速度很快，以上数据的变化也很快。

随着加密资产的投资环境不断优于比特币，创新型投资者必须了解这些"数字兄弟"的历史背景、分类和适用性，进而寻找潜在的投资机会。为此，我们希望提供一定的历史背景，并解释何人何事促进了这些著名的加密资产的发展。此外，我们还将详细地介绍加密资产领域的某些概念，方便创新型投资者去理解。

加密货币、加密商品和加密通证

以往加密资产通常被称为加密货币，我们认为这会给新用户带来困惑，并且在探讨这些资产前景时会有一定的限制。我们不会将加密

[①]　网络价值＝（未清偿资产的单位）×（每个资产的价值）。它常指许多当前资源中一种资产的市值。

[②]　https://coinmarketcap.com/.

资产归为货币，实际上加密资产大多数是提供原始数字资源的加密商品（cryptocommodities）或者是提供已完成的数字货品和服务的加密通证（cryptotokens）。

一种货币必须实现三大明确的目标：作为交换的手段、具有存储价值、是记账单位。但货币本身的形式往往没有内在价值。例如，人们钱包里的纸币与打印机中的纸张价值差不多。但纸币会给人一种"有价值"的假象，因为它们能够在社会上被广泛分享且得到了政府的担保，而且它们可用于购买货品和服务，为将来的购买行为储存价值，并作为一种标准给其他事物定价。

商品的范围广泛，在大多数情况下，它可以作为生产成品的原材料。例如，石油、小麦和铜都是常见的商品。然而，如果假定一种商品必须是实物，那就忽略了经济中每一个细分领域都在发生的"从线下到线上"的转变。在日益数字化的世界中，拥有数字商品才有意义，如计算能力、存储容量和网络带宽。

尽管计算能力、存储容量和网络带宽还没有被广泛地称为商品，但可以说它们是与我们的实物商品同样重要的构建块，并且当它们通过区块链网络被提供给用户时，它们通常被明确地定义为"加密商品"。

除了加密货币和加密商品之外，还有通过区块链网络提供的数字货品和服务，例如媒体、社交网络、游戏，它们皆由加密通证编排而成。正如在实体世界中货币和商品促进经济创造货品和服务，在数字世界，加密货币和加密商品一起提供的基础设施支持上述成品数字货品和服务。加密通证正处于开发的早期阶段，并且可能是最后一个有吸引力的加密资产，因为它们的运行建立在强大的加密货币和加密商品基础设施之上，所以很稳定。

总而言之，我们认为，对于区块链架构这一"美丽新世界"的更清晰认识中必须涵盖加密货币、加密商品和加密通证，正如一直以来我们的世界包括货币、大宗商品、成品和服务。无论是作为货币、商品还是服务，区块链架构都有助于以分布式和市场化的方式提供这类数字资源。

在本章中，我们关注当今重要的加密货币，包括比特币、莱特币、瑞波币、狗狗币、门罗币、达世币和零币。下一章将介绍加密商品和加密通证，以太坊的推出及其作为去中心化世界计算机的价值主张加速了其发展。除了享有第二大网络价值的加密资产身份之外，以太坊还衍生出许多其他加密资产，这些加密资产均创造性地利用了以太坊的网络。

虽然我们不可能涵盖所有的加密资产，但我们将专注于那些我们认为可以帮助创新型投资者获得广泛视角的加密资产。对于那些创建了但我们无法在此涵盖的加密资产的企业家和开发者，我们在此表示歉意。在我们编写本书的过程中，许多令人惊叹的项目得以创建，如果我们试图将它们都包含在书中，那么本书就永远无法完成。因此，我们在本书"延伸阅读"部分提供了一份清单，方便读者获取其他加密资产的相关信息。

Ⓑ 为什么选择加密（CRYPTO）？

有时候，加密这个词让人不寒而栗，也许是因为人们经常把它与非法活动联系在一起，但这是一个人们需要克服的偏见，这很重要。加密只是支撑这些系统的关键技术——密码学的缩写。正如第2章讨论的，密码学是安全传输数据的科学，只有预期的接收者才能使用它。密码学用于确保加密资产安全地传输给预期的收货人。由于在数字世界，黑客行为日益猖獗，资源的安全传输至关重要，而加密资产具有此等安全性。

货币不断演变的性质

在比特币诞生之前的几十年，人们已经开始寻找一种去中心化、私人化的数字货币。比特币及其类似货币的出现只是几个世纪以来货币广泛演变的一种结果。开始时，货币是易货贸易不精确性的解决方案。几个世纪以来，具有物质价值的金属硬币被选作货币。纸币是一种超越金属硬币的创新，因为它更容易运输，但它的全部价值依赖于政府的批准和法定货币的授权。我们相信没有任何物理表征的货币是进化的下一个阶段，而其在由互联网维系的世界里的发展更是不可阻挡。

随着互联网创新的蓬勃发展，我们也认识到需要一种安全的数字支付形式。比特币最著名的原型之一由戴维·查姆（David Chaum）领导的数字现金公司①（DigiCash）率先推出，查姆是加密资产历史上著名的密码学家。1993 年，在马克·安德烈森（Marc Andressen）创办网景公司（Netscape）之前，查姆发明了一种数字支付系统——电子现金（ecash）。不管数量有多少，人们都可以通过它在互联网上安全地匿名支付。②

显然，鉴于 20 世纪 90 年代中后期的科技热潮，查姆遇到的时机再好不过了，数字现金公司遇到几个发展机会，其中任何一个机会都可能使其家喻户晓。然而，查姆虽被广泛认为是技术天才，但作为一名商人，他有许多不足之处。比尔·盖茨（Bill Gates）联系查姆，希望将电子现金支付系统整合到 Windows 95 中，此举有望让电子现金立即风靡全球，但查姆拒绝了传闻中 1 亿美元的报价。同样，网景公司对查姆表达了合作的意愿，但网景公司的管理层很快因查姆的态度而放弃。1996 年，维萨（VISA）有意向该公司投资 4 000 万美元，而查姆要求 7 500 万美元（如果这些报道是准确的，很明显查姆创造的潜在价值正在下降），维萨只能放弃投资。③

如果一切进展顺利，数字现金公司的电子现金支付系统将被整合到所有 web（网页）浏览器的底层，作为全球互联网支付机制，可能会消除在线支付对信用卡的需求。可悲的是，管理不善最终使数字现

---

① 该公司成立于 1989 年，是最早的电子货币公司之一。——编者注
② http：//cryptome.org/jya/digicrash.htm.
③ 同上。

金公司陷入困境，它最终于 1998 年宣布破产。虽然数字现金公司未能成为家喻户晓的名字，但这个公司的一些员工会在我们的故事中重新露面，比如"智能合约"之父尼克·萨博（Nick Szabo）和零币的创始人佐科·威尔考克斯（Zooko Wilcox），他们都曾在数字现金公司工作过一段时间。[①]

在电子现金支付系统之后，人们在数字货币、支付系统或价值存储方面还做过其他尝试，如开发了 E-gold 和 Karma。前者因为服务于犯罪分子而被禁止，[②] 后者从未被主流接受。[③] 互联网货币的新形式吸引了当今技术巨头们的关注，例如皮特·泰尔（Peter Thiel）和埃隆·马斯克（Elon Musk），他们都是贝宝（PayPal）的创立人。除 Karma 以外，所有针对数字货币进行的相关尝试的问题在于，它们并不是纯粹的去中心化——无论如何，它们都依赖于一个中心化的实体，这就向腐败和黑客提供了机会。

比特币的奇迹

比特币的神奇之处在于，它自发地支持去中心化的方式。作为第一个这么做的货币，其重要性和困难程度无须多言。在了解比特币的工作流程之前，人们对它是否具备货币价值经常存在争议，因为不同于以前的货币，人们无法看到它、触摸它或闻到它。

纸币具有价值，因为社会认可其价值。如果政府介入，纸币就更容易得到社会的认可。在缺少政府支持和实物形式的情况下，让全球社区同意某事物具有价值并将其用作货币是货币历史上最重要的成就之一。

当比特币首次发布时，其价值为零，因为它不能用来购买任何东西。最早的采用者和支持者主观地对比特币估值，因为它是计算机科

[①] http://cryptome.org/jya/digicrash.htm.

[②] https://bitcoinmagazine.com/articles/quick-history-cryptocurrencies-bbtc-bitcoin-1397682630/.

[③] http://karmakoin.com/how_it_works.

学和博弈论的一个迷人的实验。由于比特币区块链的效用证明它本身是互联网货币（MoIP）的可靠工具，① 人们开始使用比特币构建应用场景，包括促进电子商务、汇款和国际公对公支付等。

在应用场景的早期发展阶段，投资者已经开始推测未来的应用场景，以及这些应用场景需要多少比特币。当前的应用场景和投资者基于对未来更大应用场景的预期的结合，催生了比特币的市场需求。买方愿意为某物付出多少金钱（出价），以及卖方接受多少金钱才愿意卖出此物（询价），与任何其他市场一样，出价和询价的匹配形成了商品的价格。

数学计量供应

为比特币的价值提供支持的一个关键点是比特币的发行模式。回顾第 2 章，矿工们——通过计算机构建比特币区块链的人——每次在交易区块上签名，都会获得报酬。他们的报酬来自（每个区块中包含的）币基交易创建的新比特币。② 在比特币诞生后的前 4 年，一个币基交易向幸运矿工发放 50 个比特币。这个工作证明过程的难度每隔两周就会自动重新校准，以保持区块产生的时间平均为 10 分钟左右。③ 换言之，每 10 分钟发放 50 个新比特币，并且比特币软件会增加或降低难度，保持输出时间范围不变。

在比特币运行的第一年，每小时发放 300 个比特币（每区块 10 分钟，每区块发布 50 个比特币），每天 7 200 个比特币，每年 260 万个比特币。

根据人类的演变历史，我们认识事物价值的一个关键驱动因素是其稀缺性。中本聪知道他无法每年发放 260 万个比特币，否则比特币将

---

① MoIP 模仿 VoIP 的这个词，而 VoIP 代表 IP 电话。Skype、FaceTime 和谷歌的 Hangouts 都属于 VoIP。

② 请记住，一笔币基交易归于那些通过工作证明过程而发现区块的矿工。

③ 当越来越多的机器被用于网络挖矿，关于工作证明谜团答案的"猜测"也越多，这意味着假如问题难度没有增大的话，谜团答案被猜中的速度将越来越快。保持 10 分钟的稳定节奏，意味着交易将及时地被加入比特币区块链之中，它将通过数学方法测量比特币的供应发行。

丧失其稀缺性。因此，他决定每 210 000 个区块（每 10 分钟 1 个区块，需要花费 4 年）币基交易发行的比特币数量减半。[1] 这一事件被称为"区块奖励减半"或"减半"。

2012 年 11 月 28 日发生了第一次减半，奖励从 50 个比特币减少到 25 个比特币；2016 年 7 月 9 日发生了第二次减半，奖励从 25 个比特币减少到 12.5 个比特币。第三次减半将发生在 2020 年 7 月。[2] 从 Blockchain. info 的数据来看，到目前为止，比特币的供应时间看起来大致是线性的，如图 4.1 所示。

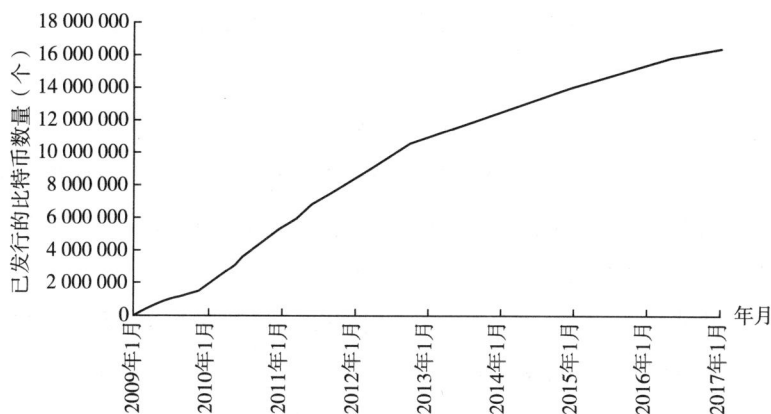

图 4.1　比特币的供应时间表（短期视角）

资料来源：Blockchain. info。

然而，长期来看，比特币的供应轨迹并非线性（见图 4.2）。事实上，到 2020 年年末，它将近似水平渐近线，年供应通货膨胀率低于 0.5%。换言之，中本聪奖励了早期采用者，借助最新的比特币换取充分的支持，从而为网络建立了足够大的货币流动性基础。他明白，如果比特币能够在一段时间内取得成功，其美元价值就会增加，因此他

---

① 表示区块中向矿工支付报酬的交易，常常与币基公司紧密相关。
② 机敏投资者可能意识到二等分并非一定每隔 4 年发生 1 次。因为，假如许多机器加入挖矿网络，那么在困难被再次重置之前，区块时间将少于 10 分钟。因此，每隔 210 000 个区块，时间加速 1 次。

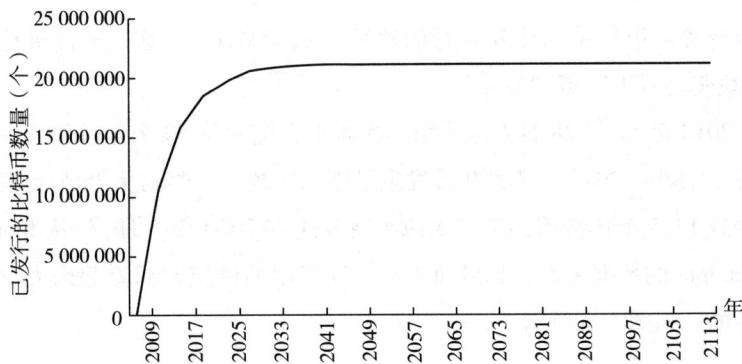

图4.2　比特币的供应时间表（长期视角）

资料来源：Blockchain. info。

可以降低发行率，同时仍然奖励其支持者。

　　从长远来看，比特币将在全球经济中变得根深蒂固，因此将不需要发行新的比特币以继续获得支持。到那时，矿工将获得处理交易的补偿，并通过高交易量的费用保证网络安全。

　　通常情况下，截至2140年，比特币的供应量最多将达到2 100万个，这是持续将供应单位每4年减少一半的结果。截至2017年1月1日，比特币的供应量已经达到76.6%[①]，下一次奖励减半将会发生在2020年，占比特币总量的87.5%。2100年以后的数年，比特币的供应量将达到20 999 999，实际上是2 100万个比特币。比特币的稀缺供应时间表，使得许多人认为它是数字黄金。[②]

替代币的诞生

　　发布几年之后，比特币很明显是第一种被大量采用的完全去中心化加密货币，但它在有些方面并未令人满意。例如，比特币的10分钟

---

① https：//blockchain. info/charts/total-bitcoins.
② 此语出现于介绍比特币的《数字黄金：比特币和试图重造货币的百万富翁的内部故事》（*Digital Gold*：*Bitcoin and the Inside Story of the Misfits and Millionaires Trying to Reinvent Money*）中。

阻断时间意味着，根据消费者点击发送的时间，可能需要 10 分钟或更久，才能将交易附加到比特币区块链上。

通常这种延迟对商家来说比消费者更棘手，因为商家需要知道他们在发送货品或服务之前是否已经收到报酬。其他人担心比特币在工作证明过程中的哈希函数，因为人们创建了专门用于哈希函数的硬件，这会导致挖矿网络进一步中心化。对于去中心化的货币，处理其交易的机器的集中化程度不断增强，这的确令人忧虑。幸运的是，比特币的协议是开源软件，这意味着开发者可以下载整个源代码，并调整他们最需要修改的内容。当更新的软件准备就绪后，开发者以类似于最初发布比特币的方式发布它。新软件的运行方式类似于比特币，但需要自己的开发者维护它，需要矿工提供硬件，还需要一个单独的区块链以记录新原生资产的借贷。

由于开放了源代码软件和存在聪明的程序员，许多其他的加密货币已经在市场上流通。而那些在比特币基础上略微修改的货币，被称为替代币（altcoins）。

Ⓑ 比特币的第一个数字货币兄弟

域名币（namecoin）[1] 是比特币的第一个重要分支。有趣的是，它并非主要用于创造新货币，而在于如何利用区块链的不可篡改性——在下一章节中我们将详细探讨此应用场景。通过域名币创建的网站，具有 .bit 域名（与 .com 域名对应），向那些在它上面注册的网站提供安全和反审查能力。[2]

域名币的诞生源于 2010 年论坛 Bitcointalk 上一个关于 BitDNS

---

[1] https://namecoin.org/.

[2] https://bit.namecoin.org/.

（DNS 即域名服务，处理所有网站）的想法。[1] 2013 年，一个名为 NameID 的服务被发布，该服务通过域名币区块链创建和访问具有域名币身份的网站。

域名币作为自己的域名服务，向用户提供更多的控制权和隐私权。与通过政府控制的服务（如 ICANN）注册网站的方式不同，用户注册域名币网站时，需要借助存在于域名币网络的每台电脑上的一种服务。这提高了安全性、隐私性和速度。为了获取一个.bit 网站，创建者必须拥有域名币，因此需要原生资产。

莱特币

尽管 2011 年发行了少许代币，然而，迄今为止，莱特币是第一个仍保持重要价值的代币。该加密货币由麻省理工学院的毕业生查理·李（Charlie Lee）开发，他曾是谷歌公司的一名软件工程师。当李听说比特币之后，很快就明白了其巨大潜力，所以他在创建自己的替代币之前曾亲自挖比特币。2011 年 9 月他未能成功地推出 Fairbrix，于是他在 10 月尝试推出莱特币。[2]

与比特币相比，莱特币有两个优势。首先，莱特币的阻断时间为 2.5 分钟，是比特币的 1/4，可以帮助商家更快地确认消费者的支付情况。其次，莱特币在工作证明过程中使用了不同的哈希函数——区块哈希算法（block hashing algorithm），试图让业余爱好者更加轻松地参与挖币过程。换个角度说，在比特币挖掘的早期阶段，人们通过中央处理器（CPU）——个人电脑中的核心芯片，有效地使计算机仅用于挖矿。2010 年，为了追求更高效率，人们开始在挖矿过程中使用现有计算机的图形处理器（GPU）。

许多人（包括李）预计，挖矿工具将变得更加专门化和专业化，

---

[1]　https：//bitcointalk.org/index.php?topic = 1790.0.

[2]　https：//litecoin.info/History_of_cryptocurrency.

即特定用途集成电路（ASIC）。特定用途集成电路需要定制生产专门设计的计算机。因此，李正确地预料到，比特币挖矿最终将在专业人员中展开，因为业余爱好者的自制个人计算机很难达到技术要求。

李期望一枚代币能够保留其对等根（peer-to-peer roots），同时使用户不需要昂贵的专业设备也可挖矿。通过一种名为 scrypt 的区块哈希算法，莱特币实现了这一点。它的内存密度更大，且专用设备（如特定用途集成电路）与之相比更加难以获得重大优势。

除了这两项调整之外，莱特币大体与比特币相似。

然而，创新型投资者将意识到，假如莱特币的发行速度是比特币的 4 倍，那么莱特币的发行总量也将是比特币的 4 倍。情况正是如此，因为莱特币将最终定格在一个固定的 8 400 万个单位上，而比特币只能达到其 1/4，即 2 100 万个单位。① 李也调整了减半特征，因此减半发生于 840 000 个区块上，而非比特币的210 000个。如图 4.3 所示，与比特币相比于，莱特币的供应轨迹虽然相似，但供应量更大。值得注意的是，自加密货币发行之日起，年通货膨胀率完全一样。

我们有必要认识到，如果比特币和莱特币皆被用于类似规模的市场且拥有相同规模的网络价值，那么莱特币的单位价值将是比特币的 1/4，因为它的发行速度是比特币的 4 倍。这是一个重要的教训，因为所有加密货币的供应时间表不相同，如果试图确定资产的增值潜力，则不应该比较每个加密资产的直接价格。

莱特币的网络经常被用作比特币软件更新的试验场，这是由于莱特币比比特币更灵活，它储存的是货币价值的一小部分。它也是其他加密资产的基础。在 2017 年年初，莱特币是网络价值中排名第四的加密资产。②

① https：// litecoin. info/Comparison_between_Litecoin_and_Bitcoin/Alternative_work_in_progress_version.
② https：// coinmarketcap. com/historical/20170101/.

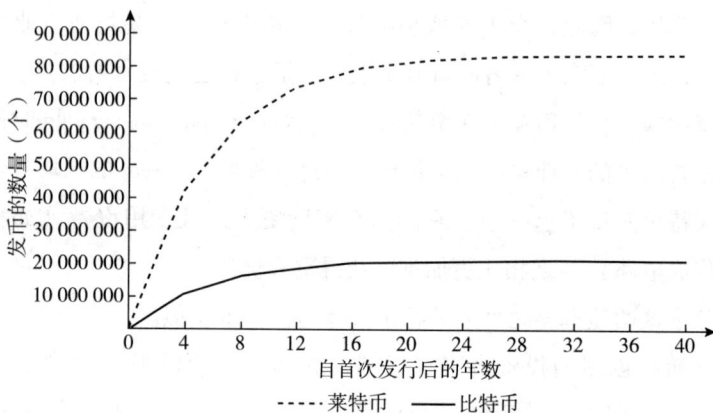

图4.3 莱特币和比特币的供应时间表对比

瑞波币

瑞波币是由瑞恩·福格尔（Ryan Fugger）于2004年创建的一种加密货币。福格尔是一名网页开发工程师，现居住于加拿大不列颠哥伦比亚省温哥华市。该项目的启动时间，实际上早于比特币，[①] 当时福格尔正在寻找一种方式，让社区在信任链基础上建立一个货币系统。例如，爱丽丝（Alice）信任鲍勃，鲍勃（Bob）信任坎迪斯（Candace），坎迪斯信任戴夫（Dave），则爱丽丝首先将价值转给鲍勃，鲍勃将相同的价值转给坎迪斯，而坎迪斯将此价值取出，存储到戴夫的账户中，通过此过程，爱丽丝将钱寄给了自己不认识的戴夫。借助此概念，支付款项可以通过这些信任链在网络上实现"涟漪传递"（ripple），福格尔将此概念称为 RipplePay. com。

虽然 RipplePay 的用户数量增加至 4 000 个，[②] 但它并没有像比特币一样引起轰动。2012 年 8 月，著名的金融创新者克里斯·拉森（Chris

---

[①] http：//ryanfugger. com/.

[②] https：//www. americanbanker. com/news/disruptor-chris-larsen-returns-with-a-bitcoin-like-payment-system.

Larsen）和杰德·迈克卡勒伯（Jed McCaleb）联系了福格尔。拉森已经成立了 E-Loan 公司和 Prosper 公司。E-Loan 是首批在线提供抵押贷款的公司之一，而 Prosper 则是一家 P2P 贷款空间（peer-to-peer lending）的领导企业。[①] 迈克卡勒伯创建了门头沟——当时全球最大的比特币和加密货币交易所。

福格尔宣布了这一合作伙伴关系："我相信他们肯定能够在全球范围内普及'瑞波'（Ripple）概念。他们的系统基于比特币区块链，非常类似于我们在过去几年探讨的一个有趣的可能性。然而此系统采用了一种新型的无矿工共识机制，几乎可以瞬时确认交易。"

有趣的是，2012 年 11 月，福格尔的这一声明出现在比特币相关论坛 Bitcointalk 中。搜索《"瑞波"是比特币杀手还是补充者？门头沟的创始人将推出"瑞波"》，你便可找到这篇文章。[②] 以后还会有其他人质疑：新贵是否会成为比特币杀手。

之后不久，在 2013 年春天，由拉森和迈克卡勒伯合办且曾经开发"瑞波"协议的公司——OpenCoin，宣布它已经获得了多家风险投资公司的投资，包括安德森·霍洛维茨（Andreessen Horowitz）。[③] 这是一个值得注意的进步，它标志着一家全球知名的风险投资公司认可了加密资产的可行性。OpenCoin 之后改名为瑞波实验室（Ripple Labs）。

瑞波技术有多处创新。它没有矿工，它使用了一种基于可信子网络的共识算法，使一个更广阔的去中心化验证程序网络能够保持同步。这足以吸引任何创新型投资者。我们有必要知晓，瑞波的共识算法依赖于某种类型的信任，这与比特币的工作量证明设计有很大不同，因为它假设任何参与者都可能有恶意。

瑞波也使用可信网关作为用户端点，这些网关可以存入和赎回各

---

① https://www.americanbanker.com/news/disruptor-chris-larsen-returns-with-a-bitcoin-like-payment-system.

② https://bitcointalk.org/index.php?topic=128413.0.

③ http://www.marketwired.com/press-release/opencoin-developer-ripple-protocol-closes-funding-from-andreessen-horowitz--angel-1777707.htm.

类型资产配对的债务，包括传统的法定货币。这建造于福格尔的原始信任链基础之上，却存在于全球多资产范围。通过瑞波网络传送一次交易，类似于在互联网上发送一个信息包，进而在互联的服务器中传递信息。

如果用户不想依赖这些网关，瑞波也有自己的原生加密货币——瑞波币，通常被称为 XRP，它可用于连接瑞波网络中没有信任连接的两个端点。

虽然推出此概念是好意，但这让瑞波团队陷入争议之中。由于没有挖矿过程，无法分配瑞波币，所以 1 000 亿单位的瑞波币被创建且最初由瑞波实验室（当时的 OpenCoin）持有。虽然过去以及现在有意分配所有瑞波币以作为种子使用，然而在本书编写之时，瑞波币的大部分仍然处于瑞波实验室的控制之中。

为此，许多加密货币社区无法信任瑞波协议。维塔利克·巴特林（Vitalik Buterin）——以太坊的创建者，于 2013 年 2 月在《比特币杂志》（*Bitcoin Magazine*）上写道："由于货币分配问题，OpenCoin 很可能面临一场艰苦的战斗，即让社区相信它是值得信赖的。"[1]

例如 CoinCap 的定价服务，并没有将 XRP 的总可用供应量列为瑞波自己列出的 1 000 亿，[2] 相反，仅包括迄今为止已经分配给公众的瑞波币，仅仅多于 370 亿单位。[3] 所以在此提醒创新型投资者：在使用新的加密货币时，有必要知晓如何分配它以及向谁分配（我们将在第 12 章中进一步讨论）。如果核心社区认为分配不公，那加密货币的发展就会受到影响。

瑞波币正在从普通人的交易机制向"能够让银行实现跨网络国际支付"转型。[4] 当它有志于成为一个重新考虑代理银行业务但也受到质疑的快速支付系统时，这种战略有助于巩固瑞波币的优势，因为银行非常适合。

---

[1] https://bitcoinmagazine.com/articles/introducing-ripple-1361931577/.
[2] https://charts.ripple.com/#/.
[3] https://coincap.io/.
[4] https://ripple.com/.

狗狗币

2013 年 12 月 8 日（比特币价格创造历史纪录 1 242 美元后的两周内），一个颇具喜剧色彩的加密资产新成员出现了，即狗狗币。① 狗狗币以小狗 Doge 即兴命名发布，《连线》杂志将其作为 2013 年年度流行文化。②③ Doge 是一只柴犬，其带有内心独白文字说明的图像迅速在全球走红。

上市之初的狗狗币曾被人看作一个笑话。Adobe 悉尼办事处市场部的杰克逊·帕尔默（Jackson Palmer）是一位加密货币的爱好者，他在社交媒体发布了这样一条信息："投资狗狗币，我确信这是下一件大事。"④ 在主动接受了这起初被看作笑话的狗狗币之后，他买下了域名 Dogecoin. com。杰克逊的举动引起了俄勒冈州波特兰市开发者比利·马库斯（Billy Markus）的注意，马库斯有意推出一种新的加密资产，他坦言："我说的第一句话是'这太好笑了'，然后我说'我本应该创造这种加密货币'。"⑤

马库斯使用莱特币的代码推导出狗狗币，从而进一步提高了它与比特币的分离度。如果莱特币是比特币的儿子，狗狗币则是比特币的孙子。一个值得注意的变化是，狗狗币的计划发行量远远大于比特币，甚至多于莱特币。根据计划，1.5 年后市场上流通的狗狗币数量将达到 1 000 亿。⑥ 最大供应量时，其数量几乎是比特币的 5 000 倍。

后来，马库斯的团队选择每年发行大约 50 亿个狗狗币，因此其供应时间表与通货紧缩的比特币和莱特币形成了巨大反差。狗狗币主要

---

① https://bitcointalk. org/index. php? topic = 361813. 0.

② https://www. merriam-webster. com/dictionary/meme.

③ https://www. wired. com/2013/12/best-memes-2013/.

④ http://www. businessinsider. com/what-is-dogecoin-2013-12.

⑤ 同上。

⑥ https://github. com/dogecoin/dogecoin/issues/23.

在互联网打赏者中广受欢迎。供应时间表，让单个狗狗币的价值保持在几分之一美分，这非常符合它的预期用途。帕尔默在一次早期采访中表示：

> 狗狗币本身并非一种严肃谨慎的币种，其用户不会担忧自己未来某一天是否变得富裕……它是一种为了感激或称赞而分享的货币。[①]

由于杰克逊拥有市场营销专业知识，所以当时狗狗币与其他加密货币风格迥异。狗狗币社区通过狗狗币筹集了 50 000 美元，帮助牙买加雪橇队参加奥运会，然后通过狗狗币筹集了 55 000 美元，赞助了美国运动汽车竞赛协会（NASCAR）的一名车手在塔拉迪加的赛道比赛，且赛车上张贴了狗狗币徽标，另外，还筹措资金支持肯尼亚的清洁水项目，同时通过推特（twitter）的打赏服务进行捐赠。[②]

尽管狗狗币在最初发行时可能是一个笑话，但因其广受欢迎的互联网基因、轻松快乐的起源、巧妙的市场定位，它快速崛起，上市 7 周后，其网络价值增长至 7 000 万美元。[③] 然而，它的网络价值并未持续增长。2017 年 3 月，它的网络价值已降至 2 000 多万美元。

加密资产和流行文化的结合，并不令人意外，因为在 2013 年，比特币的价格从 1 月份的 13 美元一路暴涨至 12 月初的 1 000 美元以上。[④] 狗狗币用户社区的力量和热情不应被随意否决，但同时我们鼓励创新型投资者在投资狗狗币之前最好完成充分的尽职调查。虽然狗狗币存在缺陷，但它如今依旧在市场上流通，且给加密货币领域留下了宝贵的经验：在互联网时代如何争取社区支持。

---

① http://www.businessinsider.com/what-is-dogecoin-2013-12.

② http://www.nancemagnates.com/cryptocurrency/education-centre/what-is-dogecoin/.

③ http://www.abc.net.au/pm/content/2013/s3931812.htm.

④ https://99bitcoins.com/price-chart-history/.

Ⓑ 极光币： 冰岛的国家加密货币?

如同隐姓埋名的中本聪，极光币（auroracoin）的创造者也有一个虚构的名字：巴尔杜尔·弗里格贾尔·奥因松（Baldur Friggjar Óðinsson）。巴尔杜尔根据莱特币代码，创造了极光币，且决定将加密货币"空投"给冰岛人民，意图向他们提供现存极光币总额的一半。他希望此种分配方式有助于在全国范围内推广加密货币的使用。

巴尔杜尔计划的核心部分，即他有权使用政府的国家识别系统，因此，有些投机者错误地认为极光币的资助方是冰岛国家政府。根据空投预期，投机者将极光币的网络价值定在1亿美元以上。[1]

2014年3月25日空投计划启动时，投机者已经冷静下来，当时极光币的网络价值略高于1亿美元。3月末，降低至2 000万美元，因为极光币的接收者们开始在交易所出售极光币，套取利益。[2] 随着价格下跌，大众对新加密货币的信心和热情也随之丧失，鲜有零售商愿意接受极光币。不久之后，人们将其定性为一次"失败的试验"。[3] 有些人还认为它是一场由其创建者设计的骗局。到目前为止，极光币仍旧计划在某一个国家范围内推广加密货币的使用。

此时此刻，极光币仍然存在，少数冰岛开发者致力于重拾这一概念和技术。2016年，相关广告开始出现在冰岛的首都雷克雅未克，这预示着极光币的回归。因此，人们为了极光币而在冰岛购买啤酒。[4] 许多其他零售商开始使用加密货币。然而，冰岛总理由于在"巴拿马文件泄露"事件中受到牵连，被迫辞职。[5] 为此，海盗党

---

① https：// motherboard. vice. com/en _ us/article/worth-1 -billion-icelands-cryptocurrency-is-the-third-largest-in-the-world.

② https：// coinmarketcap. com/currencies/auroracoin/.

③ https：// medium. com/the-nordic-web/the-failed-crypto-currency-experiment-in-iceland-251e28 df2c54#. retvu6wp2.

④ https：// www. reddit. com/r/auroracoin/comments/223vhq/someone_just_bought_a_pint_of_beer_for_1/.

⑤ https：// www. nytimes. com/2016/04/06/world/europe/panama-papers-iceland. html.

（一个政党）的名气大增，它对加密货币持肯定态度和观点。[1] 突然之间，有人猜测[2]冰岛可能会重新评判极光币的潜力及其作为国家加密货币的作用。[3] 随着大众接受程度的提高以及政治环境的变化，冰岛国内加密货币的下一步发展情况，让我们拭目以待。

极光币对投资者和开发者而言都是一个警示。最初貌似强大且令人叹服的加密资产，由于无法向受众提供价值，最终惨淡收场。冰岛人虽然获得了一种加密货币，然而对它知之甚少。不足为奇，极光币的价值已暴跌，大多数人认为极光币已"死"。尽管如此，极光币难以完全灭绝，如果开发团队能够成功地找到一条前进道路，那么极光币可能拥有光辉灿烂的未来。

隐私之争：门罗币、达世币和零币

虽然莱特币、瑞波币和狗狗币皆有助于加密资产的发展，但它们不具备许多早期比特币倡导者追求的隐私性。比特币是一个匿名支付网络，这也是一种常见的误解。在比特币交易过程是匿名的，但因为任何第三方均可以查阅所有交易记录，因此任何人如果希望锁定某一位具体参与者，都可以通过获取海量信息实现。毋庸置疑，若想在违法活动中使用货币，最好使用现金而非比特币。在每笔交易中，比特币会在比特币区块链中留下不可磨灭的数字标记。

目前，三大知名加密货币优先考虑隐私性和匿名性。三者按照发行时间顺序排列：达世币，门罗币和零币。三者以不同方式追求以上价值主张。门罗币可能与创新型投资者的相关性最强，具有持续的操作记录、可靠的密码使用方法以及完善的发行模式。虽然达世币具有某些优点，但它的起源颇具争议。与此同时，零币使用了世界上一些

---

① https://pirateparty. org. au/wiki/Policies/Distributed_Digital_Currencies_and_Economies.

② https://news. bitcoin. com/polls-iceland-pro-bitcoin-pirate-party/.

③ http://bitcoinist. com/iceland-election-interest-auroracoin/.

最前沿的密码方法，但它是本书中最年轻的加密资产之一，仅适用于经验丰富的加密资产投资者。

门罗币及其前身——字节币

门罗币源于一种鲜为人知的加密货币——字节币（Bytecoin）。字节币的创建手段与比特币完全不同，它采用 CryptoNote 技术。与莱特币的 scrypt 算法类似，CryptoNote 的区块哈希算法通过获取有利于通用型芯片（如个人电脑中央处理器）的操作次序，试图避免网络支持矿工的专门化和集中化。[①] 除了专注于更加平等的工作证明，CryptoNote 还提供了难以追踪的付款、无法链接的交易和区块链分析阻力。[②] 中本聪的工作量证明算法通常被认为受到亚当·巴克（Adam Back）的启发，亚当是 Blockstream（比特币领域最重要的公司之一）的总裁。2014 年 3 月，他发布了一条与 CryptoNote 有关的信息：“这是加密货币领域内，除了比特币之外，少数具有‘合理存在理由’的想法之一。”

有人可能会问，为什么门罗币抢走了字节币的风头。字节币区块链和字节币发行于 2012 年 7 月 4 日，然而其真正为大众所知是两年以后，当时与之相关的一项声明于 2014 年 3 月 12 日出现在论坛 bitcointalk 上。人们对于字节币团队为何在两年后发布这一项声明深感好奇和疑惑。一些人认为，这是因为开发团队希望在吸引更多关注之前，确保技术条件运行正常。其他人则认为，更阴险的事情正在上演，他们称之为预挖矿。

字节币计划通过挖矿过程发行 1 846.6 亿字节币，然而在对外公布时，市场上已经有 1 500 亿字节币在流通，占总供应量的 80% 以上。[③] 通过一种经典的预挖矿，字节币以一种对社区不利的方式悄悄地发行了大量货币。比特币和无许可的区块链运动建立在平等透明的原则之上，因此预挖矿往往不被赞同。虽然字节币仍然存在，但许多人认为

---

① https://cryptonote.org/inside.php#equal-proof-of-work.

② https://cryptonote.org/.

③ https://bitcointalk.org/index.php?topic=512747.msg6123624#msg6123624.

创新型投资者应该小心它们。骗局和良好意图之间的一个关键区别在于开发团队采用的沟通方式和其是否拥有决心、信念。

2014 年 4 月 8 日，bitcointalk 上一位名为"eizh"的用户，后来成为门罗币的开发者。他曾经评论道："我很惊讶至今还没有人开始克隆，以便实现更加公平的分配和积极的发展。"[①] 2014 年 4 月 9 日，即公开宣布字节币的 1 个月后，一位名为"thankful_for_today"的用户在 bitcointalk 上发布了一篇名为《比特门罗币——基于 CryptoNote 技术的新币——发行》的文章，声称自己将在 9 天内开始挖矿。[②] 比特门罗币很快更名为门罗币，通常被称为 XMR。

门罗币的最大特点是它使用了**环形签名（ring signature）**，这是一种自 1991 年起不断发展的密码技术。[③] 借助比特币，我们可以更加清晰直白地解释门罗币的环形签名。在比特币中，为了创建一个交易，已知个人在其试图发送的比特币的余额上签名。在门罗币中，一组人签署了一项交易，创建环形签名，然而这组人之中只有一人拥有该门罗币。CryptoNote 网站简洁地说：

> 至于环形签名，我们有一组人，每个人都有自己的密钥和公钥。环形签名证明的声明是：给定信息的签名者是该组的成员。与普通数字签名方案的主要区别在于签名者需要单个密钥，但验证者无法确定签名者的确切身份。因此，如果你遇到了带有爱丽丝、鲍勃和卡罗尔三人公钥的环形签名，你只能说这组人中肯定有一个人是签名者，但无法精确地指明究竟是何人。[④]

虽然许多人对这种隐私性持怀疑态度，但应该指出的是它在可互换性（fungibility）层面具有巨大好处。可互换性是指任何货币单位与另一个同等面额的货币单位具有同等价值。比特币的一个风险在于，

---

① https：//bitcointalk. org/index. php?topic = 512747. msg6126012#msg6126012.

② https：//bitcointalk. org/index. php?topic = 563821. 0.

③ https：//lab. getmonero. org/pubs/MRL-0003. pdf.

④ https：//cryptonote. org/inside#untraceable-payments.

尤其对于那些已知用于非法活动的比特币而言，如果交易所或其他服务机构将该部分资金列入黑名单，那么该资金就会失去流动性，也就是说，这部分比特币比其他同样面额比特币的价值要低。虽然微妙，但可互换性的丧失可能是数字和分布式货币的末日，因为这将损害所有货币单元的价值，而非仅仅那些用于非法活动的货币单元。幸运的是，门罗币不必担心这个问题。

门罗币的供应时间表，是莱特币和狗狗币的结合体。对于门罗币而言，每隔2分钟——类似于莱特币的2.5分钟，一个新的区块将添加到其区块链上。同时，它又跟狗狗币一样，自2022年5月起，在整个生命周期都只有小幅度的通货膨胀，届时，每分钟发行0.3个门罗币，相当于每年发行157 680个门罗币。那时候，已发行的门罗币数量将达到1 810万，所以第一年的通货膨胀率低至0.87%。[1] 随着时间的推移，通货膨胀率随着已发行门罗币数量的增加而下降。有趣的是，到2040年，已发行的比特币和门罗币数量的几乎相同。另外，在2019—2027年，门罗币的通货膨胀率将低于比特币，但在其他时期则相反。[2]

可以预期的是，门罗币在交易中提高隐私性的能力是一项技术突破，且得到了加密资产社区和市场的广泛认可。截至2016年年底，门罗币的网络价值在所有加密货币中排名第五，且它是2016年表现最好的数字货币，价格年增长率高达2 760%。这表明大众喜爱那些能够保护其隐私的加密货币。

达世币

另一种针对隐私性和可互换性的加密货币是达世币。它于2014年1月19日（比门罗币提前数月）推出了它的区块链。它的首席开发者埃文·达菲尔德（Evan Duffield）通过分叉比特币协议建立一种专注于

① https：//www. reddit. com/r/Monero/comments/3rya3e/what_are_the_basic_parameter scharacteristics_of/cwsv64j/.

② https：//imgur. com/a/DeOG2.

隐私性和快速交易结算的货币，进而创造了达世币。达菲尔德在与他人合著的《达世币白皮书》中表明了他的意图：

> 这是一种基于中本聪创建的比特币的加密货币，它进行了各种改进，如被称为"主节点（Masternode）网络"的双层激励网络，如提高可互换性的 Darksend 协议，和无须中心化权威即可瞬时确认交易的 InstantX 协议。①

无论如何，达世币一跃成为加密货币中的明星。它拥有所谓的**即时挖矿**（instamine）而非预挖矿（premine），在前 24 小时内即发行了 190 万个达世币。鉴于 3 年后（2017 年 1 月）仅仅存在 700 万个达世币，这显然是一个重大错误，但给在前 24 小时内支持达世币网络的计算机带去了巨大好处，尤其是达菲尔德本人。

达菲尔德合理地表达了最好的意图，他说："在前几个星期，我一边开发达世币，一边完成一项非常艰难的任务。所以，我每天晚上都要灭火，而在白天要时刻监控达世币（同时，当我的老板抓到我几次之后，还冲我大吼）。"②

在我们看来，如果发行一种加密货币时出现中断或重大错误，导致其分配明显偏离，那么应该重新发行此加密货币。事实上，达菲尔德本应该轻松地重新发行达世币，特别是在人们开始谈论即时挖矿时，因为此网络才诞生数天，然而他并没有重新发行达世币。考虑到其他加密货币有通过复制原始代码重新发行的先例，达世币如果重新发行并不奇怪。例如，门罗币的发明者特意选择放弃字节币，因为这种预挖矿的分配体制被认为是不公平的。

零币

2016 年最受关注的加密货币是一种名为零币的新型加密资产。匿

① https：//www. dash. org/wp-content/uploads/2015/04/Dash-WhitepaperV1. pdf.

② https：//dashdot. io/alpha/index_118. html?page_id＝118.

名性和隐私性的新发展往往会让比特币和区块链社区兴奋不已，然而零币将这种兴奋提升到了一个新的水平——一经发布，其价格猛涨。与比特币一样，零币的发行模式是合理的。但是，比特币开始发行时，几乎无人知晓，而当零币开始发行时，似乎整个加密世界都知道了，并且每个人都想要一些。

初期供应短缺以及营销宣传，使零币的价格暴涨，迅速达到每个零币 1 000 美元，价格甚至高于当时的比特币。在 Poloniex（一家知名的加密资产交易所）的某个时间点，1 个零币可换取 3 299 个比特币，价值近乎 200 万美元。[①] 然而，到 2016 年年底，非理性情绪消退了，零币的价格稳定在 45 ~ 50 美元。

零币团队由佐科·威尔考克斯领导，如前所述，他是数字现金公司的一名早期员工。由于他在数字现金公司积累了丰富的经验，佐科已经成为社区中备受尊敬的专家。零币的一个关键创新是其使用了一种称为 zk-SNARKs 的零知识证明，它允许交易在各方之间传送，除了交易的有效性，无须披露任何信息。尽管零币还处于早期阶段，但我们认为佐科及其团队具有很强的道德观念，他们的技术也处于顶级水平，这意味着此新型加密货币的前途光明。

到 2016 年年底，比特币的价格稍低于 1 000 美元（在 2017 年 1 月，突破了这一价格水平）。当时，市场上流通着 800 多种加密资产，总价值超过 170 亿美元。按网络价值排序，排名靠前的顶级加密资产分别是：比特币、以太币、瑞波币、莱特币、门罗币、以太经典和达世币。

创新型投资者可能已经注意到：以太币紧跟在比特币之后。它的故事包含了杰出的开发者、更加宽泛的区块链技术定义，以及迄今为止加密生态系统领域最严重的一次黑客攻击事件。在下一章，我们将了解以太坊的创建以及它对加密资产当前和未来发展的重大影响。

---

① https://www.coindesk.com/what-is-the-value-zcash-market-searches-answers/.

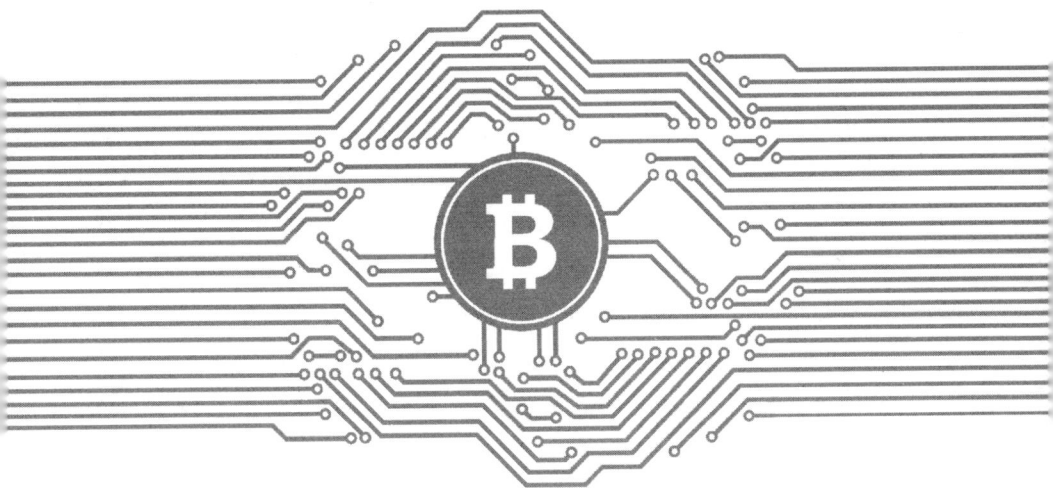

第5章

加密商品和加密通证

THE INNOVATIVE INVESTOR'S
GUIDE
TO BITCOIN AND BEYOND

加密货币，是加密资产中一个强大的类别，但正如上一章所述，它只是三者中的其中之一，其他两个包括加密商品和加密通证，它们正在快速增长。本章首先介绍加密商品。

在某些方面，加密商品的价值比加密货币更易感知。例如，以太坊——最大的加密商品，是一台去中心化的世界级计算机，在此基础上构建的应用程序可在全球访问且无须审查。我们可以轻易地了解此种计算机的使用价值，因此以太坊提供了一种数字有形资源。付费使用以太坊的世界级计算机，也被称为以太坊虚拟机（Ethereum Virtual Machine，简称EVM），让人不禁想起学校和图书馆供学生们使用的共享计算机，一名同学坐下使用一台计算机，离开后，另一名同学可以过来继续使用此计算机。

以太坊虚拟机的运行方式在某种程度上类似于共享计算机，只不过它的应用范围是全球，且可供多名用户同时操作。正如同每个人都可以在世界任何地方看到比特币交易，每个人也都可以在世界任何地方看到以太坊的程序运行。虽然本章将把以太坊作为加密商品来深入探讨，然而还存在许多其他新生的加密商品可以提供去中心化的资源，如云存储、带宽、代码转换、代理重加密等。

以太坊——世界级计算机背后的思想

以太坊的创始团队并非第一位致力于实现全球性分布式计算机程序

的团队，该全球性分布式计算机程序也就是我们俗称的"智能合约"。例如，尼克·萨博，数字现金公司内查姆的追随者之一（第 4 章），自 20世纪 90 年代初期以来，一直在谈论智能合约和数字资产。1996 年，他在杂志《熵》（*Extropy*）上发表了题为《智能合约》（*Smart Contracts*）的文章。①

　　智能合约是理解的关键，然而其名字容易误导读者。人们在听到智能合约时，首先想到的是法律文件可以自己思考，这便大错特错了。我们认为最好将智能合约看作"有条件的交易"，因为它们是以"如果这样，那么那样"为条件的代码编写的逻辑。例如，用户可以轻松地在一个智能合约中编程，如"如果杰克错过了航班，而且如果这是航空公司的错误，那么该航空公司向他支付飞行费用"。自动售货机是另一个常用的智能合约，"如果用户投入足够的钱，并且如果用户输入正确的代码，那么用户就可以获得多力多滋（Doritos，百事的一款食品）"。这些条件可以变得更加复杂，根据编程的过程和需要满足的变量，编程人员可以创建条件堆叠。

　　尽管萨博提出了智能合约的早期愿景，但以太坊团队首先创建了一个主流且引人注目的平台，以去中心化的方式执行智能合约。该团队的核心人物是维塔利克·巴特林，有些人将他视为以太坊的"中本聪"。

　　维塔利克出生于俄罗斯，却在加拿大长大。他幸运地拥有一位崇尚思想自由的父亲，② 他在 2011 年 2 月向 17 岁的维塔利克介绍了中本聪的工作和比特币。③ 当时，比特币上线仅两年，尚无显著的替代品（这一直持续到当年 10 月份——查理·李发行莱特币）。

　　很快，维塔利克钻入了比特币的奇幻世界。在加密资产领域，他很快成长为一位知名记者。他甚至与其他人联合创建了《比特币

---

① https：//bitcoinmagazine.com/articles/smart-contracts-described-by-nick-szabo-years-ago-now-becoming-reality-1461693751/.

② 维塔利克的父亲德米特里·巴特林（Dmitry Buterin）与比特币世界的渊源非常深，他是 Blockgeeks 和其他影响重大的创业公司的联合创始人。

③ http：//fortune.com/ethereum-blockchain-vitalik-buterin/.

杂志》(*Bitcoin Magazine*),该杂志至今仍旧是在技术层面分析区块链架构的最佳站点之一。写文章时,他以热情乐观的风格来描述复杂的技术信息,同时他利用自己出色的数学才能来思考如何改进这项技术。毕竟,他在 18 岁时曾获得国际奥林匹克信息竞赛的铜牌。[①] 另外,据报道,他的大脑可以以常人两倍的速度计算三位数加法。[②]

维塔利克修改了一些比特币项目,这为他将来开展以太坊相关工作提供了视野和知识积累。在一篇名为《以太坊:即将上市》的博客文章中,他首先向比特币致意:

> 11 月寒冷的一天,我在旧金山撰写《以太坊白皮书》(*Ethereum whitepaper*)的初稿。在过去的几个月里,我不断地思考所谓的"加密货币 2.0",有时我十分苦恼和困惑——简言之,不只是将比特币区块链用于金钱。在以太坊开发的几个月里,我有幸遇到几个试图实现彩色币(colored coins)、智能财产和各种去中心化交易的项目。[③]

维塔利克在最后几句话中提及的项目类似于区块链交易,但它们更加抽象地利用比特币区块链。我们已经知道,比特币交易涉及信息传输,这使得用户地址中的比特币余额的借记或者贷记得以形成。

维塔利克在博客文章中提到了彩色币。这涉及在比特币中标记一个地址,其中的信息不仅仅是该地址中比特币的余额,其他标识符也可以附加到该地址上,例如表示房屋所有权的信息。将该地址中的币转移到另一个地址时,也转移了与此房屋所有权有关的信息。

从这个意义上说,通过发送比特币,交易也意味着房屋产权的交易。为了让此案例成为现实,多家监管机构必须认同此等转移。然而,关键点在于表明:所有类型的价值均可通过比特币区块链予以传递。

---

① http://www.ioi2012.org/competition/results-2/.
② https://backchannel.com/the-uncanny-mind-that-built-ethereum-9b448dc9d14f#.4yr8yhfp8.
③ https://blog.ethereum.org/2014/01/23/ethereum-now-going-public/.

Ⓑ 交易对手：比特币上的智能合约

交易对手（counterparty）是一个在比特币上运行的加密商品，它于 2014 年 1 月上线，类似于以太坊。它拥有 260 万个原生资产（XCP）的固定供应量，这些资产都是在以太坊上线时创建的。根据交易对手网站的描述，"交易对手可以让任何人编写特定的数字协议或被称为智能合约的程序，并在比特币区块链上执行它们"。[①] 由于比特币允许少量数据在交易中传输并存储在比特币区块链上，因此它已经成为一种记录系统，用于实现交易对手更加灵活的功能。由于交易对手依赖比特币，它没有自己的挖矿生态系统。

比特币开发者没有将其额外功能和灵活性直接添加到自己的软件之中，因为相比于复杂性，他们优先考虑安全性。交易越复杂，可利用和攻击这些交易的机会越多，这可能会影响整个网络。由于关键在于去中心化的全球货币，因此比特币开发者达成共识，即比特币交易不需要任何花哨的功能。相反，其他开发者可以在比特币有限的功能上进行开发，如将比特币区块链转化为记录系统和安全措施（如交易对手）或构建完全不同的区块链系统（如以太坊）。

许多人曾试图在比特币基础上构建去中心化的系统，然而这并非易事。为了确保可扩展性和安全性，比特币有意限制了为地址添加标识和创建不同种类交易的灵活性。毕竟，比特币仍然是一个实验。去中心化的货币足以成为中本聪的"圣杯"，他没有必要完成所有事情。但是维塔利克并未止步于比特币，因为他认为比特币可供改善的余地还很大。他想要一个更加灵活的系统用于比特币余额的借贷，其操作性更像是计算机而非计算器。

虽然维塔利克早在 2013 年就发明了以太坊，然而直到 2014 年 1 月他才在北美比特币会议上正式宣布。[②] 在该会议上，他被热情的记者包

---

① http：// counterparty. io/platform/.

② https：// steemit. com/ethereum/@ najoh/beyond-bitcoin-and-crypto-currency-ethereum.

围，其中不少人在过去的几个月里一直是他的同事。那时候，他已经
获得超过 15 位开发者和数十位社区外延团队成员的支持。①

在最初描述以太坊内部运行机制的白皮书中，维塔利克的团队对
他们的愿望毫不怀疑：

> 然而，以太坊更有趣的一点是：以太坊协议远超货币。协议
> 相关的去中心化文件存储、去中心化计算和去中心化预测市场，
> 以及其他数十种诸如此类的概念，有望显著提高计算行业的效率，
> 并通过首次增加经济层，极大地推动其他端对端协议。②

重要的是，维塔利克也不打算让以太坊和它的原生资产以太币只是
比特币代码库的一个小变化。以太坊将区别于以前出现过的许多代币。

以太坊与同名"货币"无隶属关系，它正在超越货币概念，进入
加密商品领域。虽然比特币被主要用于在人与人之间发送货币价值，
但以太坊可以在程序之间发送信息，它将通过构建一个去中心化的世
界级计算机和"图灵完备的编程语言"来实现。③ 开发人员可以编写程
序或应用，这些程序或应用可以在该去中心化的世界级计算机上运行。
如同苹果建立允许开发人员构建应用程序的硬件和操作系统，以太坊
也承诺开发人员可以在分布式全球系统中这样做。以太币，作为原生
资产，将发挥如下作用：

> 以太币是运行分布式应用平台"以太坊"的必要元素和燃料。
> 这是平台用户向执行请求的机器发起支付的一种方式。换言之，以
> 太币，可激励开发人员编写高质量应用程序（因为垃圾代码将使成
> 本更高）并且保持网络健康（人们获得对其贡献资源的补偿）。④

---

① https：//blog. ethereum. org/2014/01/23/ethereum-now-going-public/.
② https：//github. com/ethereum/wiki/wiki/white-paper.
③ "图灵完备"是指一个系统可有效运转一台通用型计算机的完整功能。在制造比特币
时，故意不让它"图灵完备"，进而限制其复杂性，优先保证其安全。
④ https：//ethereum. org/ether.

以太坊矿工将处理交易，这些交易可以传递以太币以及项目间信息。正如同比特币矿工通过赚取比特币，进而获得自己支持网络而应有的报酬，以太坊因为对网络的支持而获得比特币报酬，以太坊的矿工也一样能够获取以太币，这一过程是通过一种类似的工作量证明共识机制实现的。

启动以太坊

维塔利克明白，从零开始建立一个系统需要付出巨大的努力。他在 2014 年 1 月宣布有 15 位开发人员和数十位社区成员参与开发，这些成员已经接受他的想法。相反，中本聪公布比特币的方式是，安静地将白皮书用电子邮件发给一些学者和核心密码学研究人员。上线之前，比特币软件的开发者仅有两人，即中本聪和哈尔·芬尼。①

维塔利克也知道，虽然以太坊系统可以利用以太币运行，但设计以太坊的人不能利用以太币生存，因为以太坊离正式发布至少还需要一年。所以，他获得了知名的泰尔奖学金的资助。亿万富翁皮特·泰尔（Peter Thiel）是贝宝（PayPal）的创始人之一，也是脸书的第一位外部投资者，他创立泰尔奖学金，以奖励那些放弃大学传统教育并寻求以更快速直接的方式影响世界的天才。获奖者可参与科学研究、创建公司，或通过其他手段帮助社会和世界。泰尔奖学金精心挑选的人才，在两年时间内可获得 100 000 美元奖金，人们通常认为，该奖项的获奖者比世界顶级大学学生的能力更强。2014 年 6 月，20 岁的维塔利克，作为滑铁卢大学（University of Waterloo）的一名辍学生，获得了泰尔奖学金，② 并全身心投入自己着迷的以太坊。

虽然维塔利克可能会成为泰尔最大的投资之一，但泰尔并非唯一认识到以太坊潜力的人。2014 年，维塔利克与其他具有重大影响力的

① Nathaniel Popper, *Digital Gold: Bitcoin and the Inside Story of the Misfits and Millionaires Trying to Reinvent Monday*, Harper, 2015.

② http://www.coindesk.com/peter-thiel-fellowship-ethereum-vitalik-buterin/.

人物［如能源领域的艾隆·马斯克和媒体与新闻领域的沃尔特·艾萨克森（Walter Isaacson）］一起，获得了信息技术软件领域的世界技术大奖。①

即便泰尔奖学金预示着维塔利克未来的成就，但 100 000 美元还不足以维持整个团队的生存。为此，2014 年 7 月 23 日至 2014 年 9 月 2 日，他们举办了为期 42 天的以太币预售，这是以太坊网络下的加密商品。②

每比特币价值 1 337 ~ 2 000 个以太币，预售前两周提供每比特币 2 000 个以太币，在销售后期降至每比特币 1 337 个以太币，呈线性下降趋势。这激励人们在开始时便抓紧购买。负责此次出售活动相关法律和财务事项的机构是位于瑞士楚格的以太坊基金会（Ethereum Foundation）。③

以太坊的筹款活动不仅具有创新性和及时性，而且打破了纪录。公众投资了 31 591 个比特币，价值 18 439 086 美元，总计 60 102 216 个以太币——隐含比率为每以太币 0.31 美元。当时，它是最大的单一众筹项目。④ 有人认为支持区块链架构的团队在没有可运行产品的情况下筹集 1 800 万美元是极不寻常的，这与比特币流程明显不同。

风险投资者（VC）经常投资创新型开发团队，相信他们会努力工作并取得成功。以太坊将这一进程民主化了，超越了风险投资。从以太币价格来看，考虑到在 2017 年 4 月初以太币每单位价格为 50 美元，这意味着在 3 年内获得的收益超过 160 倍。⑤ 在预售期，仅有 9 000 人购买了以太币，平均初始投资 2 000 美元，目前价值已超过 320 000 美元。⑥

根据以太坊白皮书，此次销售的利润将"完全作为开发者的薪水

---

① http：//www.wtn.net/summit-2014/2014-world-technology-awards-winners.

② http：//ether.fund/market.

③ https：//www.ethereum.org/foundation.

④ https：//blog.ethereum.org/2015/03/14/ethereum-the- rst-year/.

⑤ http：//ethdocs.org/en/latest/introduction/history-of-ethereum.html.

⑥ http：//ether.fund/market.

和奖金，并投资以太坊和加密货币生态系统中各种赢利和非赢利项目"。除了向公众公开发售的 6 000 万个以太币，以太坊团队还向早期贡献者发放了约 600 万个以太币以作奖励，另外还为以太坊基金会预留了 600 万个以太币。

对于早期的贡献者和以太坊基金会来说，额外分配 1 200 万个以太币对于以太坊来说，已然是一个问题，因为有些人认为这代表双重收费。我们认为，按照预售时的汇率，600 万个以太币分摊到每个开发者身上也才 10 万美元左右，从市场行情来看，对这些软件开发者来说是合理的。

也就是说，将资金分配给创始人是众包的一个重要方面，这也被称为"创始人的报酬"。创业者的行为是"可理解"还是"危险"的一个关键区别是，创始人应该专注于建立和发展网络，而不是以牺牲投资者的利益为代价来充实自己的钱袋。在我们看来，以太坊的开发者并没有只让自己的钱袋变鼓，而是把"食物"放在桌子上，他们对利益进行了合理的分配，与一些只关注自身利益的加密资产创建者相比他们更胜一筹。

在预售之后，以太坊网络经历了一年的持续开放，才最终上线。在此期间，以太坊团队与其蓬勃发展的社区保持密切联系，为社区发布了"概念验证"，用于评估、组织会议和资助基于以太坊的项目，并频繁更新博客。① 以太坊团队也许因为注意到了狗狗币，所以明白了社区的引导支持对其去中心化系统的重要性。尽管区块链架构是冰冷的代码，但它们构建了温暖的社交网络。

由于有筹集的资金，以太坊团队还能够在发布以太币之前利用中本聪及其小组支持人员无法做到的方式测试网络。从 2014 年年底到 2015 年上半年，以太坊基金会鼓励技术人员对其网络进行作战测试，包括为普通用户提供漏洞赏金的测试计划和第三方软件安全公司提供

---

① http://ethdocs.org/en/latest/introduction/history-of-ethereum.html.

的安全审计报告。① 创新型投资者应该注意到这种战斗测试实践，我们在零币中也看到过，这表明了核心开发人员在去中心化架构中对安全措施的重视程度。

以太坊作为去中心化应用的平台

以太坊网络及它的底层区块链于 2015 年 7 月 30 日开始运营。尽管大量开发资源被用于创建以太坊软件，但对于矿工来说，他们是首次参与其中，因为这条区块链最终需要他们的支持。此次发布之前，以太坊基本上完全停止了以太币的发行。现在，以太坊的去中心化平台开始营业，作为去中心化应用（dApps）的硬件和软件基础，这些去中心化应用既可被视为复杂的智能合约，也可由独立于以太坊核心团队的开发人员创建，为该技术的覆盖范围提供助力。

为了解释去中心化应用的工作原理，我们以 Etherisc（基于区块链的去中心化保险应用平台）的一个应用为例，该公司为知名的以太坊会议创建了飞行保险的去中心化应用，如图 5.1 所示。31 位与会者购买了此飞行保险。② 通过以太坊，开发人员可以使用条件交易字符串模拟保险库，将此过程开源，然后在以太坊的世界级计算机上运行它，可让日常投资者将其资金投入保险池，进而从寻求特定事件保险覆盖的保险购买者手中赚取收益。每个人都信任系统，因为它以开放的状态运行，且通过代码实现自动化。

欢迎来到去中心化应用和加密通证的时代

自从以太坊开始运营，很多去中心化应用被发布且在以太坊上运行，它们中很多都有自己的原生单元。我们称这些去中心化应用原生单元为加密通证，而其他许多人称之为应用币（appcoins）。拥有自己原生加密通证的去中心化应用将以太币作为加密商品，支付处理某些

① http://ethdocs.org/en/latest/introduction/history-of-ethereum.html.

② https://medium.com/the-future-requires-more/ight-delay-dapp-lessons-learned -a59e4e39a8d1.

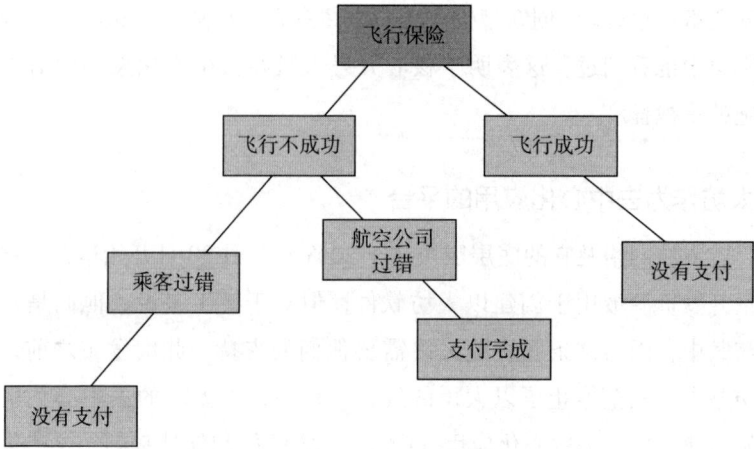

图5.1 基于去中心化应用假设的飞行保险

去中心化应用交易的以太坊费用。尽管许多去中心化应用使用加密通证，但某些去中心化应用的原生单位应被划分为以太坊顶层的加密商品（如 Golem），它旨在成为解决计算密集型问题的超级计算机。两者区别在于：若提供原始数字资源则为加密商品，若提供面向消费者的已完成数字货物或服务则为加密通证。

大多数加密通证没有支持自己的区块链。这些加密通证的运行平台通常是建立在加密商品区块链（如以太坊）上的应用程序。以苹果公司为例，苹果应用商店中的应用程序不必构建自己的操作系统，它们运行在苹果的操作系统上。由于以太坊取得巨大成功，其他去中心化世界级计算机也相继面世，如 Dfinity，Lisk，Rootstock，Tezos，Waves 等可以支持它们自己的去中心化应用的计算机。就像许多代币试图改善比特币一样，这些平台也希望改进由以太坊设计的加密商品，从而增加投资者对他们自己的去中心化应用和相关加密通证的关注。

以太坊去中心化应用的完整列表可在以下网址查看：http：//dapps. ethercasts. com/。许多去中心化应用的完整代码可以在以下网址试用：https：//live. ether. camp/contracts。我们将讨论到目前为止最出名的去中心化应用，希望创新型投资者能够了解未来的去中心化应用和有潜力的加密通证投资。我们可以看到，去中心化应用开发和相关的原生货币单位是加密资产空间中发展度最快的领域之一，因为我们在撰写此书期间，每周都会看到新的去中心化应用和原生货币单位面世。因此，好奇的读者可以在阅读本章后花时间进一步探索它们，因为我们在此章节中仅揭露了冰山一角。

The DAO 的崛起和（硬）着陆

The DAO 代表去中心化的自治组织，它是一个复杂的去中心化应用。它编写了一个去中心化的风险投资基金，使其在以太坊上运行。The DAO 的持有者可以通过投票，支持自己有意向的项目。如果开发者从 The DAO 的持有者手中筹集到足够的资金，他们将获得项目建设所需的资金。随着时间的推移，这些项目的投资者将通过分红或提供的服务获得回报。

The DAO 关于去中心化自治组织的愿景，类似于自动驾驶汽车——人类过去必须驾驶汽车，如今逐渐实现自动驾驶。同样，虽然以前人类必须参与业务流程的方方面面，如手动文件推送、批准和协调等，去中心化的自治组织可以将这些流程的一部分进行编码，以便公司更好地实现自我"驱动"。尽管概念令人兴奋，但 The DAO 几乎造成了以太坊的毁灭。

The DAO 的创造者启动了众筹活动，他们筹集到的资金几乎比以太坊多一个数量级。由于筹集到有史以来最大数量的资金——超过 1.68 亿美元，此次活动也创造了一个新纪录。[①] 根据众筹活动的要求，投资时必须使用以太币，因此在众筹活动结束时，The DAO 团队拥有 1 150 万个以太币，占当时已创建的以太币总量的 15%。

尽管人们对于 The DAO 十分感兴趣，但一些开发者担心它尚未准备好迎接黄金时代。一些计算机科学家研究了 The DAO 的工作机制并且发表了一篇相关论文，他们担心某些重大安全漏洞可能影响它在以太坊网络上的发布。迪诺·马克（Dino Mark）、弗拉德·扎姆福尔

---

① https://www.wired.com/2016/06/biggest-crowdfunding-project-ever-dao-mess/.

（Vlad Zamfr）和额敏·衮·席勒（Emin Gün Sirer）解释说："当前状况，可能引发攻击行为，并带来严重的后果。"①

随后，有人呼吁暂停 The DAO 相关的活动，直到问题得到圆满解决。② 然而，呼吁被忽视了。另外，在 2016 年 5 月 28 日，即众筹活动结束后的第二天，DAO 通证（DAOs）——通过以太币在众筹活动中兑换而来的通证——在交易所开始交易。

还不到 3 周，在 2016 年 6 月 17 日，The DAO 受到黑客攻击，他们控制了 360 万个以太币，占项目投入以太币总量的 1/3。黑客攻击与交易所无关，不像门头沟事件和其他广为人知的比特币黑客事件。相反，是 The DAO 软件中存在漏洞才导致其受到攻击。这款软件被托管在以太坊区块链上，所有人都能看得到，为此它必须做到无懈可击。③ 然而，正如批评者所言，代码并非完美无瑕。鉴于 The DAO 筹集到的资产规模，黑客攻击的诱因显而易见。结果，全球瞩目的众筹活动和以太坊能力的一次重大展示，以失败告终。

维塔利克、The DAO 和以太坊的相关人员，立即开始处理，然而，这并不是一件容易的事。因为以太坊是一个去中心化的世界计算机，为去中心化应用提供运行平台，但它并未承诺审核且批准每一款应用程序。同样，虽然苹果公司可能会筛查进入其应用商店的应用程序，但并不会对应用程序的内在工作机制承担责任。但以太坊的核心开发者全力支援 The DAO 团队，这类似于苹果公司的工程师们帮助修复一款麻烦不断的应用程序。

没有一种纠正这一问题的方法能让人愉快地接受。主要的解决方案是发布以太坊的软件更新，将 The DAO 内黑客账户的资金清除，然后归还给合法股东。通过"硬分叉"（hard fork），以太坊区块链会略

---

① https：// www. nytimes. com/2016/05/28/business/dealbook/paper-points-up- aws-in -venture-fund-based-on-virtual-money. html.

② https：// docs. google. com/document/d/10kTyCmGPhvZy94F7VWyS-dQ4lsBacR2dUgGTtV98C40/edit#heading = h. e437su2ytbf9.

③ https：// github. com/e The DAO.

微修改，以便可以返还资金给项目中的投资者。The DAO 的主要投资公司 Slock. it 的创始人兼首席运营官斯蒂芬·图尔（Stephen Tual）解释说："总之，'硬分叉'将从攻击者账户中收回所有被盗资金。如果您购买了 DAO 通证，您将被转移到只能索回资金的一份智能合约。由于 The DAO 中没有花费任何资金，因此没有任何损失。"①

然而，"硬分叉"违背了比特币和以太坊社区中许多人认可的"去中心化账本"的原力，强行从账户中删除资金，违反了"不可篡改"概念。由于这是由一群集中化的参与者做出决策，而进一步加剧了上述困境。许多人抱怨此举可能引发道德风险，因为它将创造一个先例，美国政府或其他强大的实体可以利用它，在某一天要求以太坊为了自己的利益而做同样的事情。对于所有参与者来说，这是一个艰难的决定，包括维塔利克，他虽然不属于 The DAO 开发团队，但仍旧担任管理员的职责。

了解了双方的观点之后，维塔利克支持"硬分叉"的决定，因为他认为以太坊尚处于开发阶段，吸收诸如此类的经验教训，有助于科技继续向前发展。他说道："我认为现在的做法并不是设置先例。"最终，维塔利克和多数以太坊团队的成员，以自己强大的技术能力，解决了 The DAO 造成的问题。②

"硬分叉"并非没有风险，以太坊由于帮助 The DAO 而付出了惨重的代价。虽然"硬分叉"通常被用于升级区块链体系结构，然而在使用它们时，社区必须完全同意体系结构的优化和更新。以太坊的情况不同，因为社区中的许多人反对"硬分叉"。有争议的"硬分叉"是危险的，因为当通过"硬分叉"方式为区块链发布新的软件更新时，往往出现两个不同的操作系统。尽管二者共享一个祖先且拥有共同的交易记录，但一旦发生"硬分叉"，两个操作系统就会分裂，它们的区块链也会分裂，每个操作系统都会有独立的原生单元。虽然有人认为，"太好了，我的钱

① https：// bitcoinmagazine. com/articles/the-ethereum-community-debates-so -fork-to -blacklist-funds-in-wake-of-m-dao-heist-1466193335/.

② https：// forum. daohub. org/t/hard-fork-implementation-update/6026.

增加了一倍",但一个"硬分叉"可能会破坏两个独立区块链上的原生单元的价值,因为人们担心分裂社区内的持续分裂(见图 5.2)。有了两个独立的区块链,矿工、开发者和构建应用程序的公司、用户必须决定支持哪个区块链及其固有的操作系统。虽然很多人最初认为以太坊的"硬分叉"是成功的,但是一些大型交易商开始尽可能多地购入支持人数较少的链上的原生资产。

2016 年 7 月 23 日,加密资产交易所——Poloniex 上线了以太经典(ETC)。[①] 一旦一家被广泛使用的交易所(如 Poloniex)发售以太经典,就会为该资产创建一个开放市场,人们不久便开始推测其价值。这使越来越多的矿工支持以太坊经典的区块链,时至今日依然如此。截至作者编写本书时,以太经典价值大概占以太坊网络价值的 5%。[②]

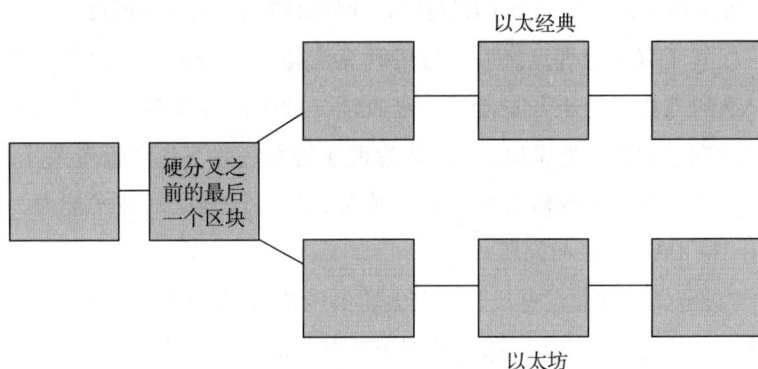

图 5.2　由于 The DAO 的错误而导致以太坊硬分叉

以太经典的网站对加密资产的定义为,"原始以太坊区块链的延续——保留未篡改历史的经典版本,不受外部干涉或主观篡改交易"。[③]

虽然 The DAO 事件可能是一场灾难,但分布式自治组织的概念经过这一事件逐步形成了。创新型投资者,应该期待使用自己的加密通

---

① https://twitter.com/Poloniex/status/757068619234803712.

② https://blog.lawnmower.io/in-the-aftermath-of-the-ethereum-hard-fork-prompted-by-the-dao-hack-
the-outvoted-15-are-rising-up-ea408a5eaaba#.baachmi2w.

③ https://ethereumclassic.github.io/.

证的类似概念进入市场，也应该知道并非所有 The DAO 或带有加密通证的去中心化应用都不稳定。

例如，可全面运转的去中心化保险公司、爱彼迎、优步，都具有非常光明的发展前景，开发团队正开发类似的应用。人们可以将爱彼迎或优步视为中间商，连接某种服务的消费者和提供商，然后收取20%～30%的服务费。尽管许多商家抱怨2%～3%的信用卡费用太高，但爱彼迎、优步和类似平台服务的"平台费用"才是高得离谱。许多模仿此类平台的加密通证系统计划采用低一个数量级的费用，使用底层区块链架构来促进价值和服务的去中心化转移。很多此类系统都有自己的加密通证，可以运行在以太坊或类似的平台上。尽管平台构建有好有坏，但是以太坊或类似平台不太可能导致去中心化应用在未来失败。

预测未来的去中心化平台

开发过程中更有趣的一个去中心化应用是使用以太坊区块链来帮助"预测市场"。预言者公司（Augur）致力于提供一个平台，使用户能够对任何事件的结果进行投注，为人们测试其预测结果创造一个市场。[1] 因此，出现了"预测市场"这一术语。例如，如果当年有人试图预测是唐纳德·特朗普（Donald Trump）还是希拉里·克林顿（Hillary Clinton）会赢得2016年美国总统大选，用户可以使用预言者公司创造一个"预测市场"，并就结果（如果该服务当时正在运行）与其他人打赌。

预言者公司使用名为声誉（Reputation，简称REP）的加密通证来激励人们真实地报告事件的结果，这些报告者不同于对事件结果投注的人。去中心化预测市场的问题在于，事件的结果没有集中的权威。预言者公司使用声誉，奖励如实报告的人，同时惩罚说谎的人。预言者公司解释如下：

---

[1]　https：//youtu. be/yegyih591Jo.

> 有声誉的人每隔几周要准确报告预言者内随机选择的事件的结果。如果持有人未能准确报告事件的结果或企图不诚实，预言者系统会将不诚实的报告者的声誉重新分配给那些在同一报告周期内诚实的报告者。[①]

预言者公司在 2015 年展开了众筹活动，销售了 1 100 万个声誉固定供应量的80%。为此，筹集到了超过 500 万美元的资金，用于创建该平台。布莱恩·阿姆斯特朗（Brain Armstrong）是加密资产领域最大的几家公司之一的 Coinbase 的首席执行官，他称该项目为"一个具有巨大潜力的绝佳项目"。[②] 维塔利克也称其为"知识优步"，承认其潜力。

"预言者"是加密通证最明显的用途之一，它的潜在价值可能为将来实现更多的加密通证奠定基础。Gnosis——一个类似的预测市场体系，在 2017 年 4 月举办了一场众筹，据猜测，募集资金在 3 亿美元左右。

一个日益增长的加密商品和加密通证网络

由于以太坊拥有强大的社区，几个类似的平台已经注意到它的成功。前面提到的 Dfinity、Lisk、Rootstock、Tezos、Waves，在作者编写此书时，它们都处于不同的发展阶段，介于预众筹和实际运行之间，并且提供根据自身特点而改造的去中心化世界级计算机。

类似于交易对手的 Rootstock 有意在比特币基础上运行。Rootstock 由塞尔吉奥·勒纳（Sergio Lerner）领导，他一生中大部分时间都在 IT 安全领域工作。当他第一次接触比特币时，他对代码的许多方面进行了审计。现在他领导一个主要在比特币上构建以太坊的团队，并且该系统将与在以太坊上运行的所有去中心化应用兼容。就像以太坊有以太币一样，Rootstock 也会有自己的原生货币——RSK。

---

① http：// blog. augur. net/guide-to-augurs-rep/.

② https：// twitter. com/search？ q = % 40brian_armstrong% 20augur&src = typ.

尽管有人认为 Rootstock 将成为以太坊的重要竞争对手，① 我们认为这两者将共存并提供健康的冗余。让两台或两台以上得到广泛认可的去中心化世界计算机运行，将使去中心化应用更容易从干扰中恢复。如果一个网络遇到严重的麻烦，那么去中心化应用可以在另一个类似的平台上复制其状态，然后通过该平台处理所有事务。虽然过渡期可能会导致令人沮丧的市场波动，但这种可选择性意味着去中心化应用不会受到它们所依赖平台的影响。

最后，冒着使创新型投资者迷惑的风险，我们应该补充一点，去中心化应用可以同时使用许多加密商品，用于不同的基础设施目的。例如，除了使用以太坊来处理某些操作之外，去中心化应用还可以使用像 Filecoin 这样的去中心化云存储系统来存储大量数据，并使用另一个加密商品用于匿名带宽。

对于这样的前沿平台，创新型投资者更应该关注开发者的思路和矿工的支持行为。这两者对这些平台的生存和长期发展至关重要。开发人员将会快速迭代和修复错误，而矿工将提供必要的硬件和资源以保证平台的计算安全。由于这些系统是在野生状态下运行的去中心化系统，因此需要被快速移动并得到妥善保护。其他开发人员才可以在它们基础上构建去中心化应用。

既然创新型投资者已经了解了这些资产的含义，我们应该思考为什么投资者应该考虑将该种资产置于其投资组合中。虽然加密资产正在创造一个快速发展并且有点复杂的未来，但历经时间考验的投资原则依旧适用。回到投资理论的基础层面，将使创新型投资者对其总体投资组合有一个正确定位，进而负责任地利用加密资产来使投资收益增长。

---

① https：//www.smithandcrown.com/rootstock-raises-1-million-bring-ethereum-like-smart-contracts-bit-coin/.

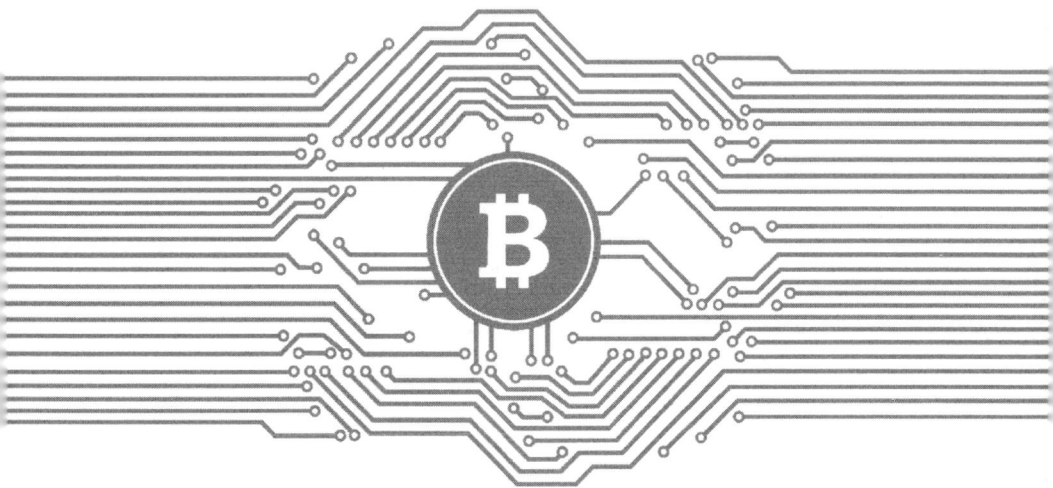

第6章

投资组合管理和另类资产的重要性

2013 年 8 月，我（塔塔尔）还是 MarketWatch. com（道琼斯旗下的财经新闻网）的专栏作家，那时我刚将比特币加到自己的投资组合中，这是我投资过程的一个质的飞跃。起初是出于好奇，但后来，我对比特币的兴趣与日俱增，越来越严肃认真地看待它。作为一个专注于退休投资组合的人，我只向人们推荐那些我敢于放在自己的退休投资组合中的资产。

此时，我不仅决定投资比特币，还决定把自己简易式雇员养老金计划（Simplified Employee Pension，简称 SEP）中的全部资产都投在比特币上。我在文章《比特币是否在你的退休投资组合中?》[①] 介绍了我所做的事情，这在网上和财务规划界引起了轰动。多年来我一直围绕着以下话题进行写作，进行投资决策时需要保持谨慎，需要合理构建能平衡风险和回报的投资组合。

从我作为金融机构顾问的经验来看，针对投资的平衡策略越来越多。我不仅在金融公司工作过，还有近十年直接与普通投资者打交道的经验（这些投资者试图实现他们的财务目标和宗旨）。曾经上百次地，我与我的客户及准客户们坐在餐桌旁，向他们解释我的信念，即通过遵循节约以及合理的资产配置原则，可以实现他们退休或送孩子上大学的梦想。因为我相信基于每个客户的需求和风险而构建出的谨慎的投资组合的力量。

---

① http://www.marketwatch.com/story/do-bitcoins-belong-in-your-retirement-portfolio-2013-08-29.

从某种程度上来说，我投资比特币的决定与我自己的建议是截然相反的。我一直都谨慎地管理自己和他人的投资组合，但当我对新技术产生兴趣后，我对曾经的建议就不以为然了。在互联网时代，我赚了（也亏了）一大笔钱，那是因为我投资了一些估值高但徒有其表的公司。鉴于此，我曾担心自己对比特币的追逐是否也会是这样？但我那在技术和投资上都很聪明的儿子埃里克（Eric），因我对比特币的畏缩而批评了我，他说道："他们管这些东西叫美元啊，爸爸。坚持下去。"[①]

我在虚拟货币中看到了真正的潜力。我花了几个月的时间来评估比特币，所采用的是过去 30 年来我在分析往自己或客户的投资组合中添加其他资产时的相同方法。我仔细思考和量化了比特币的市场行为（使用后文将提到的方法），所以我知道自己面对的是什么样的"野兽"。我对自己投资组合中各要素的百分比反复思量，我可以正确地分配股票、债券和另类资产在其中的比例，以使投资组合总体合理。然后，我研究了把比特币放到退休账户中的机制。对它进行分析的整个过程与我以前数次的分析是相同的，唯一的区别是这次它是比特币。

现代投资组合理论

在评估任何投资决策时，起点总是个人的理财目标、时间跨度和风险容忍度。其中理财目标是指资金将用于什么目的，时间轴则显示什么时候可以使用这些资金，而风险容忍度则需要更多的分析。每个投资者对自己投资组合价值的波动性的容忍度各不相同。举例来说，当人们的投资组合有波动时，他们可能会失眠，或者不管如何波动他们都睡得很好，梦想着长期的收益。一旦确定目标、投资周期和风险容忍度，投资者就可以制定出自己的投资组合，并在前述三项参数范围内使其收益最大化。

---

① 埃里克自此也成为一名加密资产投资者。

1952 年，诺贝尔奖得主哈里·马科维茨（Harry Max Markowitz）定义了一种构建投资组合的方法，[1] 从那时起这种方法已成为大多数顾问和投资者一直采用的模型。他也因为现代投资组合理论（Modem Portfolio Theory，简称 MPT）而获得诺贝尔奖，该理论提供了根据目标风险水平将预期收益最大化的投资组合。他的研究成果表明，承担更高风险可以获得更高回报，同时其研究也让人了解到被他称为**有效边界**（efficient frontier）的概念，该概念定义了在给定风险水平下的最大可能的预期收益。

对使用现代投资组合理论的任何投资者来说，关键是要明确地考虑风险。散户投资者并不欢迎风险，其中许多人更喜欢梦想无风险的百万美元回报——但没有风险是没有回报的。监管美国证券市场的美国证券交易委员会（Securities and Exchange Commission）在风险方面向投资者提出了这样的建议：

> 说到投资，风险和回报是密不可分的。你可能听过"没有痛苦，就没有收获"这句话，它差不多概括了风险与回报两者之间的关系，因而对此无须多言。所有的投资都涉及一定程度的风险。如果你打算购买证券，如股票、债券或共同基金，以下这点是重要的，即在投资之前你要明白自己可能会损失掉部分或全部资产，但承担风险的好处是你可能会得到较大的投资回报。[2]

接下去我们很快将了解风险量化的细节，而这主要是通过对波动性的讨论。同样，我们将深入探讨绝对收益、单位收益波动率或风险回报率等概念。

理解投资组合中每类资产的属性非常重要。现代投资组合理论超

---

[1] 马科维茨 1952 年在《金融杂志》（*Journal of Finance*）发表论文《投资组合》（*Portfolio Selection*），该论文奠定了"现代投资组合理论"（MPT）的基础。1990 年，马科维茨因 MPT 与米勒（Merton Miller）和夏普（William Sharpe）获得诺贝尔经济学奖。——编者注

[2] https://www.sec.gov/investor/pubs/assetallocation.htm.

越单一资产，强调对整个投资组合的风险与收益进行整体分析。这与教练带领球队的方式相同，虽然教练理解团队每个成员的优缺点很重要，但更重要的是懂得如何让团队成员协作。伟大的球队可以由水平一般的球员组成，而伟大球员的不平衡组合会产生水平一般的团队。

马科维茨所说的有效边界，指的是在既定风险水平下能取得的最大收益，可以通过巧妙的资产组合配置达到。与在投资组合中进行任何单一资产（无风险的发行除外）设置相比，资产的巧妙组合确实可以将投资组合的风险降到一个较低的水平上，这是加密资产特别值得注意的一点。我们将在描述个人资产的三个核心特征后，再来说明投资者该如何创建这样的投资组合。

标准差

资产回报率的标准差，即资产价格围绕其平均值的变化范围，是最常见的风险度量之一。虽然马科维茨在现代投资组合理论中明确了投资组合对风险的需求，但大多数投资者在某种程度上都不愿承担风险，所以只有当收益增长存在着潜在可能的情况下，他们才愿意承受更多的风险。为了帮助投资者克服对风险的焦虑，现代投资组合理论对风险进行了量化定义，消除了很多不确定性。通常情况下，仅仅是信息畅通就可以让投资者一扫焦虑并在晚上睡得更好。

资产回报率的标准差可以从正态钟形曲线的统计数据中得到。如图 6.1 所示，如果钟形曲线的平均值或中值（μ）为 10，其标准差（σ）是 5，这意味着随机抽样时将有 68% 的概率落在 5 到 15 之间。5 是 10 往左减一个标准差，15 则是 10 向右加一个标准差。由于正态曲线的这种特征，随机抽样将有 95% 的概率落在中值的 2 个标准差之间。在我们的例子中是在 0 到 20 之间。

例如，一个预期回报率（平均值）为 7%、标准差为 5% 的股票，其第二年的收益将有 68% 的可能是在 2% ~ 12%。而更为保守的资产，比如说预期回报率为 4%、标准差为 1% 的债券，其第二年的收益将有 68% 的可能是在 3% ~ 5%。债券上下波动的可能性较小，而股票在牛

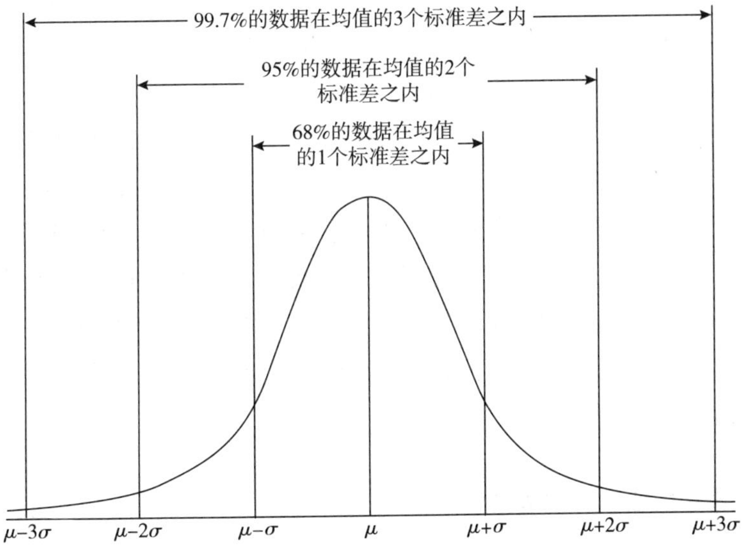

图 6.1　标准差钟形曲线

资料来源：https：//www.spcforexcel.com/files/images/nd.gif。

市时更有升值潜力，但在熊市时也存在潜在的风险。因此，预期回报的标准差就是告诉投资者其仅持有某一资产时需要承担的风险范围。

更全面而言，将两个标准差为8%和4%、预期回报都为7%的投资组合进行比较，在这两者间，投资波动性更大的那个投资组合并不谨慎。在这种情况下，承担更高的风险没有好处。如果一个投资组合的构建是不明智的，投资者最终会承担相对他们得到的回报而言更大的风险。

夏普比率

类似于现代投资组合理论，夏普比率（Sharpe Ratio）也由一位诺贝尔奖获得者提出，他叫威廉·夏普（William Sharpe）。夏普比率与资产回报率的标准差不同，因为它会根据单位风险的发生情况来调整资产回报率。该比率用资产（减去无风险利率）的平均预期回报率除以回报率的标准差而得到。例如，如果一份资产的预期回报率是8%，回报率的标准差是5%，则它的夏普比率是1.6。一项资产的夏普比率越高，其对投资者补偿的效果越好。一项夏普比率为负的资产将会给投资者带来负的回报和不好的波动。

重要的是，绝对回报率只是夏普比率的一部分。绝对回报率较低的资产，其夏普比率高于那些虽然会有高回报但有极大波动的资产。例如，一只预期回报率为12%、波动率为10%的股票，与预期回报率为5%、波动率为3%的债券相比，前者的夏普比率为1.2，而后者的为1.67（假设无风险利率为0%）。夏普比率提供了一种数学方法，以便在既有风险下对不同资产如何补偿投资者进行比较，这使得债券和股票更具有可比性。

回报率相关性和有效边界

现代投资组合理论的一个重大突破是，风险资产可以被添加到投资组合中。如果风险资产与投资组合中原有的资产有很大的不同，那它就可以切实地降低投资组合的整体风险。如何能让风险资产降低投资组合的整体风险呢？关键是回报相关性。

回报相关性只度量资产之间如何移动。度量范围从 −1 到 +1。如果资产之间存在完美的正相关，它们就会一起移动：如果其中一个上升10%，另一个也上升10%，那就是 +1。同样，如果它们是完全负相关，则为 −1，这意味着当其中一个上升10%时，另一个将下降10%。如果是零相关，那么资产都是完全独立的，一种资产在市场上的表现与另一个无关。

当投资者顾问和投资者试图建立低相关性的投资组合时，股票和债券是他们用来降低风险的主要工具。从历史上看，股票和债券的走势各不相同。当经济强劲，股市普遍上涨时，资金就会流出债市，这是因为投资者担心他们会错过牛市，因而导致债券价格暴跌，股市走高。在这一情况下，投资者充满活力，更愿意承担更多风险。而当股价动摇时，投资者便开始关注可能的损失，导致资金从股票流入相对安全的债券，这就是所谓的"飞往安全地带"。这种规避市场风险的心理,使股价下跌、债券价格上升。

相同的消息使这两种金融工具朝不同的方向移动,它们的表现就像两个人在跷跷板上。应该尽可能准确地做好股票和债券之间的风险平衡,否则当市场朝任一个方向波动时,都会对创新型投资者的投资组合造成严重的影响。

将相关性不同的各种资产放在一起,可以创建一个在牛市和熊市上都能赢利的投资组合。例如,只是一些球员生病并不意味着整个球队就必然失败。马科维茨的现代投资组合理论皇冠上的宝石之一是"有效边界"的概念,该概念表明在既定风险下,投资组合能在何处取得最好的预期回报(见图6.2)。这一概念对构建投资组合很有价值,因为它能清楚地表明,在既定风险下,为什么某些资产组合不能取得足够的回报。

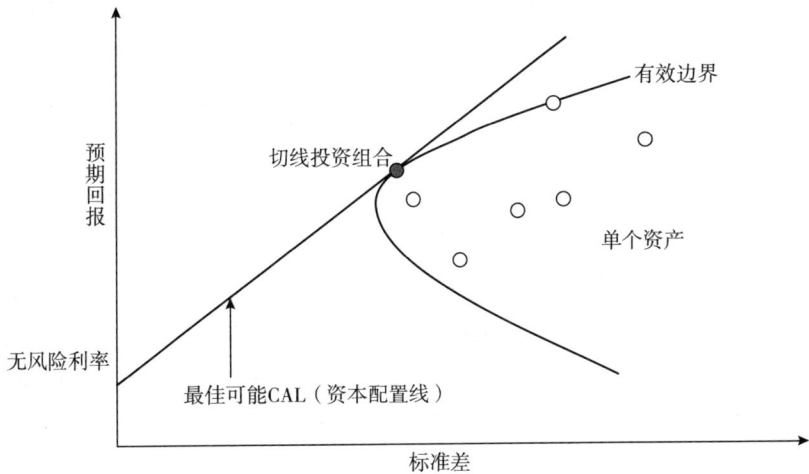

图6.2 现代投资组合理论的有效边界

资料来源:https://www.ways2wealth.com/Portals/0/Images/Efficient%20Frontier.jpg?ver=2016-03-14-220603-923。

在金融服务业中,人们谈论的风险有两种:系统性风险和非系统性风险。系统性风险是指投资的资产项目受宏观经济事件影响而必然出现的风险。这些事件包括国内生产总值的增长、贸易关系、战争等。

系统性风险也被称为不可分散风险，这是因为所有资产都会受其影响。非系统性风险是指每项个别投资所特有的风险，例如市场部门、管理、产品扩张、地理分布等。它也被称为"特有风险"，可通过巧妙的投资组合来对冲。

非系统风险可以通过构建投资组合来降低，投资组合中的资产能够中和可能影响投资组合的各种非系统性风险。理想情况下，投资组合应这样精心构建：当一种资产受到某一特定事件的不利影响时，另一种资产可能会受益于该事件。例如，如果美国征收碳排放税，那么纯粹经营石油和煤炭采购的公司可能受到不利影响，而太阳能公司可能会受益。这种碳排放税就不是系统性风险，因为它并不影响整个市场。相反，它是一种非系统性风险，只影响市场内的特定公司。在上述案例中，石油公司和太阳能公司的股票是资产回报呈现负相关的范例。

现代投资组合理论适用于同一资产类别中的不同资产，也适用于不同类别的资产。如果非系统性风险可通过构建投资组合完全对冲掉，即资产组合中的不同资产在收益上具有低的或负的相关性，那么能影响投资组合的就只有系统性风险了。现代投资组合理论更进一步说明，长期而言，投资者除非遭受系统性风险，否则其投资一般都会有回报，但如果他们让自己暴露于非系统性风险中，他们将长期受到不利影响。

借助现代投资组合理论，投资者能构建符合其风险概况的投资组合，还能获得足以满足其长期财务目标的投资回报。创新型投资者认识到其投资组合的总体风险可以通过加入与传统的资本市场不相关的资产而降低，如比特币及诸如此类的数字货币资产。

传统资产配置

多年来，传统的资产配置模型严格专注于配置股票或债券投资组合的百分比。例如，美国个人投资者协会为以下三类投资者提供了简化的投资组合模型：[1]

---

[1]　http://www.aaii.com/o/assetallocation.

- **积极投资者**：90% 多元化的股票，10% 固定收益。
- **稳健投资者**：70% 多元化的股票，30% 固定收益。
- **保守投资者**：50% 多元化的股票，50% 固定收益。

这三个模型可被不同年龄的人使用，他们有不同的投资回报期限。"多元化的股票"可以包括一大堆股票，"固定收益"可能是各种各样的债券。可以根据公司规模、成长特征、估值、行业类型、地理分布等来考虑股票的组成。同样，债券也可以包括不同期限、信用等级和税收优势的政府或公司债券。

这种传统的资产配置方法在 2008 年时遇到问题。当时金融市场崩溃了，投资者发现即使他们的投资组合中有股票和债券，但它们会同时下跌。[1] 当时投资组合中的股票和债券不再具有相关性，普通投资者感到被历经考验的资产配置模型欺骗了。2008 年的股市崩盘动摇了这些投资者的信心，将他们从"经济摇篮曲"[2] 中唤醒。在日益全球化的世界中，当资本市场中的资产更紧密地相互关联时，有一点变得越来越清晰，即 20 世纪的多元化模式不适合 21 世纪的投资。

虽然大多数人都深受 2008 年股市崩盘的影响，但有些人不仅渡过了难关，而且利用金融杠杆，获得了可观的财富。[3] 在相对秘密的环境下操盘的对冲基金经理现在被视为新的"宇宙的主宰"，因为他们能够避免崩盘带来的很多损害，甚至有些人还能从中获取丰厚的利润。

另类投资的兴起

2008 年金融危机使许多投资顾问和理财经理开始考虑不仅用股票和债券，还要采用其他不同的方法来构建投资组合。危机期间对冲基金就是一个用非传统和另类投资的工具创造正向的（在某些情况下甚

---

[1] https：// www. nueld. ox. ac. uk/economics/papers/2009/w4/HF% 20Working% 20Paper. pdf.

[2] Bob Rice，*The Alternative Answer*（Harper Collins，2013）.

[3] https：// www. baltercap. com/wp-content/uploads/2016/12/26. -The-Value-of-the-Hedge -Fund- Industry-to-Investors-Markets-and-the-Broader-Economy. pdf.

至是巨大的）投资回报的典型案例。

约翰·保尔森（John Paulson）可以说是对冲基金其经理变成亿万富翁的代表。他从危机中获利，从其管理的基金中他获得的个人收入超过10亿美元。他的基金包括保尔森优势增强基金（Paulson Advantage Plus Fund，一种事件驱动基金）在2006—2008年以近63%的年化回报率排名第一。同样成功的是詹姆斯·西蒙斯（James Simons）的文艺复兴科技公司（Renaissance Technologies）的大奖章基金（Medallion Fund），在2008年获得80%的收益率。立志成为一名对冲基金经理成了许多具有商业头脑的学生狂热追逐的目标。据悉，美国排名前25的对冲基金经理在2007年共获得223亿美元，2008年获得116亿美元。[①]

这样的数字，使对冲基金世界成为媒体的焦点。投资者怀疑这些经理是否与股市崩盘有关。[②] 他们想知道这些对冲基金经理做了哪些不同的事情，还想知道他们自己是否能做到那些事。

首先，让我们了解一下对冲基金的含义和它们之间的区别。很难把哪些对冲基金划分在一个类别中，因为它们的投资目标和方法通常不同。从历史上看，最容易识别对冲基金的方式之一就是看它们的高收费结构。例如，许多对冲基金在"2 – 20"模式下运作，这意味着它们每年收取2%的管理费，并收取一年利润中的20%，除此之外，有的还会采用"3 – 30"模式。对冲基金的其他的共同特征包括它们的排他性和普遍保密性。

在2008年金融危机之前，那些在对冲基金业绩和另类投资中占到便宜的都是超高净值人群，他们有大量可投资资产，其最低投资量常常为100万美元或更多。此外，投资者不得不长期持有基金，因为这是他们与对冲基金经理签署的协议的一部分要求。

共同基金会提供招股说明书，并描述投资的确切方法和资产类别。

---

① H. kent Baker and Greg Filbeck, *Alternative Investments*：*Instruments*，*Performance*，*Benchmarks and Strategies*（Wiley，2013）.

② https://www.cnbc.com/id/46191784.

与此相比，对冲基金却往往保守秘密，他们可能会公开宣传泛泛的投资策略，但隐瞒细节，以守住对冲基金的秘密。对冲基金经理要求客户给他们一定的灵活度和宽容度。

例如，对冲基金经理可以购买不动产或拥有他们认为是被低估的公司（公开或私人持有）的所有权。如果他们相信即将发生的政治变革可能有利于石油公司，他们可能会租用油轮或对外国石油公司进行大笔的投资。他们还可以利用木材、空头头寸（意味着他们押注于价格会下跌）、商品衍生品，以及和这本书关系密切的比特币以及其他加密资产等各种资产。

即使对冲基金缺乏透明度和流动性，富裕的投资者也会蜂拥而入，企图取得像基金经理保尔森、西蒙斯和其他人那样的业绩表现。成为对冲基金投资者的一个基本要求是：投资者需要足够富有，足以应付对冲基金经理的操作和基金资产所带来的固有的高风险和波动性问题。对于普通的投资者来说，高资产的承诺、流动性的不足和透明度的缺乏使对冲基金不在他们的投资考虑范围内。幸运的是，在投资组合中使用另类投资的基础能力不像许多人想象的那样难以获得。

另类投资定义

那么如何定义"另类投资"呢？

在互联网和词典里搜索这一术语时，给人这种感觉——由于投资涉及范围之广，从对冲基金到私募股权，再到在黄金和木材等自然资源，想要准确定义这个术语是相当麻烦的。[1]

事实上，对另类投资进行分类可能是一个棘手的问题——随着时间的推移，投资选择和趋势也会改变。在没有特别推荐他们这样做的情况下，许多投资者可能已经在他们的投资组合中加入另类投资工具。在投资组合中，一项专门用于套利策略或期货合约的投资就可以被看

---

[1] http://www.forbes.com/sites/advisor/2013/05/22/what-is-an-alternative-investment/#1290702fdb81.

作一种另类投资。① 实际持有的黄金、白银、房地产、艺术品或个人拥有的企业都是某人净资产的一部分，都可以被视作另类投资。

有一种更为现实和简明的方法来描述另类投资，即它是一种具有独特的经济特征、以价值为基础的资产，这使其区别于股票和债券这样的主要投资工具。对投资者来说，他们主要关注的是那些业绩表现与股票和债券（一直是投资者投资组合中的一部分）不相关的资产，而许多另类资产即符合这一情况。

如果资产配置恰当，当整个市场像 2008 年那样发生严重崩溃时，投资组合内具体的另类投资的价值可能不会减少。同样，在市场上升时，这些资产的价值可能增加，可能不增加也可能失去价值，但这是降低总体风险所必须付出的成本。作为创新型投资者的整体投资组合的一小部分，另类投资是平衡风险的有效方法，它能在股票或债券市场崩溃时提供有效的缓冲。

另类投资和创新型投资者

今天的创新型投资者对风险和回报有清晰的认识，他们可以制订一个投资组合与资产配置策略，加入另类投资会对其投资组合有所帮助。在财富管理公司里，这一点仍然如此，它们现在更加积极地考虑如何进行另类投资，以提高客户的收益率。

例如，摩根士丹利介绍了可投资资产在 2 500 万美元以下的高净值投资者的资产配置模型，其中股票占 56%、债券占 19%、现金占 3%、另类投资占 22%。对于可投资资产超过 2 500 万美元的客户，它建议配置 50% 的股票、19% 的债券、3% 的现金和 28% 的另类投资。② 美林证券向其典型客户推荐的资产配置模型里，投资组合中差不多有 20% 或以上的另类投资。③

---

① http://etfdb.com/type/alternatives/all/.

② https://www.morganstanley.com/wealth/investmentsolutions/pdfs/altscapabilitiesbrochure.pdf.

③ https://olui2.fs.ml.com/Publish/Content/application/pdf/GWMOL/ Q1 MarketQuarterly0417 2013.pdf.

显然，不应局限于只让高净值投资者将另类投资纳入投资组合。从历史纪录看，普通投资者未将另类投资纳入组合的最大原因之一是其没有流动资金。许多普通投资者不能保证在 10 年内都不需要动用他们的资金，因而没有选择另类投资。然而，这种情况正在改变。

在过去 10 年中，为了满足人们另类投资的需求，提供与传统资本市场相比更多样且相关性不大的资产类型，财富管理公司为普通投资者创造了更多的投资选择。交易型开放式指数基金（Exchange Traded Funds，简称 ETF）的繁荣将黄金、能源和房地产等短期投资纳入另类资产中，这也是一种应对市场波动的方式。因为很容易通过资本市场获得，这些工具以及其他的一些工具得以进入投资者的投资组合和许多财务顾问的推荐名单中。这种影响在 2015 年针对财务顾问所做的一项调查中可以看见，其客户中的 73% 有另类投资的资产配置，近 3/4 的投资顾问计划维持目前的另类投资的资产配置。[①]

调查还显示，在资产配置方面，大多数投资顾问推荐给客户的投资组合中另类投资占 6%～15%。另外，调查中虽较少但也占一定比例的投资顾问建议客户将另类投资配置为投资组合的 16%～25%。

比特币和其他加密资产也是另类资产，可以放到多元化的投资组合中，以满足资产配置。[②] 然而，每一种另类投资都有自身的特点，创新型投资者必须了解。

比特币和其他加密资产的潜力巨大，我们相信它们应该被视为单独的一种资产类别。它们越来越普遍地被加入许多创新型的投资组合中。我们将解释为什么我们认为加密资产会逐渐被纳入主流普通投资者的投资组合中，这要首先从研究比特币那不断演化的风险、回报和风险回报情况入手。

[①] https://www.pershing.com/our-thinking/thought-leadership/advisor-perceptions-of-alternative-investments.

[②] https://www.thebalance.com/cryptocurrencies-are-the-new-alternative-investment-4048017.

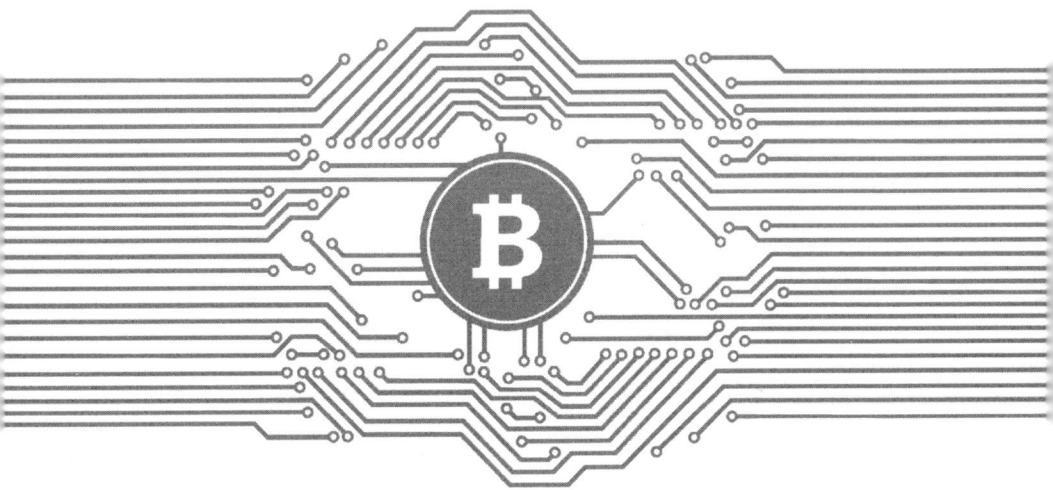

第7章

21世纪最引人注目的另类资产

THE INNOVATIVE INVESTOR'S
GUIDE
TO BITCOIN AND BEYOND

21 世纪最令人兴奋的另类资产就是比特币，它为其他数字货币取得成功铺平了道路。在这一章中，我们将深入探讨比特币作为一种资产是如何在绝对回报、波动性和相关性这一背景下演化的，最后得出投资组合中配置少许比特币在不同的持有期对投资组合会产生什么样的影响。比特币可谓是最古老的加密资产（有大量的数据可以被用来研究它的发展过程），通过研究它的长期市场表现，我们可以找到一个"窗口"以了解其他加密资产是如何随时间演变的。

比特币的最早定价

让我们回到比特币最初被定价的时间——2009 年 10 月，那时它的价格为 1 309 比特币兑 1 美元，或者说每比特币值 0.07 美分。一个叫新自由标准（New Liberty Standard）的小网站确定了这个汇率，这是用维护挖矿用的计算机所需电力和租金除以挖到的比特币数量得出的。

如果投资者在当时找到仅有的几个比特币矿工之一，并投资了 100 美元，按照当时的汇率，就是 130 900 比特币，那到目前为止，投资者的收益将超过 1 亿美元。1 张 100 美元的钞票变成了 100 万张 100 美元的钞票，这绝对是最好的投资之一。

然而，如此完美的投资时机对于投资者来说是一个难以实现的梦想。当我（塔塔尔）在 2013 年 8 月开始研究比特币时[①]，比特币的交

---

① http://www.marketwatch.com/story/do-bitcoins-belong-in-your-retirement-portfolio-2013-08-29.

易价为 135 美元，与最初 1 309 比特币兑 1 美元的汇率相比，它已显著升值。但我那时认为投资比特币还不算太晚，并最终进行了投资。

同样，当我（伯尼斯克）第一次在 2012 年听到这个消息时，甚至没有考虑投资比特币。当我在 2014 年年底开始考虑将比特币纳入我的投资组合时，其价格在 350 美元左右，比初始汇率增加了 460 000 倍。和塔塔尔一样，我也不认为那时投资太晚，还是上了这艘船。创新型投资者可能认为目前比特币的价格太高，但还是应该考虑一下可以做什么。我们相信，现在仍然是加密资产发展的初期。

绝对回报

为使读者更容易看清比特币在其诞生后的前 8 年的状况，我们将它与其他常见的传统和另类资产类别进行比较。就绝对回报而言，结果会让很多人惊掉下巴，但牢记，端点敏感性（endpoint sensitivity）这一点很重要。端点敏感性是指选择用于比较的开始和结束日期，因为随着时间的推移，几乎所有资产的价值波动都会很大。选择低起点高终点与选择高起点低终点将有完全不同的结果。

在本章中，我们选择 2017 年 1 月 3 日作为分析的终点，这也是比特币的 8 岁生日。确定一个固定的端点，我们可以灵活地选择不同的起点（包括比特币 2013 年的价格高峰之一）。通过列举高起点和低起点，我们能够呈现出投资经验的多样性，投资者可以据此决定什么时候开始买入比特币。对那些关注最佳买入点的人来说，应该指出的是，2017 年 1 月 3 日，比特币的价格约为 1 000 美元，而在本书进入最后的编辑阶段时，比特币价格已超过 3 000 美元。我们仍然按照比特币为 1 000美元的价格来进行下面的比较，以保持知识分子追求诚信的传统。

首先，我们检查了较长时间段内比特币价格的可靠数据。图 7.1 对比特币与 3 个最重要的股票指数——标普 500 指数（S&P 500）、道琼斯工业平均指数（DJIA）和纳斯达克 100 指数（NASDAQ 100）的业绩进行了比较，并假设在 2010 年 7 月 19 日投资 100 美元，也就是门头沟正式创建后几天。

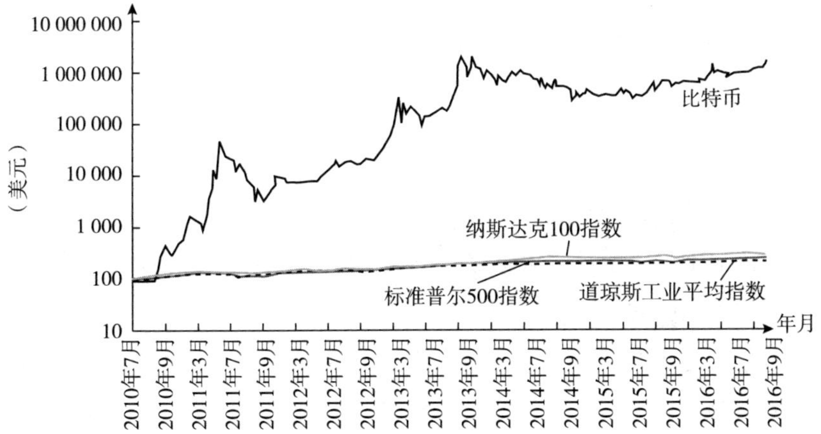

图 7.1 自门头沟创建以来比特币与美国主要股票指数的业绩表现
资料来源：彭博和 CoinDesk。

这些宽基指数代表股票市场的平均表现。标普 500 指数约占美国股票市值的 80%，① 道琼斯工业平均指数则涵盖了按市值排名的前 30 只美国股票，② 纳斯达克 100 指数为计算机软硬件、电信和生物技术领域的大型国际国内公司的股票。③ 上图的 y 轴用的是对数坐标，这样可以看到宽基指数，而如果 y 轴是线性刻度，就会看不见它们。

自 2010 年 7 月以来，这三大股票指数都表现良好，因为美国股市在 2008 年金融危机后开始复苏进入牛市。如果投资股票，对应标普 500 指数、道琼斯工业平均指数以及纳斯达克 100 指数，100 美元的初始投资将分别增长到 242 美元、231 美元和 291 美元。虽然股市回报率一直非常可观，但它们已被比特币的回报率打败，因为在同样的时间

---

① http：// us. spindices. com/indices/equity/sp-500.

② http：// www. investopedia. com/terms/d/djia. asp.
　 http：// www. nasdaq. com/markets/indices/nasdaq-100. aspx.

③ http：// www. nasdaq. com/markets/indices/nasdaq-100. aspx. 所有的数据都是总收益数据，这意味着股息被用于再投资，由此可以在总体上看出，一个投资者的财富是如何增长的。我们采用的是股票市场指数，它与 ETF 不同，并不收取管理费用，这与比特币的价格中不包含管理费相类似。如果一个投资者想投资反映宽基指数的比特币或基金中的基金，那些金融工具中将会含有多种费用。

段，如果用 100 美元投资比特币，它的增长幅度会很惊人，到 2017 年
1 月初将涨到近 130 万美元。

Ⓑ 线性和对数

通常用两种类型的刻度来表示资产价格：线性和对数。线性价
格意味着 y 轴的单位未做调整。例如，以美元计价，不管是从 10 美
元增长到 20 美元，还是从 100 美元增长到 110 美元，增长幅度都是
一样的，均为 10 美元。对数价格则是对 y 轴进行因子为 10 的调整，
这在金融领域很常见，由此可以对价格上涨的百分比进行比较。例
如，y 轴为对数刻度时，价格从 10 美元涨到 20 美元比从 100 美元涨
到 110 美元更明显，因为前者价格上涨了 100%，而后者仅为 10%。
在对数刻度上看起来相同的是从 10 美元涨到 20 美元，从 100 美元涨
到 200 美元。对数刻度在比较价格随时间变化的百分比，以及将不同
价值的数据压缩到一张图中是有用的。

我们也可以对比特币与 3 个股票指数从 2010 年 7 月 19 日到 2017
年 1 月 3 日的年复合回报率进行比较，如图 7.2 所示。通过这一比较，
可以看出危机后的股市明显表现为牛市，标普 500 指数提供了近 15%
的年复合回报率，比其在 1928 年至 2016 年这 88 年内平均 9.5% 的年复
合回报率高出了 50%。[①] 尽管美国股票表现优异，但比特币的表现更为
突出，年复合回报率为 332%。

比起将比特币与宽基指数比较，将它与赶上类似技术浪潮的高增
长型公司的股票相比可能更为公平。在过去几年里，脸书（Facebook）、
亚马逊（Amazon）、奈飞（Netflix）和谷歌（Google）（统称 FANG）的
股票是许多分析师的宠儿，表现优于主要的股票指数，这些公司重塑
了我们日益变化的数字世界。然而，如图 7.3 所示，自 2012 年 5 月脸

---

① http://pages.stern.nyu.edu/adamodar/New_Home_Page/datafle/histretSP.html.

书首次公开募股以来，比特币的表现要优于 FANG。[①] 再次注意，这个
图表的 y 轴使用的是对数刻度。

图 7.2　自门头沟创建以来比特币与美国主要股票指数的年复合回报率
资料来源：彭博和 CoinDesk。

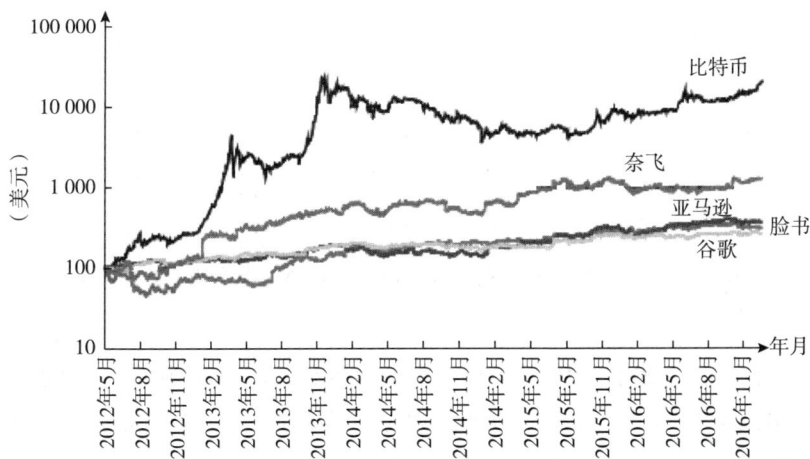

图 7.3　自脸书首次公开募股以来比特币与 FANG 股票的业绩表现
资料来源：彭博和 CoinDesk。

---

① 选择这一时段，是由于作者所能找到的最近 5 年期内的首次公开募股是脸书的首次公
　开募股。

如果在脸书完成首次公开募股的当天用 100 美元分别购买脸书、亚马逊、奈飞和谷歌的股票，则到 2017 年 1 月 3 日，它们分别涨到 306 美元、352 美元、1 276 美元和 262 美元。与这些明星科技股票相比，比特币的表现超出了不止一个数量级，如果最初投资 100 美元，将增长到 20 133 美元。在这一时期，相对于 FANG，比特币分别提供了 66 倍、57 倍、16 倍和 77 倍的资本增值。

为了将 FANG 的股票与宽基指数的业绩相比，我们对比特币与 FANG 股票从 2012 年 5 月 18 日至 2017 年 1 月 3 日的年复合回报率进行比较，如图 7.4 所示。可以看出，在过去的几年里，FANG 相比宽基指数提供了每年双倍的回报，其中奈飞的表现尤为突出。然而，在比特币面前，其他的投资都相形见绌。

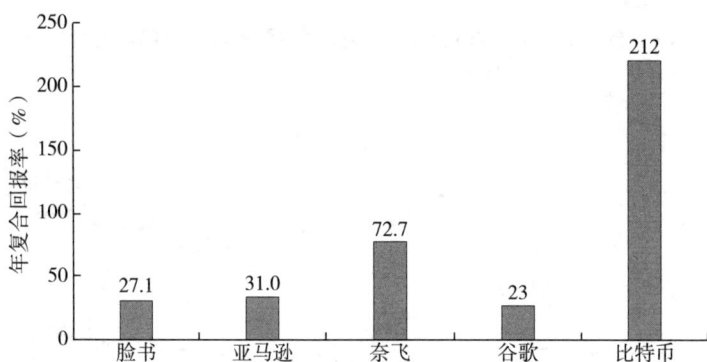

图 7.4 自脸书首次公开募股以来比特币与 FANG 股票的年复合回报率
资料来源：彭博和 CoinDesk。

请记住，截至 2017 年 1 月，比特币相对 FANG 的网络价值分别为 1/20、1/22、1/3 和 1/33。因此，如果比特币能增长到同样的规模，还有很多升值空间。很显然，现在还是比特币发展的初始阶段，而对它的"数字兄弟"来说，更是发展的早期阶段。

如果前面的对数坐标图看起来非常相似，那是因为它们本来就相似。与比特币的增长相比，其他资产的增长都相形见绌。如果 y 轴的刻度是线性的，将之前的图整合成图 7.5，奈飞的股票是唯一与其他资产有适度区分的。我们还增加了除美国股票以外的资产，包括美国债券、美国

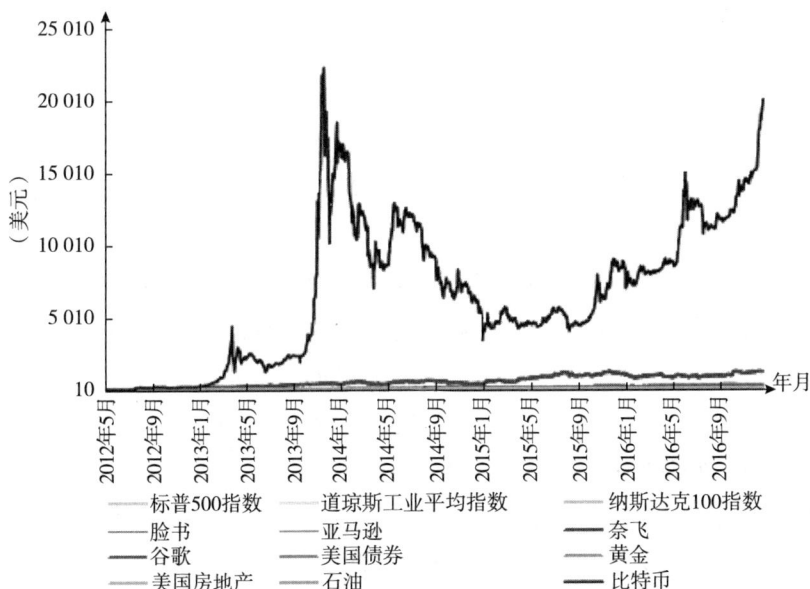

图7.5 比特币相对其他主要资产类别的比较①

资料来源：彭博和 CoinDesk。

房地产、黄金和石油。② 截至 2017 年 1 月 3 日，黄金和石油投资者已经遭遇重挫，资产价值分别失去了 30% 和 40%，而其他所有资产自脸书首次公开募股后均为正回报。

　　这时，创新型投资者可能会问，如果不在比特币发展的初期或在脸书首次公开募股时买入会怎样？让我们回忆先前对端点敏感性的讨论，尝试回答这个问题，看看如果投资者选择最坏的时机——2013 年年末以天文数字上涨的高峰期——购买比特币会发生什么。

---

① 图 7.5 中，与比特币和奈飞的股票相比，其他资产类别的价值变化趋势非常近似，在图中较难区分。但此图旨在表现比特币与其他资产类别的差别，因此前述问题并不影响对此图的理解。——编者注

② 为能代表美国债券、美国房地产、黄金和石油，我们分别采用的是彭博巴克莱美国综合债券指数（Bloomberg Barclays US Aggregate Bond Index）、摩根士丹利美国房地产信托投资基金指数（Morgan Stanley Capital International US EstateInvestment Trust Index），以及基于全球最大的黄金 ETF（SPDR Gold Shares ETF）的黄金指数和原油期货。

绝对收益的最坏场景：买在高点

在 2013 年年底，比特币的网络价值超过 100 亿美元，即使按资本市场的标准，对一个普通投资者来说比特币也绝对是可投资资产。在 2013 年 11 月 29 日，比特币价格达到 1 242 美元，其价格超过 1 盎司黄金（31.1 克黄金）。①

显然，比特币的价格已经上涨了很长时间。如果创新型投资者以此峰值价买入，他们得到的回报肯定没有在门头沟创建或脸书首次公开募股时买入那么美好。事实上，他们将承受超过 80% 的损失。比特币于 2015 年 1 月触底后，开始了漫长的、缓慢的爬坡，最终回到以前的高点。如果在比特币最高价时将 100 美元投入，截至 2017 年 1 月 3 日，只会剩下 83 美元，而如果投资基于标普 500 指数、道琼斯工业平均指数和纳斯达克 100 指数的投资工具将分别增长到 133 美元、133 美元和 146 美元（见图 7.6）。在 2013 年 11 月 29 日的高峰期购买比特币的投资者与在同一时刻购买 FANG 股票的投资者相比，他们的收益差别会非常大。如图 7.7 所示，这段时间由脸书、亚马逊、奈飞和谷歌提供的资本增值会是比特币的 3 倍、2.3 倍、2.9 倍和 1.8 倍，而在脸书首次公开募股之后不久就投资比特币的创新型投资者，如果他们等了一年半，他们的投资就得到了回报。这会是一个完全不同的故事。

同样在 2013 年 11 月，创新型投资者持有非股权类资产如美国债券、美国房地产、黄金或石油与持有比特币相比，他们的心态相对会更为平和。如图 7.8 所示，从 2013 年 11 月以来，黄金和石油等大宗商品的表现一直不佳，截至 2017 年 1 月，比特币的实际表现优于石油。这个低利率环境意味着美国债券节约了投资者的资本，但也没能让资本有更多增长。在这一组投资中，美国房地产是唯一与股票市场有同等升值效力的投资工具。

---

① 减去无风险利率。

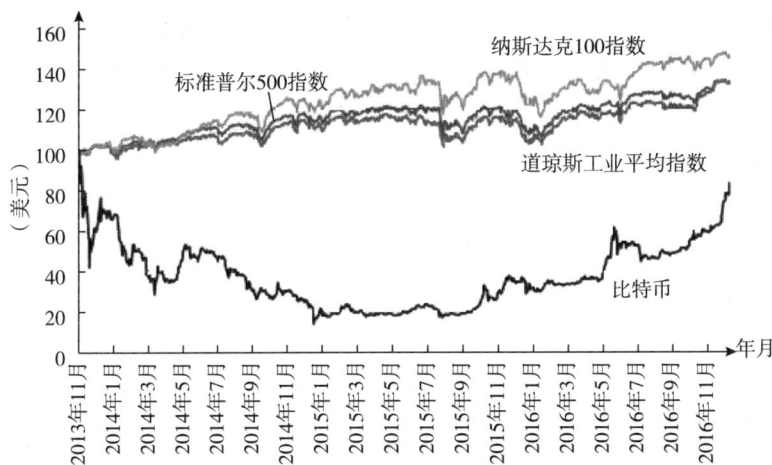

图 7.6　自 2013 年 11 月起比特币与美国主要股票指数的收益

资料来源：彭博和 CoinDesk。

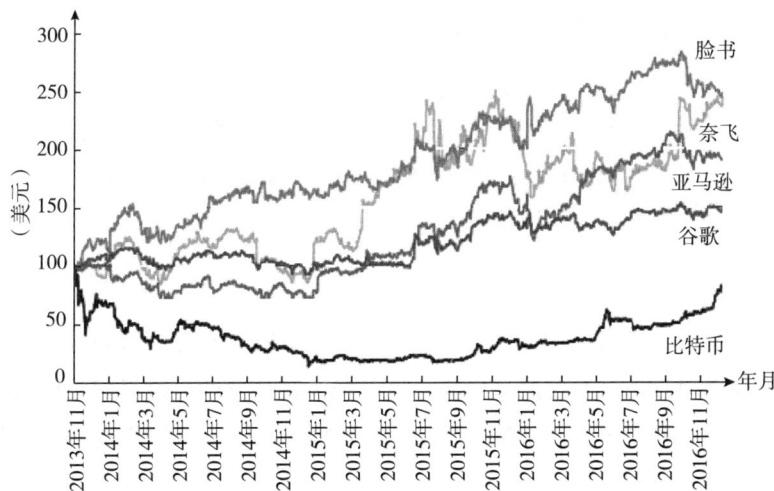

图 7.7　自 2013 年 11 月起比特币与 FANG 股票的收益

资料来源：彭博和 CoinDesk。

　　在这点上，我们已经分析了比特币在其相对较短的生命周期里取得的最好和最差的回报。然而，通过本书，我们可以相信比特币和其他加密货币、加密商品和加密通证有更大的价格升值潜力。

　　美元平均成本法可以使创新型投资者避免对投资起点的极端敏感。

投资者与其用一大笔钱一下子全部投资一项资产，倒不如持续平均地买入，以适度的节奏部署资本。这样做，投资者可能在高峰时期买进，但也可以在底部买进。如果资产有长期增值的潜力，最终平均下来，价格会很合适。

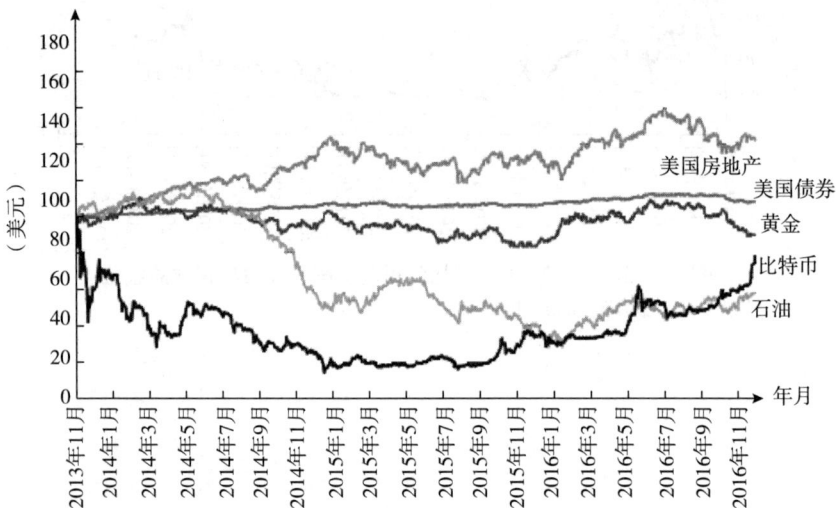

图 7.8　自 2013 年 11 月以来比特币与非股权类资产的收益

资料来源：彭博和 CoinDesk 。

波动性

虽然绝对收益往往是热门话题，但如果不对波动性进行研究，投资者可能为其回报承受过高的风险，也可能为其所冒的风险得到较低的补偿。从这个意义上说，创新型投资者必须确保自己因承担投资组合中的风险而得到回报。

Ｂ 为什么加密资产首次推出往往波动性很大

首次推出时，加密资产往往极不稳定，因为它们所在的市场交投清淡。市场交投清淡是指订单簿很薄，而订单簿是指在交易所买单和卖单的列表。换句话说，这是对在特定时刻想要买卖资产的人数的一种衡量。图7.9为以太坊（以太币）在 Poloniex 上的订单簿。每个订单都是订单簿中的一行，所以订单越多，订单簿越厚。如果买卖不多，订单簿就会很薄。即便如此，一些订单还需要相当大的资产数量。如果所有的订单都只包括买入或卖出 1 美元的资产，那么不管有许多订单，订单簿仍然很薄。

SELL ORDERS ⇌　　　　　Total: 150206.56067270 ETH

Price	ETH	BTC	Sum(BTC)
0.03925597	2.44831756	0.09611108	0.09611108
0.03931000	2.57143699	0.10108319	0.19719427
0.03934598	2.71571324	0.10685240	0.30404667
0.03934600	46.69610000	1.83730475	2.14135142
0.03935194	1.11721950	0.04396475	2.18531617
0.03935884	0.03658613	0.00143999	2.18675616
0.03935888	0.05124561	0.00201697	2.18877313
0.03936000	0.00759279	0.00029885	2.18907198
0.03936354	0.02166923	0.00085298	2.18992496
0.03936789	3.99400000	0.15723535	2.34716031
0.03937493	2.53968705	0.10000000	2.44716031
0.03937499	1.31578947	0.05180920	2.49896951
0.03937600	4.00000000	0.15750400	2.65647351
0.03937772	0.00787320	0.00031003	2.65678354
0.03938999	0.10000000	0.00393900	2.66072254
0.03939423	31.34523000	1.23482120	3.89554374

BUY ORDERS　　　　　Total: 4890.35481746 BTC

Price	ETH	BTC	Sum(BTC)
0.03921506	200.84120743	7.87600000	7.87600000
0.03921505	31.31858882	1.22816003	9.10416003
0.03921501	110.34850967	4.32731791	13.43147794
0.03921008	0.07651093	0.00300000	13.43447794
0.03920001	0.57891949	0.02269365	13.45717159
0.03920000	61.30574810	2.40318533	15.86035692
0.03919000	25.51020357	0.99974488	16.86010180
0.03918634	41.73830000	1.63557121	18.49567301
0.03918633	139.22513959	5.45572226	23.95139527
0.03918625	53.58570500	2.09982283	26.05121810
0.03915123	0.12770990	0.00500000	26.05621810
0.03911833	1.27817305	0.05000000	26.10621810
0.03910602	52.17290000	2.04027447	28.14649257
0.03910601	165.79400000	6.48354182	34.63003439
0.03910600	34.95830000	1.36707928	35.99711367
0.03910106	22.94100000	0.89701742	36.89413109

☐Throttle Updates (1 s ⇕)　☐Order Grouping (6 decimals ⇕)

图7.9　以太坊在 Poloniex 买入和卖出的交易订单[①]

---

① 经 poloniex.com 许可使用。

> 订单簿的厚度也被称为市场流动性。如果市场流动性很高，那么就有大量的订单，而且很多订单额可能很大，在这种情况下，就很容易产生交易。如果市场流动性较低，或订单簿很薄，那么会发生相当大的价格波动，而且成交量会变低，因为有人试图购买（或出售）大量的资产，将填补所有存在的卖出（或买入）订单，从而推动价格上涨（或下跌）。因此，在那些流动性弱的市场，当投资者看涨时，他们可以推动价格大幅上涨，就像投资者看跌时，强劲的卖出成交量可以迅速压低价格一样。
>
> 当加密资产刚刚推出时，它们的订单簿相对较薄，因为投资者基数较小，交易量也较少，而且订单额可能很小，这会造成资产价格的波动。然而，随着资产富有价值的消息传出，投资者的兴趣将会增加，交易量也随之增加。订单簿会增厚，波动性将降低。

了解资产波动性最容易的方法之一就是观察它每日价格变化，即每日价格变动率。资产每日价格变化越大，其波动性越大。图 7.10 说明了比特币从门头沟创建以来至 2017 年 1 月 3 日的每日价格变动率。

图 7.10 看起来就像地震时地震仪的测量结果。在比特币历史的早期，其价格"地震"频繁，一天上涨超过 50%。然而，随着时间的推移，"比特币地震仪"显示，比特币价格的"震感"越来越小。比特币已经越来越流行，因此交易也更广泛，市场流动性也变得更高。因此，当投资者选择买入或卖出时，市场能够吸收这些变化，比特币价格曲线变得更加平稳。

尽管这些年比特币的每日价格变动率大幅度减小，可以纳入小市值成长股的范围，但它仍是一种波动性资产。在图 7.11 中，我们将比特币 2016 年的每日价格变动率与推特以及美国电话电报公司（AT&T）这样的市场精英的股票进行比较。

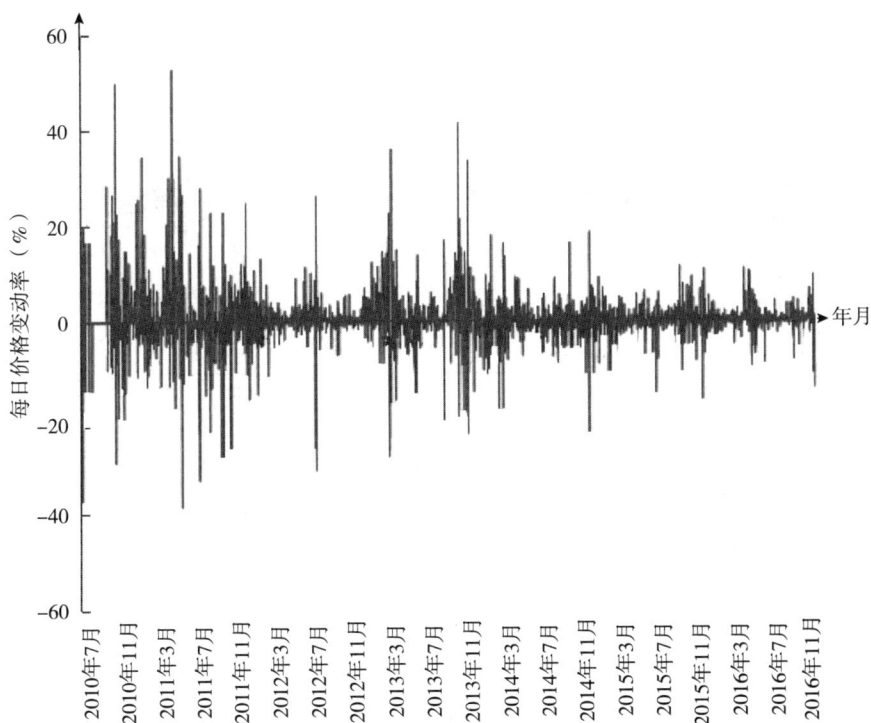

图 7.10　自门头沟创建以来至 2017 年 1 月 3 日比特币的每日价格变动率
资料来源：CoinDesk。

推特在 2016 年有 3 天价格下降超过 15%，1 天价格上涨超过 20%。比特币只有 2 天价格上涨超过 10%，只有 1 天价格下降超过 15%。美国电话电报公司这个 2 500 亿美元的公司，其价格曲线在中间，缓慢而平直，几乎没有任何价格波动。

波动率通常是基于每日价格变动的标准偏差得出的。波动率越大，投资者持有的资产价格波动幅度越大，资产风险也会越大。图 7.12 显示了 2016 年比特币、推特和美国电话电报公司股票的每日价格的波动率。

2016 年推特的波动率比比特币高 50%，比特币则比美国电话电报公司波动率高近 3 倍。比特币网络价值不到美国电话电报公司的市值的 5%，它只有不到 10 年的时间，而美国电话电报公司已经有超过一个世纪的历史了。

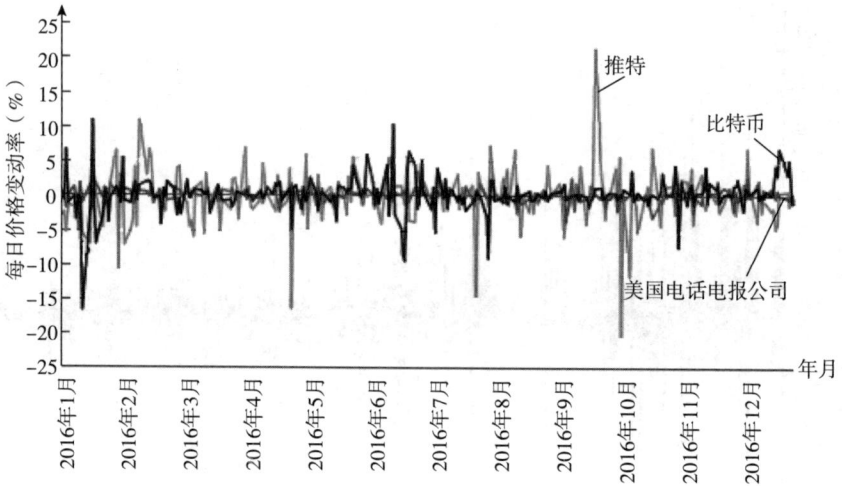

图 7.11　2016 年比特币与推特和美国电话电报公司的每日价格变动率
资料来源：彭博和 CoinDesk。

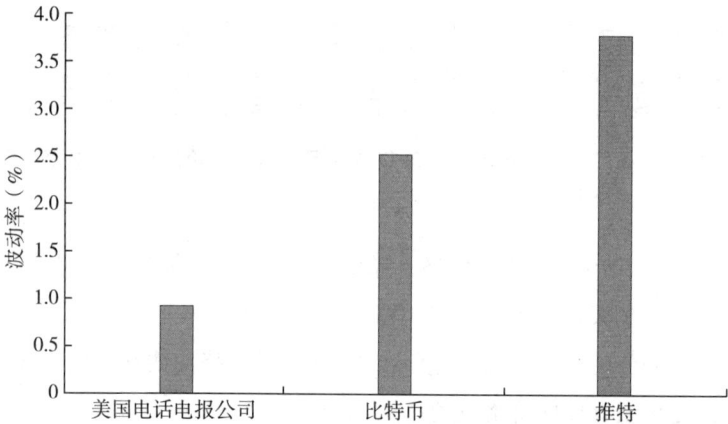

图 7.12　2016 年比特币与推特和美国电话电报公司的波动率
资料来源：彭博和 CoinDesk。

在检验 FANG 股票时，我们看到了一个有趣的波动模式。记住我们此前对现代投资组合理论的讨论，从历史上来看，大多数波动性资产通常是回报最大的资产。风险（即波动率）和回报之间的关系是可以预料的，因为没有回报不伴随着风险。在图 7.13 中，我们看到比特币的波动率最高，奈飞排名第二，这两个资产表现得最好。有趣的是，在这个时期，比特币的年复合回报率是212%，与奈飞的72.7%相比，是后者的近3倍，而波动率仅比奈飞高出约35%。直观地说，比特币看起来具有比奈飞更好的风险回报特性。同样，谷歌的年复合回报率为23%，在FANG中表现最差，波动率也最低，为1.5%。

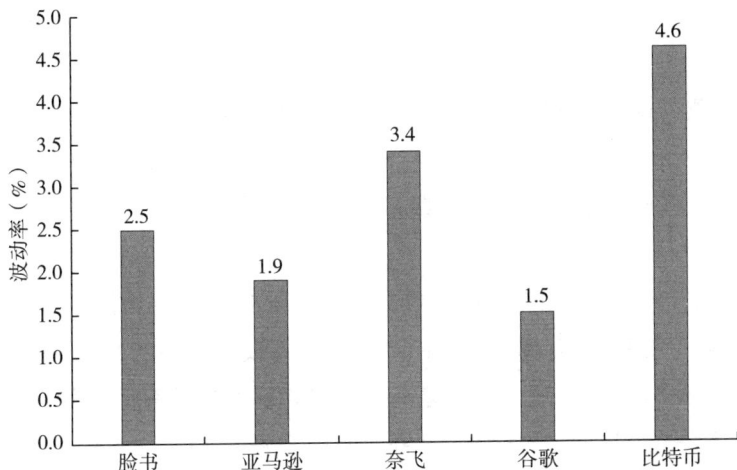

图7.13　从脸书首次公开募股至2017年1月3日比特币和FANG股票的波动率

资料来源：彭博和CoinDesk。

正如前一章所述，直接计算不同资产的风险回报率是很容易的。可以看出，从脸书首次公开募股至2017年1月3日，比特币在所有这些资产中的风险回报率最高。

但为了确定起见，我们将分析这些数字。

夏普比率

绝对回报率和波动率很重要，将它们放在一起就产生了夏普比率，对投资者来说这是个同样重要的衡量标准。记住，将波动率除以绝对回报率①，我们可以就所承担的风险对回报率进行调整。夏普比率越高，资产就越能补偿投资者的风险。这是一个在现代投资组合理论中

_____

① 此处用的是每周的回报，而此前的图表中使用的是每天的回报。

非常重要的衡量标准，激进的投资者仅对有吸引力的回报垂涎三尺，而创新型研究者还会意识到获得这些回报所必须承担的风险。

如前一章所述，将回报率和波动率结合到一个衡量标准中，我们可以在加密资产和其他传统和另类资产之间做一个同等的比较。目前，加密资产的波动性常常比其他资产更高，夏普比率可以让我们从收益的角度来理解这种波动性。

在投资者的不同投资阶段上，除了夏普比率之外，考虑波动性还是很重要的。一些波动性强的资产在一个较长时间内夏普比率很好，但这些投资可能并不适合那些从现在起三个月内需要付房屋首付的人。

在比较比特币和 FANG 股票时，我们观察到比特币波动率最高，但回报率也最高。有趣的是它的夏普比率不仅是最高的，而且是远远高出其他资产。比特币对投资者承担的风险提供的补偿是脸书的两倍，比奈飞——最接近它的竞争者要高 40%（见图 7.14）。

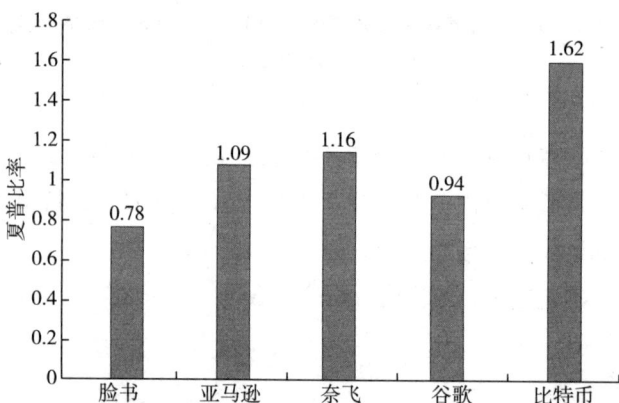

图 7.14　自脸书首次公开募股以来比特币与 FANG 股票的夏普比率
资料来源：彭博和 CoinDesk。

比特币和 FANG 夏普比率的比较清楚地说明了稳健回报与低波动性相结合的重要性。脸书每年的回报不及亚马逊，但比谷歌高，而它的波动性均显著大于两者。因此，脸书自首次公开募股以来对投资者承担的风险给予最低补偿。

正如我们在图7.11中看到的，随着时间的推移，比特币每日价格变动率明显减弱，这意味着其波动性越来越小。然而，随着波动性的减小，比特币的年增值幅度也平缓下来。在图7.15中，我们再次看到了风险和回报之间的这种关系，我们会看到从2011至2016年每个整年比特币的夏普比率。

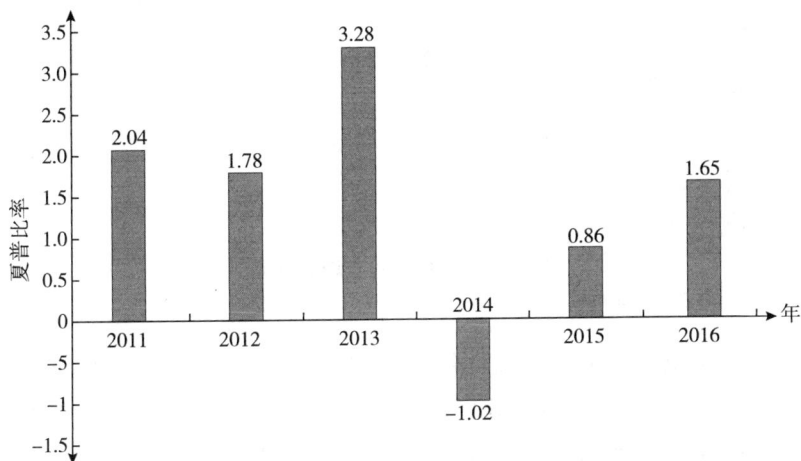

图7.15　自门头沟创建以来比特币的年度夏普比率

资料来源：CoinDesk。

2014年是比特币出现负夏普比率的唯一一年，从年初到年底，它的价值下降了60%。大家都还记得，2014年，比特币从2013年年底的高位掉到2015年年初的低位，这是因为门头沟的崩溃和"丝绸之路"社区等影响了资产价格。① 与此同时，2016年是自2013年以来比特币风险调整后收益最好的一年。深入比较2013年和2016年，值得注意的是，比特币2013年的夏普比率仅为2016年的两倍，但其2013年的回报远高于2016年（见图7.16）。

2013年的年增值幅度是2016年的约45倍，则预期比特币2013年的夏普比率数倍于2016的夏普比率是很合理的。然而，每日波动率和

① http://www.coindesk.com/bitcoin-price-2014-year-review/.

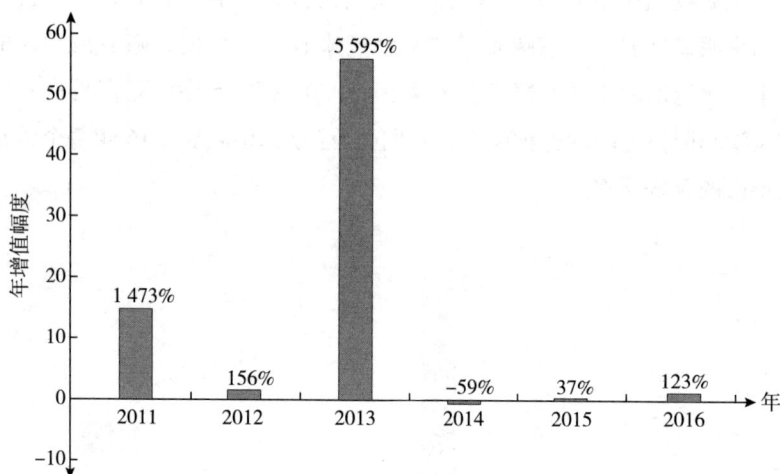

图 7.16　比特币的年增值幅度

资料来源：CoinDesk。

夏普比率的计算方法开始发挥作用。[①] 首先，比特币 2013 年的波动率是 2016 年的 3 倍，这意味着投资者 2013 年的投资风险是 2016 年的 3 倍。这使得即使 2016 年的回报率低得多，投资者也能获得与 2013 年大致相同的风险回报率。其次，夏普比率是用平均周回报率来计算的，而不是一年的总资本增值。

　　将比特币与宽基指数如标普 500 指数、道琼斯工业平均指数和纳斯达克 100 指数的夏普比率比较也很有启发性。我们已经知道这些指数的年回报率低于比特币和 FANG 股票，但它们的波动性也较低，因为它们由多元化的股票组成，而多元化有助于降低波动性。此外，这些指数的组成部分是大市值[②]的股票，特别是道琼斯工业平均指数。正如美国电话电报公司，许多大型股票已经上市很久了，与快速发展的技术公司相比，它们的收益相对稳定。图 7.17 显示了比特币夏普比率与前述的三个宽基指数的比较，比较的时段与我们此前比较这些

[①]　http://corporate. morningstar. com/U. S. /documents/MethodologyDocuments/MethodologyPapers/ Standard DeviationSharpeRatio_Defnition. pdf.

[②]　市值即股票市值的简称。

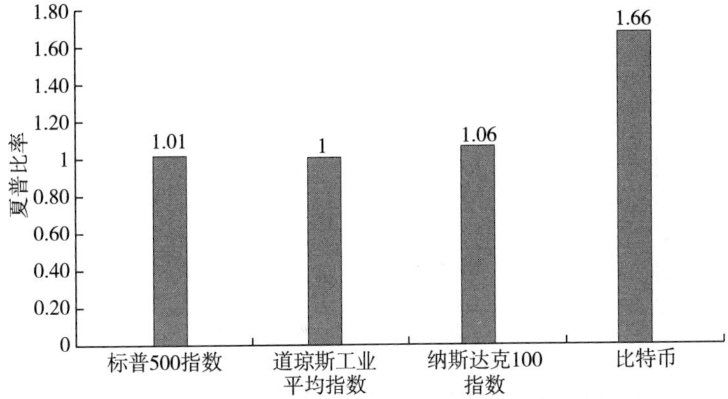

图7.17 自门头沟创建以来比特币与美国主要股票指数的夏普比率
资料来源：彭博和 CoinDesk。

资产绝对回报率的相同，即2010年7月19日至2017年1月3日。

通过计算夏普比率，图7.17再次显示了绝对回报率是如何被波动性影响的。虽然比特币的夏普比率比三大股票指数高出约60%，但它的绝对回报率大约是同期宽基指数的20倍。

在图7.18中，我们将2016年比特币的夏普比率与宽基指数进行比较。因为2016年是比特币波动最低的年份（一个中小盘股的范围），这是比特币最适合与股票比较的时期。最让人吃惊的是2016年比特币的夏普比率，几乎达到自门头沟——第一个主流投资者获取比特币的交易所——创建以来最高的夏普比率（2016年为1.65，最高为1.66）。

有些人认为成为比特币投资者的最好年份已经过去。然而，从夏普比率来看，2016年经过风险调整后的回报率与那些在主流市场上第一次有机会买比特币的投资者所能获得的回报率一样好。

相关性

多元化是通过选择各种与其他资产相关性较低或者为负相关的资产来完成的。一组股票天生就比单一股票更多元化，因此波动性应该更低。

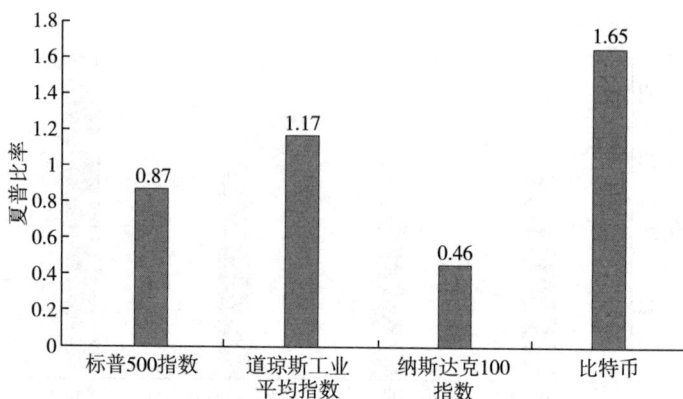

图 7.18　2016 年比特币与美国主要股票指数的夏普比率

资料来源：彭博和 CoinDesk。

加密资产与其他资本市场资产的相关性接近零。对此最好的解释是加密资产太新了，许多资本市场的投资者并没有投资这一资产。因此，加密资产与传统资本市场的资产没有相同的波动性，或者至少目前还没有。

图 7.19 清楚地表明，如果一种资产与投资组合中其他资产相关性为零，则"可能大幅度降低风险"。从量上讲，减少投资组合的波动性，可以降低风险。

如果一种资产可以仅通过与其他资产低相关或负相关来降低整体投资组合的风险，则不必通过高绝对回报率提高整体投资组合的风险回报率。因为夏普比率是回报除以风险，如果风险变小，那么分母变小，将使夏普比率变大，回报就可以不改变。

相关系数	多元化对风险的影响
+ 1.0	不可能降低风险
+ 0.5	适度降低风险是可能的
0	可能大幅度降低风险
− 0.5	很多风险都能被消除
− 1.0	所有的风险都能被消除

图 7.19　相关系数及多元化对风险的影响

资料来源：伯顿·马尔基尔.《漫步华尔街》。

然而，有可能把一种资产加到投资组合中，既能降低风险，又能增加回报。当然这样的资产非常罕见，简直像是在欺骗风险回报法则。毕竟我们都学过，资产的回报率越高，风险很可能也越大。但在投资组合中，我们并不是指一种资产，而是一组资产。投资组合中新资产与原有资产的相关性是降低风险和提高回报的关键。

加密资产是多元化的"银弹"①

大多数人会合理地期望如果在投资组合中增加比特币，绝对回报率会增加，但投资组合风险也会升高（更不稳定）。但是，记住这一点很重要，比特币的波动倾向在早期交易量少（订单簿薄）时被证明是正确的。相比之下，过去几年的情况更加微妙，比特币波动性已趋于平稳，但与其他资产保持低相关性。在某些年份，比特币甚至可以提供前面提到的神奇且难以捉摸的组合，在增加投资组合收益的同时也降低风险。

问题是比特币与其他资本的负相关将在多大程度上影响包含它在内的投资组合的波动性。为便于分析，我们使用美国个人投资者协会提出的稳健型投资者的定义，② 即稳健型投资者会将资产的70%分配在股票上，30%放在债券上，这是一个常见的资产配置模式。创新型投资者还可以适度分散投资到股票和债券以外的其他资产，比如比特币。对比特币感兴趣的创新型投资者可以这样做，将他们投资组合的一小部分（如1%），投入比特币。这样，他们就能保持整体风险不变，这是因为股票的风险比债券等资产高，因此将一个风险资产与另一个风险资产对换是合理的调整。

我们建立了一个模型，模拟一个70%股票和30%债券的组合与另一个1%比特币、69%股票和30%债券的组合的业绩表现。对于股票，我们使用标准普尔500指数。对于债券，我们使用了一个囊括广泛的美

---

① 银弹（silver bullet）指如魔法武器般的事物或方法，尤其指快速且轻易地解决某一困难。解释来自 http：//www. merriam-webster. com/dictionary/silver%2obullet。——编者注

② http：//www. aaii. com/asset-allocation.

国债券指数——彭博巴克莱美国综合债券指数。

我们进行季度投资组合调整以保持原来的百分比目标。随着时间的推移，资产价值将上升或下降，它们在投资组合中的百分比会变化。通常的做法是每个季度重新评估，并做一些小额的买卖交易以恢复到原来的百分比目标。例如，一个投资者在 4 年前将资产配置的 1% 放在比特币上，到 2017 年初这个比例将会增到非常大，为 32%，如图 7.20 所示。1% 与 32% 相差甚大，风险状况完全不同，这不可能适合所有的投资者。这也是投资组合调整的重要性所在。

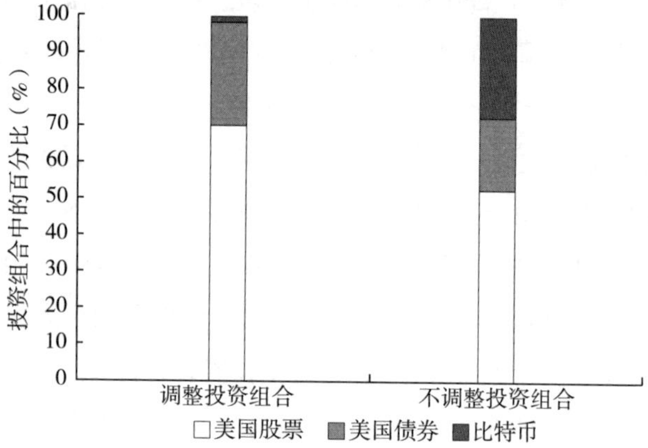

图 7.20　调整与不调整投资组合的效果对比
资料来源：彭博和 CoinDesk。

如果创新型投资者分别在 2013 年年初、2013 年峰值及 2015 年年初时将资产的 1% 配置到比特币，完成了季度投资组合调整，并持有到我们指定的结束日 2017 年 1 月 3 日，那将会怎样？有趣的是，在任何资产中投资 1% 似乎都微不足道，但对于比特币，结果是决定性的。

2013 年初，比特币大约是 10 美元一个，其后经历了暴风骤雨般的 2013 年和 2014 年。因此，投资组合中绝对收益和波动率同时增加并不奇怪。从图 7.21 可以看出，在投资组合中增加 1% 的比特币投资，年复合回报率更高，波动性也更高，高出 4%。在本例中，波动性是值得的，因为有比特币的投资组合其夏普比率比没有的高出 22%，为所承担的风险将带来更多的回报（请注意本文中在比较时使用的是未取整的数，而图7.21中显示的是取整后的数）。

衡量标准	不含1%比特币	含1%比特币
周波动率	1.13%	1.18%
夏普比率	1.28	1.57
复合年回报率	10.8%	14.0%

**图7.21　4年期（2013年1月至2017年1月）投资组合中
是否含有1%比特币的业绩表现比较**

资料来源：彭博和CoinDesk。

为了强调4年期年复合回报率高出3.2%的意义，我们看看最终的结果。如果两个投资组合的起始投资都是100 000美元，表现较好的比特币组合可以增长到约170 000美元，而没有比特币的投资组合最终仅达到约150 000美元，4年下来相差20 000美元。

现在对比特币的真正考验来了：如果投资者在2013年11月29日最高价时，决定用1%的资本投资比特币，并持有它直到2017年初，会发生什么事？这预计将是合理的，即使只配置1%的比特币，也会拖累投资组合的回报率，从而降低夏普比率。然而，调整投资组合和美元平均成本法的力量将开始发挥作用。在那之前，投资者将承受1年的价格下滑（2014年），但将享受2年的价格上涨（2015年和2016年）。按季度调整投资组合，投资者将逐渐加大投资组合中对比特币的投资，以弥补因其下跌而持续下降的百分比。实际上，投资者的美元平均成本将下降。因此，这一时期这两个投资组合的年复合回报率大约相等。更令人惊讶的是，有比特币的投资组合的波动性更低！多元化的力量越来越明显，它导致了配置1%比特币的投资组合夏普比率稍高（见图7.22）。

然而，在2015年1月到2017年1月的2年期内这一表现才真正出色，如图7.23所示，具有1%比特币的投资组合波动率更低，年复合回报率也高出0.6%，最终会导致夏普比率高出14%。自由地进行操

衡量标准	不含 1% 比特币	含 1% 比特币
周波动率	1.17%	1.16%
夏普比率	0.89	0.90
复合年回报率	7.5%	7.6%

图 7.22　3 年期（2013 年 11 月 29 日至 2017 年 1 月）投资组合中
是否含有 1% 比特币的业绩表现比较

资料来源：彭博和 CoinDesk。

衡量标准	不含 1% 比特币	含 1% 比特币
周波动率	1.24%	1.22%
夏普比率	0.54	0.61
复合年回报率	4.7%	5.3%

图 7.23　2 年期（2015 年 1 月至 2017 年 1 月）投资组合中
是否含有 1% 比特币的比较

资料来源：彭博和 CoinDesk。

盘，创新型投资者将感受到拥有黄金般资产的喜悦，将这种资产加到
投资组合中，既能降低波动性，又能增加回报率，双重推高了夏普
比率。

在前一章中，我们探讨了要使用必要的工具，例如现代投资组合
理论与资产配置来构建有效投资组合，并识别出对创新型投资者适当
的和难以抗拒的投资选择。在这一章中，我们透过现代投资组合理论
来衡量比特币作为一项资产随着时间推移的表现。下一章将讨论比特
币及其数字兄弟的一般特征，它们是资本市场必须考虑在内的一种全
新资产类别。

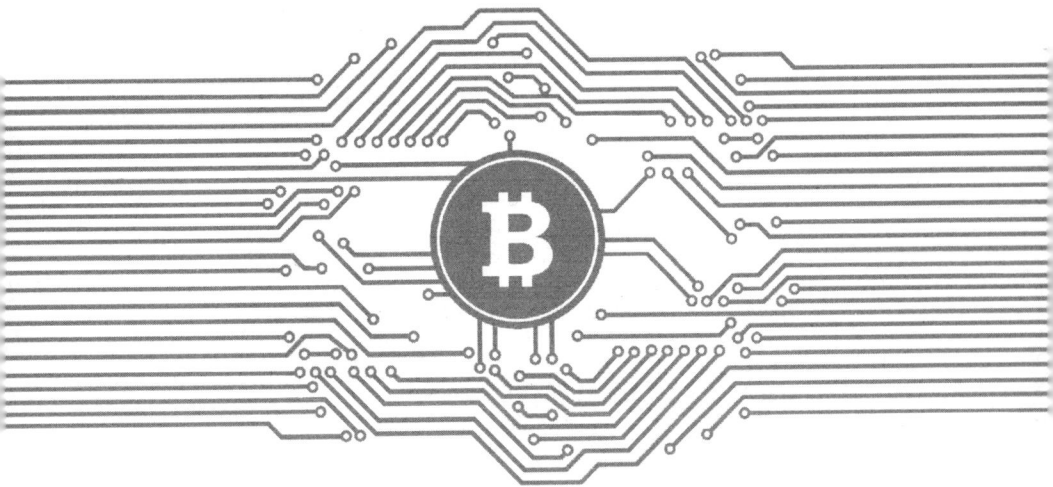

第8章

将加密资产定义为新资产类别

The Innovative Investor's
Guide
to Bitcoin and Beyond

到目前为止，我们已经介绍了比特币的诞生、区块链作为通用技术的兴起、加密资产的简要历史、投资组合管理的关键及比特币在其前 8 年的历史中在现代投资组合理论中的表现等内容。创新型投资者需要一个框架来理解未来所有加密资产的一般模式。为了奠定框架的基础，需要首先定义加密资产的资产类别。

是如商品期货交易委员会（Commodities Futures Trading Commission）所相信的，将比特币及其他类似数字货币定义为商品?[①] 还是如（美国）国内税务局（Internal Revenue Service）提出的，它是财产更合适?[②] 尽管在 2017 年 7 月下旬，美国证券交易委员会（Securities and Exchange Commission）发布了一份报告，详细说明了如何将一些加密资产归为证券，它所用的例子是最有名的 The DAO，但它一直避免将某一特定标签贴在所有的加密资产上。[③]

监管机构正在对加密资产（至少是其中一些）进行分类，这对加密资产而言是重要的认可。但大多数现行法律都存在缺陷，而且行政机构还在以过去的视角来解读加密资产。

并非所有的加密资产都是一样的，这使情况更加复杂了。正如股票存在多样性一样（分析师需要根据市场资本、行业或地理位置对公司进行细分），加密资产也存在多样性。加密资产包括比特币、莱特

---

① https：// www. bloomberg. com/news/articles/2015-09-17/bitcoin-is-ofcially-a-commodity-according-to-u-s-regulator.

② https：// www. irs. gov/uac/newsroom/irs-virtual-currency-guidance.

③ https：// www. sec. gov/litigation/investreport/34-81207. pdf.

币、门罗币、达世币和零币等，它们满足货币的三个标准：作为交换的手段、具有储存价值、作为记账单位。然而，如同我们所看到的，加密商品与加密通证与属于加密资产。加密商品包括以太币、storj、sia、golem。加密通证包括 augur、steem、singularDTV、gamecredits。此外，所有加密资产由代码构建，这些代码基于用例以及核心开源开发者认为加密资产能最出色地实现的增值功能而演变。

监管机构希望将加密资产归为数百年前的旧资产类别中，而这些资产每隔几年（如果不是，那就是每隔几个月）都会重新定义自己并突破自身的界限，这怎么可能进行类别划分呢？

它们做不到的。

本章的重点不在于抨击监管机构，而是要表明对全新的资产类别进行分类是多么困难，特别对于全球首个数字化原生资产类别。

那么，什么是资产类别？

虽然人们将股票和债券视作两大投资资产类别，而其他人也会将货币市场基金、房地产、贵金属和货币视作常用的资产类别①，但是很少有人愿意费心去理解资产类别是什么意思。

大和证券（Daiwa Securities）副总裁罗伯特·格里尔（Robert Greer）1997 年在《投资组合管理》（*The Journal of Portfolio Management*）杂志上发表了一篇开创性的论文《那么，什么是资产类别？》。② 格里尔对资产类别的定义如下：

> 资产类别是一组资产，它们之间存在一些基本的经济相似性，并且具有与不属于该类别的其他资产不同的特征。

这个定义仍然模糊。格里尔随后定义了三种资产超类：

• 资本资产。

---

① 对这些资产的类别划分也存在争议，比如，有些人认为货币并不是一种资产类别。
② http://www.iijournals.com/doi/abs/10.3905/jpm.23.2.86?journalCode=jpm.

- 消耗品/可转换资产。
- 价值存储资产。

格里尔说明了如何从其他类别中识别出每个超类：

资本资产

　　所有这些资本资产有一个共同点。资本资产可根据其预期回报的净现值合理估值。因此，所有其他条件相同（从来不是这样），金融资本资产（如股票或债券）会随着投资者的贴现率提高而下降，或者随着贴现率下降而上升。这种经济特征统一了资本资产的超类。

消耗品/可转换（C/T）资产

　　你可以消耗它。你可以将其转换为另一种资产。它具有经济价值。但它不会产生持续的价值流。这种区别的深刻含义是，C/T 资产并非资本性质，不能使用净现值分析对其进行估值。这使它们在经济上与资本资产的超类不同。C/T 资产必须更经常地基于其特定市场的特定供需特征进行估值。

价值存储资产

　　资产的第三个超类不能被消费，也不产生收入。不过，它具有价值，它是一种能存储价值的资产。一个例子是艺术品，更广泛和更相关的例子是货币，无论是国外的还是国内的。能存储价值的资产，可以作为避难所以应对不确定性（如美元现金），或者为投资组合提供货币多样性。（作者注：他没有定义如何定价。）

　　格里尔的超级类别并不清晰，因为有些资产可能被归为两个类别。例如，贵金属既是消耗品/可转换资产又是价值存储资产。它们被用于电子电路或变换成华丽的装饰品（消耗品/可转换资产），同时它们也被视为价值棒，不意味着任何类型的消费或转换（价值存储资产）。

　　加密资产很明显属于消耗品/可转换领域，因为它们具有实用性并被数字化消费。例如，开发者使用以太币访问以太坊的世界计算机，然后可以对存储在以太坊区块链中的智能合约执行操作。因此，在世界计算机的操作中，以太币被消耗掉了。然后是"关注"，这是广告的燃料，它导致了基于区块链的关注市场的形成。Steemit 是一个社交媒体平台，它的原生加密资产是 steem，后者被奖励给内容创作者和管理人。steem 创建了一个经济体系，通过奖励创作者而获得新的高质量内容，用内容增强平台，从而增加了 steem 的价值。

尽管许多加密资产是按照市场供求动态进行定价的，与更传统的消耗品/可转换资产类似，但对一些持有类似比特币的金条持有者而言，它仅仅是一种价值储备。其他投资者以类似的方式使用比特币以外的加密资产，以期持有的资产随着时间推移而升值。因此，可以认为加密资产类似于贵金属，因为它们属于两种资产超类。

按照格里尔的介绍，在这些"超类"之下，还可以细分出"类"。在"类"中，还可以再细分出"子类"。这些分类可以帮助创新型投资者理解与他们的投资不同的方式，并使他们的投资组合更加多样化。

例如，在资本资产这个超类中有一类是股票，而在股票类别中，有大市值股票或小市值增长股等子类。加密资产是处于消耗品/可转换资产和价值存储资产之间的一个超类。加密资产类别中有加密货币、加密商品和加密通证等子类。

Ⓑ ETF 和共同基金是包装，而不是资产类别

应该指出，当我们谈论资产类别时，并没有涉及包含投资底层资产的工具，无论该工具是共同基金、ETF，还是单独管理的账户。随着金融工程和几乎所有资产的证券化——尤其是随着 ETF 的日益普及——人们可能会在某个时间点在 ETF 中找到所有类型的资产。例如，比特币和以太币的 ETF 已经与美国证券交易委员会合作。就我们对资产类别的定义而言，我们应该将资产类别与其交易形式区分开来。

划分资产类别并非易事。格里尔为我们提供了一个可以从经济相似性方面区分资产的有力观点，但是剩下的就是"它们独有的特征使得彼此被区分开"。我们进一步研读了相关学术文献，以明确资产类别之间的差异。本章中的许多想法都源于 ARK 投资管理有限责任公司和 Coinbase 在 2015 年年末至 2016 年的合作，当时两家公司首次宣称比特币代表了新资产类别的诞生。[①]

资产类别之间的主要差异化因素

在对经济特征的调查中，我们发现主要差异可归结为治理、供应时间表、用例和价值基础。除了经济相似性之外，资产类别也倾向于具有相似的流动性和交易量概况。请记住，流动性概况指的是市场订单的深度，而交易量概况指的是每日交易量。最后，资产类别的市场行为不同，其中最重要的区别包括风险、回报和与其他资产的关联。

一般模式是，属于同一类别的资产表现类似。虽然同一个资产类别中的不同资产的表现略有不同，但与类他类别的资产表现相比，它们可以说表现相似。

同一个类别中的新资产的表现会与同类别中较成熟的资产有所不同。成熟度差异对加密资产来说尤为重要，其最成熟的资产只有 8 年的历史，而新资产会以每周为节奏产生。

目前，加密资产最好被描述为一个新出现的类别。任何特定加密资产的治理、供应时间表、用例和价值基础的经济特征从它们的基因中就被固定下了。随着时间的推移，当这些资产成熟了，流动性状况和市场特征将随之变化。本章的其余部分将集中讨论加密资产的经济特征，而下一章将深入讨论，随着时间的推移，不同的加密资产的流动性概况和市场特征的演变，以及这些趋势与其他资产演变趋势的区别。

---

① http://research. ark-invest. com/bitcoin-asset-class.

资产类别的经济特征

对于创新型投资者来说，评估加密资产与评估其他资产类似。出发点是要识别和确认那些符合其资产类别的经济特征。我们相信，可以在四个标准的基础上对它们进行评估。

如何治理？

正如国家治理一样，资产也是如此。通常情况下，所有类别的资产都有三个治理层次：资产购买者、资产持有人、一个或多个监督所有者和保管者行为的监管机构。

例如，一只典型的股票有其所基于的公司的管理层、公司股东和作为监管机构的证券交易委员会。

能源商品及其相关衍生工具，如石油和天然气，可以说更为复杂。购买者的治理往往更加分散化和全球化，实物商品持有者也是如此。对于这些商品的金融衍生工具，美国商品期货交易委员会（CFTC）提供了一个监管凝聚层，而证券交易委员会对 ETF、共同基金和其他由这些资产组成的基金结构起着同样的作用。

货币是一个比较有争议的资产类别，也具有独特的治理特征。首先，中央银行控制其分配，而国民、全球企业和国际债权人通常决定货币的汇率和使用（尽管控制型国家可以操纵这些领域）。各国的监管机构各不相同，如果一个国家的货币遭遇危机时，国际货币基金组织等国际监管机构可以出手相助。

加密资产具有独特于所有其他资产类别的 21 世纪治理模式，主要受开源软件运动的启发。资产的购买者和相关用例有三个方面。首先，一群有才能的软件开发者决定创建区块链协议或使用原生资产的分布式应用程序。这些开发者坚持开放贡献者模式，这意味着随着时间的推移，任何新开发者都可以凭借自己的特长在开发团队中获得成功。

其次，开发者并不是唯一负责购买加密资产的人，他们只提供代码。拥有和维护运行代码的计算机的人——矿工们——在开发代码时也有发言权，因为他们必须下载新软件来进行更新。开发人员不能强迫矿工更新软件，相反，他们必须说服矿工：这对整个区块链的健康发展和矿工们保持健康的经济状况是有意义的。[①]

除了开发者和矿工之外，在购买者之间还有第三级的治理：提供服务的公司在加密资产和广大公众之间提供接口。这些公司通常雇用一些核心开发者，但即使他们不这样做，如果他们是推动用户的重要力量，他们也可以对系统产生重大影响。

在三组购买者之后，持有者或最终用户出于投资目的购买加密资产或使用底层区块链架构。这些用户不断向开发者、矿工和公司提供反馈意见，因为如果用户停止使用加密资产，那么需求就会下降，价格也会下降。因此，购买者需要持续对用户负责。

最后，存在新出现的加密资产监管环境。然而，监管者仍在考虑如何精确地处理这一新兴的资产类别。

什么是供应时间表？

资产的供应时间表可能受到其三层治理的影响，但购买者通常拥有最强的实力。例如，公司通过首次公开募股从资本市场募集资金，并使其公司品牌获得更广泛的曝光度。公司还可以通过配股或二次发行等方式继续发行股票，但如果数量太多，他们的投资者可能会因为公司所有权被稀释而反对。

而债券与股票明显不同。一旦公司、政府或其他实体发行债券，这是一笔固定数额的债务声明。除了违约之外，没有关于该债务的协商。同一实体可能会持续发行更多的债券，但除非是因陷入经济困境的债券发行，否则通常后续发行的债券对先前发行的债券组合影响不大。

---

① 对于采用其他区块链的去中心化应用软件内的加密代币而言，这更加简化。去中心化应用软件无须直接与区块链的矿工直接合作。相反，它依赖于另外一个社区和该社区的加密资产以管理矿工和相关区块链。

不同的能源商品，可能会有不同的供应时间表。尽管几乎所有这些时间表都经过校准以平衡市场供求关系，并避免损害所有购买者的供应链。例如，在石油方面，著名的石油输出国组织欧佩克（OPEC），石油的供应水平拥有相当大的控制权。

控制货币供应的中央银行比欧佩克拥有更多的控制权。自2008年和2009年金融危机以来，世界已经见证了这一点，中央银行可以根据需要选择以量化宽松的形式发行多少货币。这通常是通过公开市场操作实现的，例如购回政府发行的债券和其他资产以向经济体注入现金。正如我们已经看到的美元的情况，中央银行的活动可能会导致法定货币的供应大幅增加。图8.1显示了比特币、美元和黄金供应时间表的比较。[①]

贵金属长久以来以其稀缺性和审美功能估值。作为金属，贵金属大多劣于其他更常见的金属。因为很容易变形，它们的可塑性使得它们不可能用于结构支撑。然而，由于其稀缺性和被普遍接受的美的形式，它们被认为是一种相对安全的价值储备。另外请注意，图8.1显示黄金供应处于通货膨胀周期。换句话说，每年出产的黄金都多于往年，这可能会让很多黄金追捧者大吃一惊。

加密资产，如同黄金，经常出现供应稀缺，很多加密资产比黄金和其他贵金属更为稀缺。供应时间表通常以数学方式进行计量，并在底层协议或分布式应用程序代码中进行设置。

到2140年，比特币最多可以提供2 100万个单位，并且通过每4年减少供应率来实现。目前，供应时间表为每年4%，到2020年将降至每年2%，并在2024年降至每年1%。正如前面所讨论的，中本聪以这种方式制定了这个系统，因为他最初需要引导大家支持比特币，他通过为最早的贡献者发行大量比特币来做到这一点。随着比特币的成熟，其原生资产得到了增值，这意味着可以发行较少的比特币以继续

---

① http://research.ark-invest.com/hubfs/1_Download_Files_ARK-Invest/White_Papers/Bitcoin-Ringing-e-Bell-For-A-New-Asset-Class.pdf.

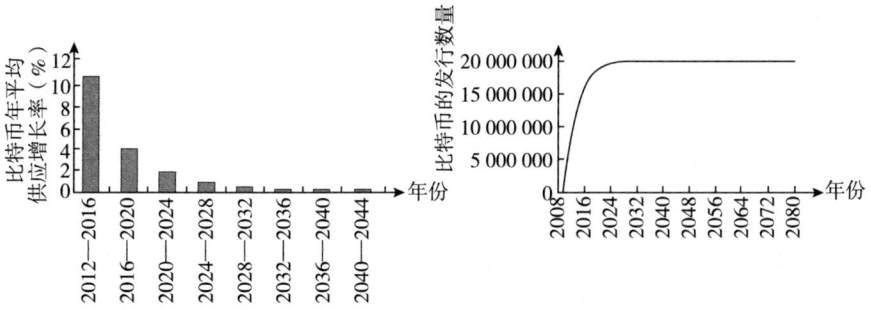

资料来源：ARK 投资管理有限责任公司、Coinbase、比特币维基。

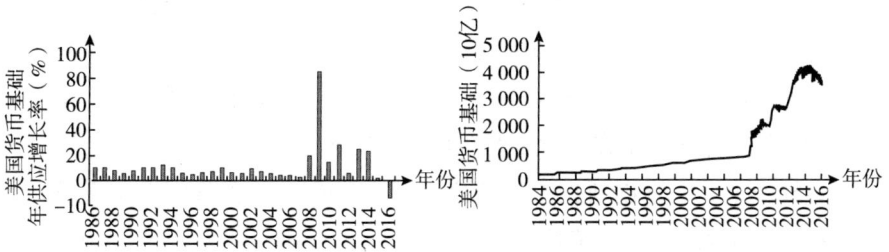

资料来源：ARK 投资管理有限责任公司、Coinbase、圣路易斯联邦储备银行。

资料来源：ARK 投资管理有限责任公司、Coinbase、Number Sleuth。

图8.1　比特币、美元和黄金的供应时间表

激励人们做出贡献。现在比特币已经有 8 年历史，它作为投资工具以外还提供了强大的实用性，这推动了需求。随着时间的推移，比特币的发行量将趋近于零，但因公众对其网络的需求很大，以至于所有的贡献者都能通过交易费获得足够的报酬，就像维萨或万事达（Master-Card）一样。

　　许多其他加密资产都遵循类似的数学发行模式，尽管它们在具体的比率上差别很大。例如，以太坊最初计划每年发行 1 800 万以太币。

最初想法是，随着以太币发行数量的增长，这1 800万个单位所占的比例将越来越小。其结果是，供给推动的通货膨胀率最终会趋于0%。以太坊团队目前正在重新考虑该发行策略，原因是他们想改变共识机制。选择更改加密资产在发布时的计划时间表更多是例外而不是常态，但由于资产类别还很年轻，我们并不感到惊讶。

Steemit 的团队推行的是更为复杂的货币政策，平台由 steem（STEEM），steempower（SP）和 steem dollars（SMD）组成。创始团队最初选择每年增加100%的 STEEM 供应量。虽然他们通过将它周期性地拆分来减少总单位数量以对抗极其庞大的数量，但他们很快发现，即使这种修改也不足以避免不可持续的高通货膨胀率和平台的贬值。他们最终还是选择了在发行后调整其货币政策。

Steemit 是一个创新型投资者应该调查平台货币政策的典型案例，只有这样才能确保其具有经济意义并避免陷入类似于我们将在第10章中详述的 STEEM 泡沫的情况。随着各个加密资产的成熟，我们预计它们的货币政策会向以数学计量为目的转变。

如何使用？

治理和供应时间表在资产用例中发挥重要作用。对于股票和债券，用例很简单。股票允许公司通过发行股票从资本市场筹集资本，而债券则允许公司通过发行债券筹集资本。货币在用例中也是明确的，即作为交换手段、价值储存和账户单位。

商品在用例中可能更多样化。随着技术的进步，金属或半导体制成品的用例也会发生变化。例如，硅曾经是一种被遗忘的元素，但随着半导体时代的到来，它变得至关重要，世界上最具创新性的山谷就以它的名字命名（尽管在那儿从没有从地里采集到过实物硅）。

加密资产可以被比作硅。由于技术的兴起，它们已经出场，随着技术的发展，其用例将会增多并发生变化。目前，比特币是最直接的，其用例是去中心化的全球货币。以太币更灵活，因为开发人员将其用于去中心化世界计算机内的计算燃料。在去中心化系统中促进市场预测，在经济上补偿（或惩罚）讲述真相（或谎言）的个人。

然后是交易市场，每年 365 天，每天 24 小时交易。这些永远开放的市场也将加密资产与本文讨论的其他资产区分开来。

简而言之，加密资产的用例比任何先前存在的资产类别更具有动态性。而且，由于它们被开源软件引入世界并控制，加密资产的发展能力是无限的。

什么是价值基础？

正如格里尔对超类的定义中所提到的，股票和债券等资本资产是根据所有未来现金流量的净现值（NPV）估值的。凭借净现值，格里尔提到了明天的 1 美元其价值不到今天的 1 美元的想法。例如，如果投资者将 100 美元存入储蓄账户，并获得 5% 的年度回报率（在过去的好时光），那么从现在开始的一年内，100 美元将会价值 105 美元。因此，投资者拥有的要么是今天的 100 美元，要么是距现在一年之后的 105 美元，但他们不希望是从现在开始一年后的 100 美元，因为这样他们实际上已经损失了金钱。

消耗品/可转换资产按照供求关系的市场动态来定价，像货币这样的价值资产的流动性更强。但是，应该注意的是，货币发行国的治理可以干预货币的汇率，从而干预价值的基础。像艺术品这样的资产的估值是最难的并且是最主观的，因为"情人眼里出西施"。

加密资产有两个推动价值基础的因素：实用和投机。

比特币的数字单位在比特币区块链中的未花费交易输出（或称贷方）之外并不存在。因此，价值基础的重要部分是底层区块链使资产用户能够做什么，换句话说，比特币的实用价值。

实用价值是指底层区块链被用来干什么，即对其资产的需求是什么。比如，比特币区块链就是被用来交易比特币的，因此很大一部分价值是由使用比特币作为交换手段的需求驱动的。同样，比特币可以用作价值储备，因此在这个用例中需要一定比例的比特币。所有这些用例暂时绑定了比特币，将其从供应的比特币中抽离出来。人们越想使用比特币，就越需要付费。

在实用价值方面，加密资产还有一个投机价值。由于加密资产的历史不到十年，所以各个方面的发展还有很多问题值得关注，即投机价值在哪些方面可以发挥作用。

投机价值是由那些预测特定加密资产未来将被广泛使用的人推动的。这与新上市的公司类似，此类公司的大部分市值基于投资者对未来的期望。因此，公司的估值数倍高于成熟公司的估值。例如，一家年收入高达1亿美元的年轻的快速增长型公司估值可能达10亿美元，而一家稍成熟的公司可能拥有5亿美元的销售额，估值也为10亿美元。对于这两家公司而言，年轻的快速增长型公司的未来现金流更加值得投资，而投资者对成熟公司当前收入情况的评估会更确切，因为他们或多或少知道它将如何发展。

对于加密资产，投机价值大部分来自开发团队。人们会更愿意相信，一个有才华和专注的开发团队制作的加密资产将被广泛采用。此外，如果开发团队对加密资产的广泛使用有着宏大的愿景，那么这可能会增加资产的投机价值。

随着每个加密资产的成熟，它将收敛于其实用价值。目前，比特币在从投机价值向实用价值的转变中走得最快的，因为它存在时间最长，人们经常将其用于预期的实际用例。例如，2016年，比特币每分钟交易金额为10万美元，创造的实际需求超出了其交易需求。比特币的价格支持日益与实用联系在一起的一个很好的例子是潘多拉资本——一家备受关注的专注于加密资产和技术的投资公司。在图8.2中我们可以看到，2013年11月，比特币的投机价值远远高于其实用价值，这是利用比特币区块链来表示的每日交易，其中CAGR是年复合增长率。

随着加密资产的成熟，投机价值会逐渐下降，因为有关加密资产未来市场的猜测会变少。这意味着人们会对资产的需求有更清楚的了解。加密资产越年轻，它的价值就越会受到投机价值的驱动，如图8.3所示。虽然我们预测，随着时间的推移，尤其是当它们成为支持大量

图8.2　比特币价格与实用价值的比较

资料来源：https：// medium. com/@ PanteraCapital/bitcoin-continues-exponential-growth-in-2016-blockchain-letter-february-2017-9445c7d9e5a2。

价值的大型系统时，加密资产会逐渐固定其主要用例，但它们的开放源代码的特性提供了它们将被调整以追求新的次要用例的可能性，这将再次为资产添加投机价值。

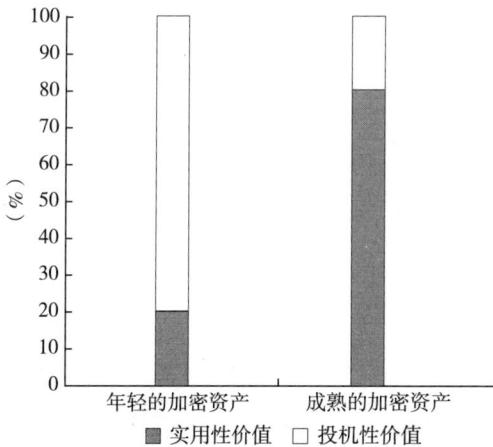

图8.3　加密资产从投机价值到实用价值的发展

年轻市场的投机价值很难估计，可能会带来风险，因为往往只有少数投资者拥有良好的预测未来资产价值的能力，而其余的投资者则只是跟随市场走势。

本杰明·格雷厄姆在他的经典投资书《聪明的投资者》中使用了一个著名的例子，在那里他把市场变成了市场先生，他很容易在忧郁和热情之间摇摆。当市场先生忧郁时，他会抛出资产，使其价格低于实用价值。当市场先生热情时，他会支付大部分资产的价格，将其推高到远高于其实用价值的水平，投机溢价也更大。市场先生是人群变动的虚构代表，格雷厄姆建议投资者在资产上多做基础工作，并忽视市场先生的情绪。谈到市场先生，我们就要来讨论一下加密资产市场行为是如何随着时间的推移而演变的了。

第9章

密码市场行为的演变

在前一章中，我们讨论了不同资产类别之间的差异。我们将经济特征、流动性和交易量概况、市场行为作为关键的区分因素。第 8 章涵盖的经济特征，在资产发布时，很大程度上已经有了很好的定义，考虑到其开源软件的性质，任何特定加密资产的经济特性可能比股票演变得多，但是必定多于债券。

　　不容置疑的是，流动性和交易量概况、资产类别的市场行为——以及资产类别中的个例——将随着时间变化而愈加成熟。例如，1602 年联合荷兰特许东印度公司（United Dutch Chartered East India Company，简称 Dutch East India Company，译为荷兰东印度公司）成为第一家发行股票的公司,[1] 但其股票极度缺乏流动性。股票被第一次发行时，甚至不存在股票市场，买家预期将持有股份 21 年，时间的长短是由特许在亚洲进行贸易的荷兰宪法规定的。但是，也许是为了偿还债务，一些投资者想出售他们的股票，所以一个非正式的市场（最早的股票市场）在阿姆斯特丹的东印度公司大厦建立。随着越来越多的股份制公司成立，这个非正式的场所渐渐发展壮大，后来正式成为阿姆斯特丹证券交易所，它是世界上最古老的"现代"证券交易所。[2] 尽管荷兰东印度公司的股票在结构上变化不大，但它的市场流动性和交易

---

[1]　http：//factmyth.com/factoids/the-dutch-east-india-company-was-the-rst-publicly-traded-company/.

[2]　Fernand Braudel, *The Wheels of Commerce*, Civilization and Capitalism 15th-18thCentury, vol. 3（New York：Harper & Row, 1983）.

量变化很大。

同样，第一个加密资产——比特币，也是对荷兰东印度公司的加密模拟，通过挖矿过程"发行"，没有市场来进行交易。在 2009 年的大部分时间里，几乎没有任何比特币交易，尽管每 10 分钟产生新一批的 50 个比特币。直到 2009 年 10 月，比特币对美元的第一笔有记录的交易出现了：借助贝宝，5 050 个比特币换 5.02 美元。^① 这笔交易是由比特币最早的倡导者之一的马尔蒂·马尔米（Martti Malmi）发送给一位网名为 NewLibertyStandard 的人，后者试图建立世界上第一个比特币和美元的交易场所。^②

用今天的话说，称其是一个交易场所言过其实了。NewLibertyStandard 试图为少有人问津且流动性不足的比特币创建交易场所，然而此想法未付诸实践。直到 2010 年夏天，才出现了一个强大的交易场所。总之，比特币市场需要时间来发展，就像股票或任何其他资产类别的交易场所一样。

资产可以保持不变，但围绕资产运行的市场以及资产交易的方式可能会有相当大的变化。例如，目前债券市场正在发生重大变化，因为债券交易量仍然是令人惊讶的"声音和纸张"市场，其中交易的完成必须由机构彼此呼叫，且处理有形的文件，这使得债券市场的流动性和透明度远不如股市，因为大多数股票交易都可以在线完成。随着不间断的数字化浪潮，债券市场的流动性和透明度将逐渐增加，商品、艺术品、收藏性葡萄酒等市场也是如此。

加密资产在流动性和交易量概况方面，拥有先天优势，因为它们是数字原生品。作为数字原生品，加密资产没有实物形态，可以像互联网移动 1 和 0 一样，以最快的速度转移所有权。加密资产可以快速转

---

① Nathaniel Popper, *Digital Gold: Bitcoin and the Inside Story of the Misfits and Millionaires Trying to Reinvent Money* (Harper Collins, 2015).

② "新自由标准"发布了 1 美元 = 1 309.03BTC，这是根据挖掘一个比特币区块消耗的电力和硬件成本给出的等式。具体参见 http://hikepages.com/history-of-bitcoin-the-digital-currency.html#.WMXcMxLytcA。

移的特性，使其区别于其他资产类别——尤其是另类资产（如艺术品、房地产和收藏性葡萄酒）——为此，它能够在其发展进程中较快地适应流动性市场。

资产之间的相关性也与资产类别的演变有关。回顾第 6 章，相关性是指多个资产价格一起变化。随着全球化市场的发展，资产相关性大大增强，因为各国经济紧密联系在一起。在风险期间，当投资者想从债券和股票市场的集体思维交易中获取安全性的时候，他们就会转向黄金。

2017 年 4 月，加密资产的网络聚合价值相对较小，只存储了不到 300 亿美元的价值，它们还没有渗入大多数传统投资者的资金池。即使加密资产市场以令人难以置信的速度增长，但它和传统的投资资金池之间在很大程度上仍然是分离的。此时加密资产与传统资产相关性不大。但是，越来越多的迹象表明比特币和更广阔的资本市场之间存在关联（负或正相关关系）。我们有理由认为，比特币是建立得最好的加密资产，它有可能成为第一个被传统投资者冒险投资的加密资产。

随着时间的推移，我们预计加密资产和其他资产类别之间的相关性（正或负相关）会增强，因为使用这些资产的实体之间的重叠会增加。从新兴资产类别向成熟资产类别的过渡将被更广泛的资本市场接受。

对于创新型投资者而言，了解加密资产的流动性和交易量概况以及它们在成熟时如何变化至关重要。鉴于比特币的地位和存在期，我们将从它开始。为了进行比较，我们将按照市值计算其他顶级加密资产，例如以太币、达世币、瑞波币、门罗币和莱特币。

比特币的流动性和交易量概况

比特币的流动性随着时间的推移显著提高，而交易所已经从 2010 年 7 月刚开始的门头沟一家，发展到了 2017 年年初的 40 余家。① 同样，

---

① https://www.cryptocoincharts.info/markets/info.

各个交易所的订单已经成熟。例如，门头沟交易比特币开业首日，只交易了 20 个，总价值 99 美分。现在像 Bitcoinity. org 这样的站点提供了诸如"传播 100 个比特币"等指标来表明购买 100 个比特币时，其价格在不同的交易所的变化。[①]

在图 9.1 中，我们看到有 5 个交易所，完成 100 个比特币（当时价值约 100 000 美元）的交易，价格变动都不会超过 1%，这只是在美国国内以美元计价的交易情况。像在右上角的选项卡中可以看到的，可以比较使用不同货币的订单，如人民币、日元、欧元等。

	Name	Rank	Volume[BTC]	Spread[%]	Spread 10BTC[%]	Spread 100BTC[%] ▲	Volatlllty(stddov)	Trades per minute
1	฿ lakeBTC	189	83,761	0.13	❸ 0.17	❶ 0.25	❹ 1.44	❸ 6.66
2	Bitfinex	❶ 6,025	❶ 425,505	❷ 0.03	❶ 0.11	❷ 0.54	3 1.56	❹ 6.53
3	Ⓖ Gemini	777	72,553	❸ 0.05	❷ 0.12	❸ 0.66	❶ 1.24	1.22
4	itBit	❸ 3,060	73,374	0.10	0.25	❹ 0.77	❷ 1.30	0.94
5	ⓕ Bitstamp	❷ 3,627	❷ 195,757	3 0.08	3 0.20	3 0.93	1.57	3 4.09
6	GDAX	3 1,766	❹ 159,044	❶ 0.03	❹ 0.19	1.02	❸ 1.42	❶ 9.09
7	BTC-e	❹ 2,195	❸ 160,654	0.13	0.45	1.26	1.81	❷ 8.40
8	Bit-x	698	97,547	0.43	0.68	1.45	2.33	2.22
9	⋔ Kraken	796	59,676	0.19	0.41	1.77	1.81	1.56

图 9.1　在不同交易所购买 100 个比特币的价格

资料来源：Bitcoinity. org。

更多的交易活动创造更大的流动性，因为有更多的人购买和出售比特币，全球交易量自门头沟开放以来呈指数增长。[②] 2017 年 1 月 5 日，比特币交易量超过了 110 亿美元，并在历史上第二次突破每比特币 1 000 美元（见图 9.2）。

如同股票交易从阿姆斯特丹的非正式市场发展到全球交易所每天交易数千亿美元，比特币的发展也是如此。现在全球有数十家比特币交易所，每天交易量为数亿美元到几十亿美元。已增加交易量作为已增加利息的函数，使比特币市场越来越成熟。

---

① https：// data. bitcoinity. org/markets/exchanges/USD/30d. Screenshot taken February 18，2017.

② CryptoCompare，采用对数坐标。

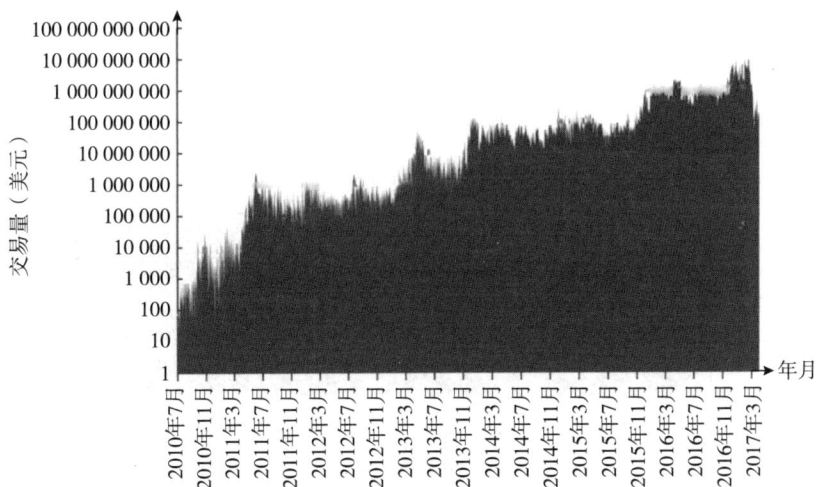

图9.2 比特币的交易量历史

资料来源：CryptoCompare。

加密资产交易量的演变

其他加密资产在发展过程中也出现过类似趋势，但它们比比特币更年轻，且在数量和流动性方面存在较大差异。例如，2016 年，门罗币声名狼藉，主要是因为它的隐私保护功能被黑暗市场利用[①]——其平均交易量急速上升。2015 年 12 月，每日成交量为 27 300 美元，然而在 2016年 12 月增长至 325 万美元，增长比超过 100 倍。资产的价格同期增长了20 倍，因此交易量上升的部分原因在于价格的升值。然而很明显，大部分原因是对资产增加的兴趣和交易活动。图 9.3 显示了门罗币的交易量历史。

随着加密资产的成熟，以太币、达世币、莱特币、瑞波币以及其他加密资产的交易量在不同程度上显示出类似的趋势。由于价格大幅上涨，许多加密资产的交易量显著增长，因为资产价格上涨引起了更多投资者和交易商的关注。如图 9.3 所示，门罗币也如此。然而，一旦加密资产稳定在某个价格区间，其交易量也经常稳定在一个新的范围。一些加密资产交易商随后将寻求成交量的增加，表明利息正在回升，

---

① https://www.wired.com/2017/01/monero-drug-dealers-cryptocurrency-choice-re/.

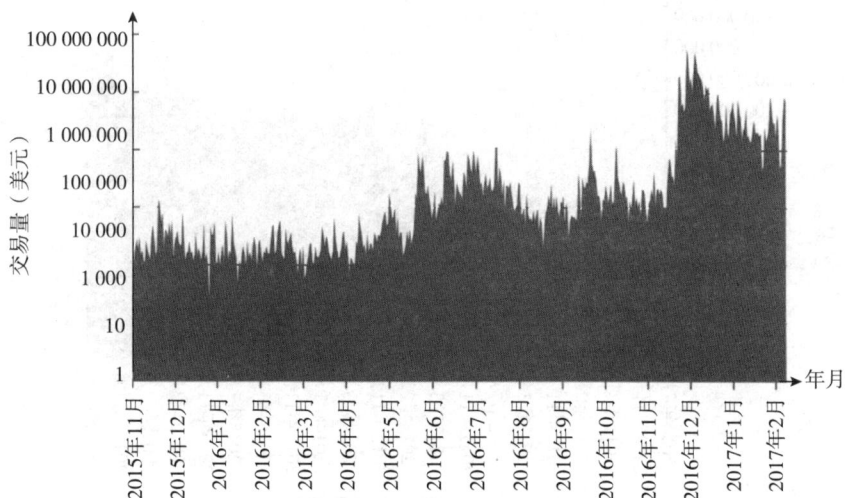

图9.3 门罗币的交易量历史

资料来源：CryptoCompare。

而且资产价格可能正在上涨。

无论交易者是否正确，迅速增长的利息、交易量和越来越强的市场流动性都意味着加密资产越来越成熟。如果持续下去，这些都是创新型投资者判断资产健康状况的指标。然而，如果交易量的增加看起来太突然，而且缺少解释其原因的相关新闻，那么交易者交易时应该谨慎。正如我们将在接下来的两章中对投机现象的相关探讨，有时候交易量上涨太快可能是操纵市场或市场过热的迹象。

交易对多样性是加密资产成熟的标志

平衡交易所和交易方的多样性对任何资产（包括加密资产）的稳健性尤其重要。在比特币发展的早期，我们只能在很少的货币和交易所的基础上总结经验，我们现在已使其他加密资产的交易方更加多样化，特别是针对法定货币而言。

法定货币对加密资产尤为重要，因为它们需要与已经存在的金融基础设施整合。由于需要高水平的合规性，所以只有少数加密资产交易所有能力接受法定货币或连接到投资者的银行账户。这些交易所，如 Bitstamp、GDAX、itBit、Gemini 和 Kraken，都不愿意提供所有加密资产的交易，因为他们不鼓励交易没有信誉的资产。由于它们的谨慎，所以只有得到盖章批准后才可以将加密资产添加到它们的平台。

以太坊的以太币，提供了一个交易所如何通过添加加密资产从而增加用于购买资产的交易对多样性的研究。如果我们关于法定货币在加密货币交易中的重要性的假设成立，那么随着资产在成熟性和合法性方面的增长，它在其交易对中应该具有更大的多样性，同时被用来购买资产的法定货币的增长会特别强劲。

以太币的情况正是如此。在图 9.4 中我们可以看到，在 2016 年年中，用于买入以太币的交易对的多样性显著增长。美元表现特别抢眼，整体法定货币与以太币交易量从 2016 年春季的 10% 以下上涨到 2017 年春季的近 50%。

我们鼓励创新投资者关注交易对多样性是否增加，以此来检查更广泛的资产类别中单个加密资产是否日益稳健和成熟。网站 CryptoCompare. com 是确定这些趋势的好工具。

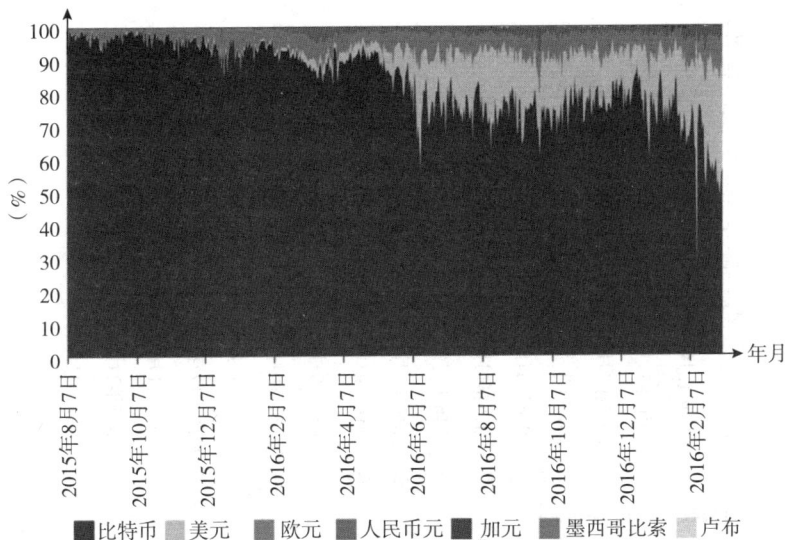

图9.4 以太币交易对多样性的增加以及平台的使用

资料来源：CryptoCompare。

加密资产的成熟降低了波动性

更大的交易量、流动性、交易多样性和交易对多样性都会使市场更稳健。加密资产最好能够吸收冲击而不出现剧烈的价格波动——或者至少随着时间的推移价格波动程度下降——这会转化为波动性的下降。

我们预计，随时间的推移，会看到加密资产的波动性在下降。由于第 7 章中介绍了比特币波动性的降低，我们将在这里展示其他加密资产的情况。图 9.5、图 9.6 和图 9.7 显示了随着时间的推移，以太币、瑞波币和门罗币的每日波动率。以下是借助 CryptoCompare 的数据制作的图表，该数据为其他加密资产也提供了类似的图表。[①]

根据这些趋势，我们可以推断出：加密资产波动性的下降是市场成熟度越来越高的结果。当然，趋势不是一条直线，带有明显的波动，这取决于具体的事件。例如，门罗币在 2016 年后期有波动性的尖峰，因为它经历了显著的价格上涨。这表明，波动性不仅与价格下跌有关，也与价格暴涨有关。然而，总的趋势是波动性在下降（虽然在下面的

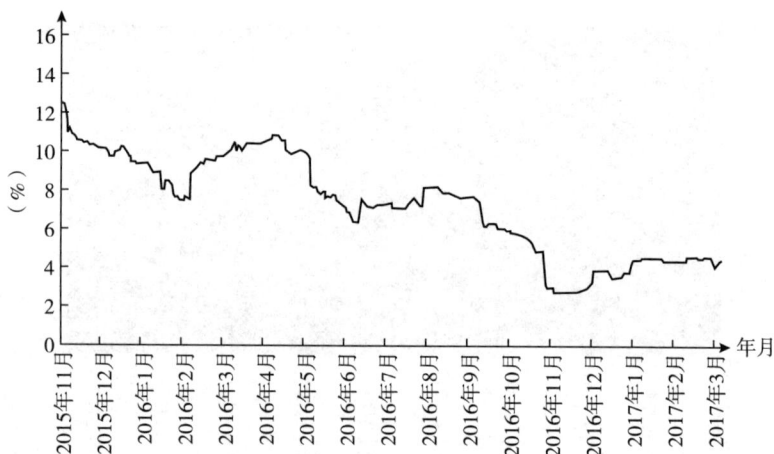

图 9.5 以太币的每日波动率

资料来源：CryptoCompare。

---

① https：//www.cryptocompare.com/coins/eth/analysis/BTC?type = Currencies.

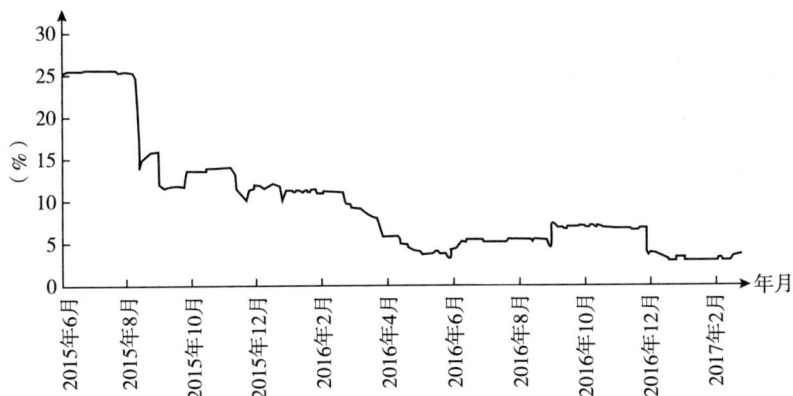

图9.6 瑞波币的每日波动率

资料来源：CryptoCompare。

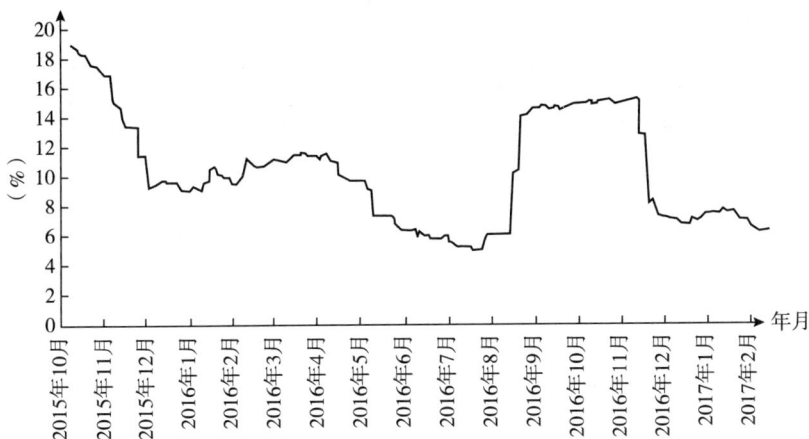

图9.7 门罗币的每日波动率

资料来源：CryptoCompare。

图中没有描绘，2017年第二季度和第三季度时加密资产波动性较大，这强调了波动性下降不会在一条直线上展开）。

在图9.8中，我们比较了2015年11月至2017年3月比特币、以太币和达世币的波动性。比特币具有最低的波动性，因为它的市场流动性最强，它有不同的交易所和资产交易对支持的最大多样性。以太币的波动性在大幅下降，而达世币的波动性很大。我们将达世币包含在内，因为在我们看来，随着时间的推移它会继续存在波动性问题。

虽然它越来越被接受——这应该会降低其波动性，但它的体系结构通过要求主节点（类似于矿工的实体，但是达世币体系结构独特的实体）来锁定大量的达世币，这样的要求阻碍了达世币市场的流动性，因此使市场更容易受到波动冲击。

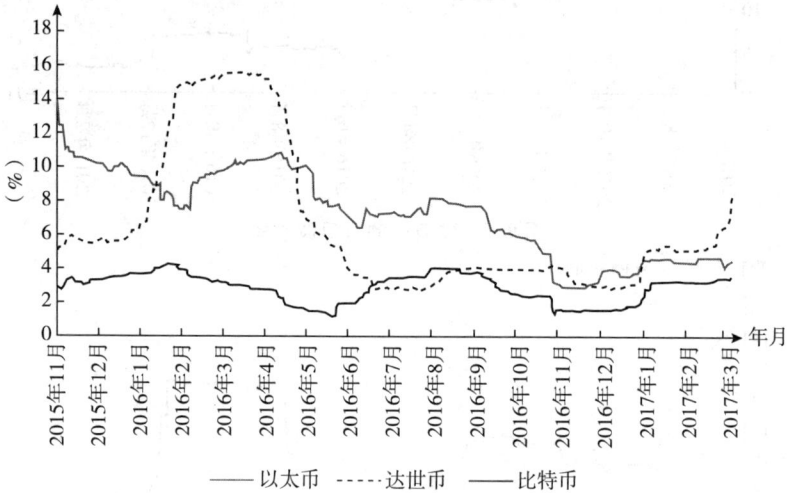

图 9.8　比特币、达世币和以太币的每日波动率

资料来源：CryptoCompare。

　　有趣的是，资产价格的快速上涨，并不意味着它必然以不稳定的方式上涨。例如，在 2016 年，比特币的价格翻了一番多，但其波动性下降了。其日常收益和偶尔的损失已经足够接近均值，而不会被认为过度波动。这种行为可能表明大交易商正在买入头寸，他们会估算资产的价格波动情况，并确保不超过一定的百分点。通过这种方式他们可以最大限度地减少波动，并在几天、几周或几个月内缓慢地增加头寸。

　　这些资产的成熟以及波动性的降低，有助于提高夏普比率。细想来，由于夏普比率是绝对收益率①除以波动率，所以如果波动率下降，那么收益不一定非常好也可使夏普比率仍然出色。

——————————

① 从技术层面，应该是绝对收益率减去无风险折现率，而 3 个月短期国库券是其典型例子。

市场行为： 相关性

一个资产类别第一次出现，它会与更广泛的资本市场无关，因为该资产的早期采用者与更广泛的资本市场投资者之间没有太多重叠。这正是我们所看到的，在比特币刚被创建时，只有一小部分开发人员和用户知晓它（见图9.9）。

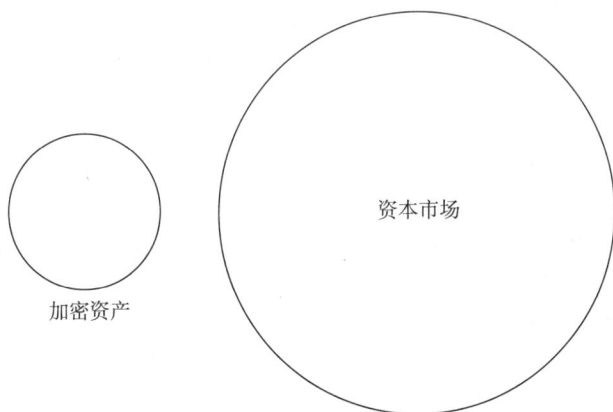

图 9.9　新兴的加密资产与资本市场的相关性

那时，比特币和资本市场之间的重叠程度最小，比特币与其他常见的资产类别的关联性接近零。使更广泛的资本市场发生变化的事件，对比特币没有影响，反之亦然（见图9.10）。

随着比特币的交易量增加，其名气也与日俱增。现在，《华尔街日报》（*Wall Street Journal*）、《纽约时报》和《福布斯》（*Forbes*）等刊物每周都会出现与之相关的探讨。因此，它不仅成为转型的一部分，而且还作为更广泛资本市场中非常受关注的投资工具。[①] 图 9.11 显示了加密资产与资本市场重叠越来越多。

比特币被更多的资本市场投资者接受，这也可以解释为什么它上涨的消息可能损害到其他市场。

虽然我们预计比特币与其他广泛使用的资产类别日益相关（无论

① 我们将在第 15 章讨论资本市场上的多种投资期权。

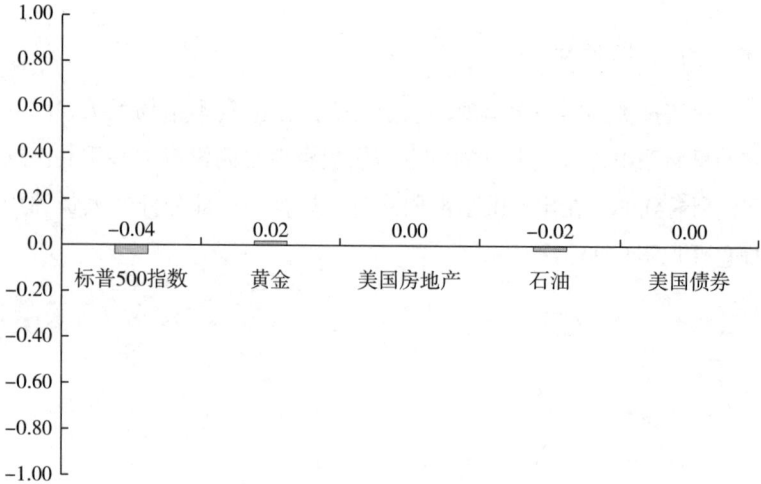

**图 9.10　2011 年 1 月至 2017 年 1 月，比特币与其他主要资产的
平均 30 天滚动关联**

资料来源：彭博和 CoinDesk。

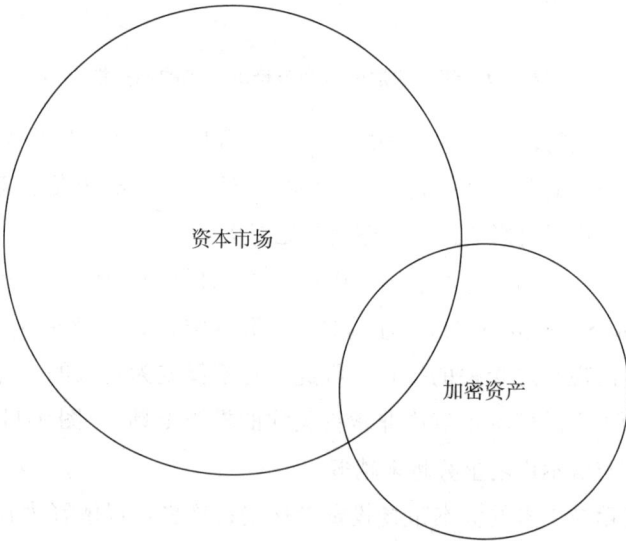

图 9.11　成熟的加密资产与资本市场的相关性

是正相关还是负相关），但随着新的加密资产的诞生，它们可能与更广
泛的资本市场之间的相关性降低至零。它们展示的将是与比特币某种

形式的相关性，因为它们属于同一资产类别。可以预期的是，同一资产类别中的资产将以某种方式一起变动。例如，2017 年 3 月 10 日，在美国证券交易委员会针对比文克莱沃斯兄弟（Winklevoss）比特币 ETF做出决定之前，比特币愈发与以太币和门罗币具有相关性，并且与莱特币呈负相关性（见图 9.12）。

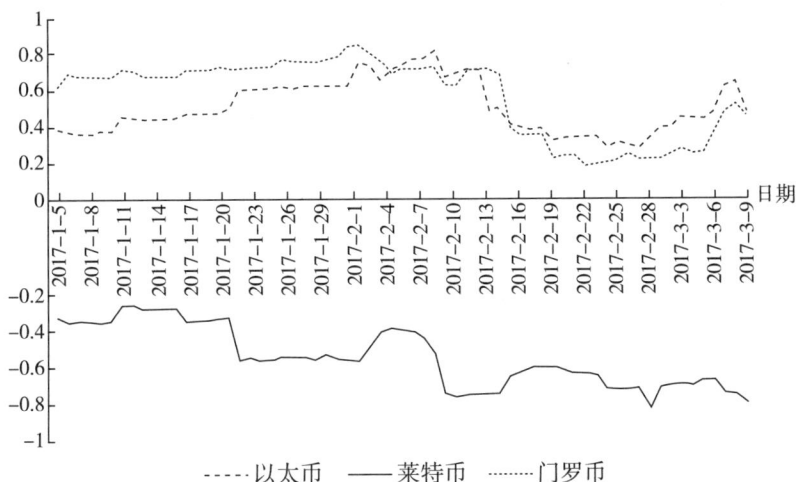

图9.12 比特币与以太币、莱特币和门罗币的相关性

资料来源：CryptoCompare。

由于莱特币是与比特币关系密切的衍生工具，因此投资者可能担心：假如比特币 ETF 获得美国证券交易委员会批准，人们会卖出莱特币并买入比特币。另外，以太币和门罗币是截然不同的加密资产，因此投资者持有它们，作为加密资产组合中对比特币的补充。当比特币有波动时，这些资产也是如此。这加深了创新型投资者对这些资产特性的了解，并认识到哪里可能发生或不发生相关性。

我们预计会看到更多类似的相关趋势。最好的情况是，较新的加密资产会显示与比特币及其数字兄弟有关的一些行为，无论是正面还是负面行为。随着加密资产的增多，其资本池也将随之增大，并且很快就会与更传统的资产重叠，从而加强其与更广泛的资本市场之间的相关性。

虽然我们看到了这些资产的成熟及其与其他资产重叠程度的增大，然而我们有合理理由相信：比特币和其他加密资产仍处于早期发展阶段。大部分投资者仍然对其缺乏了解。和大多数人相比，创新型投资者可能了解的更多，然而他们遇到的某些人可能会投机性地将加密资产作为"哄抬价格、逢高卖出"的工具，甚至更糟。在接下来的两章中，我们将把加密资产放置于过去的投资泡沫、欺诈和投机历史背景之中，尝试进行相关讨论。

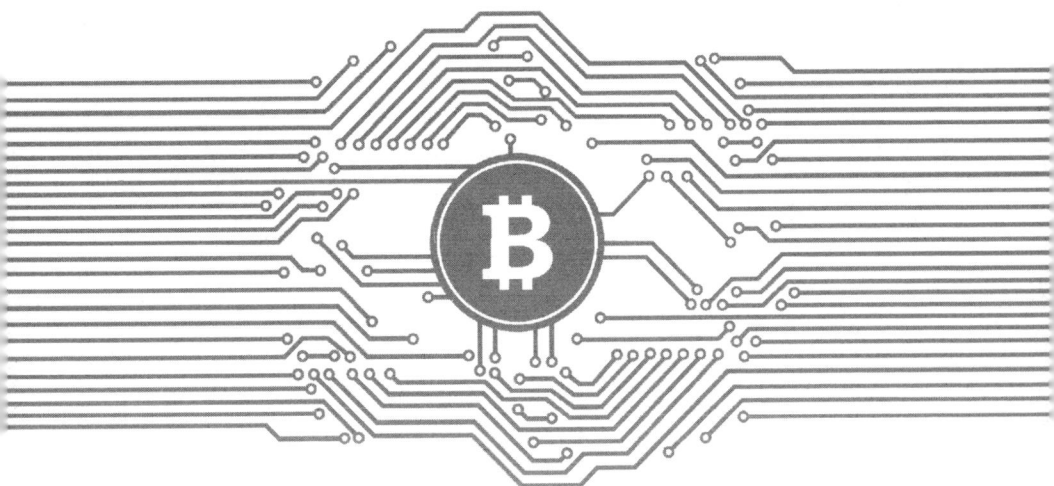

第10章

大众投机与"这次不同"的思考

THE INNOVATIVE INVESTOR'S
GUIDE
TO BITCOIN AND BEYOND

如同许多加密资产一样，比特币的价格在其走向成熟的过程中，经历了令人欢欣的上涨和令人痛苦的下跌。反对比特币和加密资产的人最常有的一个抱怨是，这些波动是由市场的"狂野"本质所驱动的，这意味着，加密资产是一个不可信赖的奇怪新品种。尽管每种加密资产及其相关市场都处于不同的成熟水平，但是将"狂野"行为作为加密资产市场独有的特性充满了误解。

在市场交易中，被许多人认为是世界上最透明、最有效和最公平的股票，在其发展的最初几个世纪里的情况也很糟糕。是的，几个世纪。因为人们基于基本上是编造的乞丐变富豪的故事而决定快速买卖股票，这些市场不仅容易出现大规模投机行为，而且很多时候市场被非法操纵而不利于参与者。误导性的前景预测、操纵股价、伪造账目以及发行伪造的纸质股票，这些全部导致了损失。[①] 现实的情况是，当今世界上一些最值得信赖的市场也有一个"狂野"的开始。

通过研究那些著名的市场出现错误的例子，特别是按事件发生的顺序，创新型投资者可以以史为鉴，更好地保护现在和未来的财富。当相同模式再次出现时，就是退出的正确时机，或至少是重新评估投资策略的好时机。对于任何投资而言，包括投资加密资产，这种想法都是谨慎的。

---

① Edward Chancellor, *Devil Take the Hindmost: A History of Financial Speculation* (Farrar, Straus and Giroux, 1999).

这些例子还表明，加密资产所经历的痛苦又离奇的发展过程并不是其独有的。相反，它们正在经历的是数百年来新资产类别在走向成熟时不得不经历的同样的变革过程。如果对此类事件的完整历史感兴趣，我们强烈推荐爱德华·钱塞勒的《金融投机史》。

时代不同，市场危机及投资者的方式也发生了变化。另外，随着资产及其相关市场日益成熟，这些方式也越来越明显。然而，市场趋于动荡的可能性并未消失。全球许多国家和地区，在经历 2008 年经济危机时，深深地体会到这一点。

大体上，我们将导致市场不稳定的主要模式归归结为五种：

- 大众投机。
- "这次不同"。
- 庞氏骗局。
- 资产发行人发布误导性信息。
- 囤积居奇。

前两种将在本章中详细介绍，而后三种则保留至下一章。除了过去数十年的历史案例外，我们还举例说明了这些模式在加密资产市场中的表现。

大众投机

虽然投机往往是一个不好的名字，但投机本身并不是一件坏事。几千年来，投机已成为市场和交易不可或缺的一部分，其中一些最早的证据来自公元前二世纪的罗马[1]。投机这个词的词根来自拉丁语 specular，意思是"窥探、查看、观测、检查、探索"。[2] 投机者们敏锐地关注市场走势，观察其波动并据此采取行动。

通常，投机者在持有资产的时间段上与投资者不同。他们不愿长

---

[1]　同上。

[2]　http：//www. perseus. tufs. edu/hopper/morph?la＝la&l＝speculare.

期持有资产。相反，他们在短期内购买资产，然后再卖给下一位投机者。有时，他们这样做是利用他们认为会推动市场的短期信息；有时，他们这样做是因为他们希望能够顺应市场的趋势，而不管其基本面如何。总之，他们试图在市场波动的过程中获利。

相比之下，创新型投资者会认真研究投资价值的基础，并在市场不再显得理性时退出投资。

在我们看来，无论投资什么，识别出什么是投资以及什么是投机，是很重要的。本杰明·格雷厄姆和戴维·多德（David Dodd）试图在他们的《证券分析》（*Security Analysis*）① 中定义投资和投机的区别，"投资业务经过彻底分析后，承诺本金的安全性和令人满意的回报，不符合这些要求的操作是投机性的。"

格雷厄姆在他的著作《聪明的投资者》② 中认识到，投机总是会出现在投资世界中，但他认为有必要区分"好"和"坏"的投机。③ 他写道，"就如同存在聪明的投资一样，也存在聪明的投机。但是有很多投机方式可能是不明智的。"

虽然投机者经常遭到嘲笑，最著名的例子应该是富兰克林·罗斯福（Franklin Roosevelt）在1933年3月4日就职演说中贬低投机者。当时，美国因遭遇1929年的股市崩盘，正在经济大萧条中挣扎，罗斯福对投机者有强烈的不满。人们喜欢为每一场危机找"替罪羊"。罗斯福在演讲中称他们为"货币兑换商"：

> 这主要是因为主宰人类物资交换的统治者们失败了，他们固执己见而又无能为力，他们承认了自己的失败，并撒手不管了。贪得无厌的货币兑换商的种种行径，将受到舆论法庭的起诉，将受到人类心灵理智的唾弃。

---

① Benjamin Graham and David Dodd, *Security Analysis* (McGraw Hill, 1940).

② Benjamin Graham, *The Intelligent Investor* (HarperBusiness 2006).

③ https://blogs.cfainstitute.org/investor/2013/02/27/what-is-the-difference-between-investing-and-speculation-2/.

> 是的，他们是努力过，然而他们用的是一种完全过时的方法。面对信贷的失败，他们只是提议借出更多的钱。没有了引诱人民追随他们错误领导的金钱，他们只得求助于劝说，含泪祈求人民重新给予他们信任。他们只知自我追求者们的处世规则。他们没有眼光，而没有眼光的人是要灭亡的。
>
> 如今，货币兑换商已从我们文明庙宇的高处落荒而逃。我们要以千古不变的真理来重建这座庙宇。衡量这重建的尺度是我们体现比金钱利益更高尚的社会价值的程度。①

虽然罗斯福的说法是可以理解的，但市场现实表明，投机在投资领域中占有一席之地。与典型的投资者相比，投机者往往能够更快速地获得机会，而典型的投资者需要经历从将新信息定价为资产价值开始的整个过程。在试图从机会中获利时，投机者起到了帮助买家和卖家之间快速达成价格共识的作用。当资产短缺时，无论是能源商品还是电子硬件，投机者都会迅速抬高该商品的价格。由此，更多的供应商被吸引到市场，加速缓解了经典供需经济学中的短缺。

当涉及创新时，例如铁路、汽车或互联网出现时，投机者扮演了为这些大规模创新所需的基础设施建设提供资金的角色。投机者是首先投入资金的人，因为他们对风险的容忍度最高，并且始终在寻找新的信息。虽然投机通常以供应过剩结束，因为太多的钱最终会涌入创新，但过剩通常是暂时的。大量资本的到位和使用可能会导致产能过剩，但随着创新得到大规模的应用，基础设施的超量投入最终证明是有用的。19世纪中期欧洲铁路迅速兴起，20世纪90年代部署光缆以支持互联网，都是这种情况。

单一投机者或他们的小团体通常不会破坏市场稳定。当这些群体变成大众时，就会产生负面影响。从这个意义上说，不应该过多批评投机，该批评的是控制了资本市场的大众行为。

---

① http://www.presidency.ucsb.edu/ws/?pid=14473.

大众理论由古斯塔夫·勒庞（Gustave Le Bon）开创，他最著名的作品是《乌合之众：大众心理研究》（*The Crowd：A Study of the Popular Mind*）。勒庞在他后来的《革命心理学》（*The Psychology of Revolution*）一书中写道：

> 作为群体的一部分的人与作为孤立的个体的人显著不同。他有意识的个性消失在人群的无意识人格中。
>
> 在人群的其他特征中，我们必须注意他们的无限轻信、他们夸大的感性、他们的短视，以及他们无力回应理性的影响。肯定、传染、重复和威望几乎是说服他们的唯一手段。现实和经验对他们没有影响。①

这些特征在市场背景下是危险的。轻信或者更加直白地说，易上当的特性会让大众很容易相信他们听到的话，无论是在一起的投机者还是不同资产上市后的管理层。

轻信往往吸引个人投机者加入群体之中，而一旦进入群体，投机者就会陷入群体思维中。勒庞提到的 4 个特征只是加剧了这种情况：当市场继续走高时，肯定会让轻信者更强烈地相信他们的策略，这种想法就像传染一样蔓延开来。随着投机者追逐最负盛名的资产的回报，这种模式一再重复。不幸的是，当市场转向而声望消失时，恐惧情绪以同样的速度在投机人群中迅速蔓延。

郁金香狂热

在大宗商品领域最著名的大规模投机的例子发生在 1630 年代的荷兰共和国（Dutch Republic）。与大多数大规模投机时期一样，时间是对的。由于商人们推动了贸易，荷兰人享有欧洲最高的薪水。金融创新正在流行，而资金可以自由流动。荷兰东印度公司的股票给投资者的

---

① Gustave Le Bon, The Psychology of Revolution, http：// www. gutenberg. org/ ebooks/448.

回报十分丰厚。① 受激情鼓舞，富有的人们将资金投入房地产，催生出了强劲的房地产市场。持续升值的资产价值创造了过度的财富，为进一步购买资产提供了更多资金，于是，资产泡沫的循环产生了。②

虽然富人们播下了资产泡沫的种子，但最初并不是每个人都能参与。荷兰东印度公司的股票价格昂贵且流动性不高，除了富人之外，其他人很难获得股票，其他昂贵的商品同样如此。

购买郁金香却容易得多。由于大自然的作用，买得起的郁金香也有可能让它的主人变得富裕。一种由蚜虫传播的病毒将纯色的郁金香变成了珍贵的杂色品种，色彩较暗的色调穿过较深的颜色呈条纹状，看起来像火焰。③ 由于当时人们还不知道形成这种杂色的原因，投机就此产生，人们通过预测哪些郁金香会发展出独特的色彩，希望借此获利。

然而，暴利的另一面，可能就是死亡，因为病毒最终将杀死郁金香。因此，投机者像转手烫手山芋一样传递郁金香，他们希望能够以更高的价格将它们出售给下一位投机者，直到死去的郁金香被留在最后一个人手上。

自从 16 世纪中叶被引入欧洲以来，郁金香就是价值的象征，但直到 1634 年，病毒的传播使其价格呈指数级增长，导致了所谓的郁金香狂热。从小群投机者开始变成大众投机，因为来自其他国家的人在听到这个隐含巨大财富的故事后被吸引到荷兰郁金香市场。与此同时，有经验的人退出或者避开了郁金香交易，钱塞勒解释说：

> 随着价格的飙升，富裕的业余郁金香球茎收藏家们早已表现出愿意为稀有品种支付大笔款项的意愿，但他们在价格开始飙升时退出了市场，而伟大的阿姆斯特丹商人们继续将他们的交易利

---

① Niall Ferguson, *The Ascent of Money: A Financial History of the World*（Penguin, 2008）.

② Edward Chancellor, *Devil Take the Hindmost*.

③ http://penelope.uchicago.edu/~grout/encyclopaedia_romana/aconite/semperaugustus.html.

润投资于市内住宅、东印度公司的股票，或者汇票——对他们来说，郁金香仍然只是财富的表现，而不是达到这个目的的手段。[1]

由于郁金香在其生命周期的大部分时间是一个球茎而不是开花，因此它适于期货市场，荷兰人称之为风中交易，或风的交易。[2] 期货市场是买方和卖方就商品的未来价格达成一致。当商定的时间到来时，买方必须向卖方支付约定的金额。

然而，在那时候，等待那个商定的时间对于大批投机者来说太慢了。郁金香期货合约本身可以进行交易，有时一天可以多达10次。[3] 考虑到这些交易是人与人之间的交易，每天10笔的交易意味着这个市场的流动性极高及其已陷入疯狂。

通过期货市场，郁金香的价值可以进一步抽象化。人们不必担心郁金香的实际交付——他们只需要确保能够以比自己购买的价格更高的价格出售合约。尽管郁金香狂热已经有几年，但是在1636年年底和1637年年初的冬天，当郁金香狂热达到顶峰时，郁金香球茎仍然处于休眠状态，因此，在这次郁金香狂热中最大的投机期间并没有一朵盛开的郁金香转手。[4]

有两个因素使人们的投机更加糟糕。根据《经济学人》杂志的一项研究，政府官员正在采取行动，并将期货合约变更为期权。其结果是：

> 购买郁金香期权的投资者不再需要购买郁金香。如果市场价格不足以满足投资者的喜好，他们可以支付小额罚款并取消。郁金香市场风险与回报之间的平衡向有利于投资者的方向大幅倾斜。结果是郁金香期权价格大幅上涨。[5]

---

[1]　Edward Chancellor, *Devil Take the Hindmost*.

[2]　同上。

[3]　http://www.bbc.com/culture/story/20160419-tulip-mania-the-flowers-that-cost-more-than-houses.

[4]　Edward Chancellor, *Devil Take the Hindmost*.

[5]　http://www.economist.com/blogs/freeexchange/2013/10/economic-history.

第二个因素是，许多交易开始是由个人信用支票提供金融支持。因此，不仅球茎没有转手，实际的资金也没有转手。交易是对未来提供货币的简单承诺。

创新型投资者应该清楚，这里的价值妄想是由大众狂热造成的。正如钱塞勒所指出的，"在狂热的后期阶段，风中交易与纸面信用的融合创造了非实质性的完美对称：大多数交易是针对郁金香球茎的，它们永远不会进行交割，因为它们并不存在，而那些支票也同样永远不会兑现，因为并没有实际资金来支持。"

与导致 2008 年金融危机的房地产泡沫一样，廉价信贷通常会加剧资产泡沫。同样，在一些交易所，过度的杠杆，也造成了加密资产的泡沫，在那里，投资者可以用他们没有的钱进行有效的投注。

回到郁金香。那时，荷兰盾（guilder）是荷兰共和国的货币。纸币并不存在，交易中使用的是具有实际价值的金属。每个荷兰盾含有 0.027 盎司的黄金。因此，37 个荷兰盾有 1 盎司黄金，592 个荷兰盾有 1 磅黄金。郁金香交易金额的最高纪录为 5 200 荷兰盾，或相当于近 9 磅的黄金。[①] 当时，平均一年的工资是 200～400 荷兰盾，而普通的市内住宅可以用 300 荷兰盾购买。价值 9 磅黄金的郁金香相当于 18 幢普通的市内住宅：投机者购买单个郁金香要花费 10 年以上时间的工作报酬，而且是花他们没有的钱。

这一切都在 1637 年 2 月崩溃。春天即将来临，郁金香很快就会开花。合约日期很快就要求将信用支票转换为真实货币。驱动经济机器的商人们在很大程度上并未受到影响，因为他们"继续在市内住宅、东印度公司的股票或汇票上投资他们的交易利润。"[②] 这些商人的财富故事引发了大众对类似财富的渴望，商人们并没有如预期一样受到崩溃的影响。这次事故并没有引发整个经济的衰退，这也算是郁金香狂热的可取之处。

---

① http：//penelope. uchicago. edu/~ grout/encyclopaedia_romana/aconite/semperaugustus. html.

② Edward Chancellor, *Devil Take the Hindmost*.

那些在投资方面经验不足的普通百姓的财富在这场针对疯狂大众最严重的打击中被彻底掠夺。紧接着，针对到期合约的价格发生了争斗。在泡沫破裂后的一年多时间里，荷兰政府介入，宣布合约可以按其初始价值的 3.5% 进行结算。虽然相对支付全部合约金额有明显改善，但最昂贵的郁金香价格的 3.5% 仍需要一些不幸的公民工作一年来偿还。

大众投机加密资产

与郁金香狂热一样，加密资产也容易受到大众投机的影响。当人们注意到一些早期比特币投资者享受令人难以置信的回报，并且希望最新的加密货币、加密商品或加密通证也能让他们变得富有时，尤其如此。

然而，请记住，仅仅因为大众不受约束的热情将资产价格推向不合理的高点，并不意味着资产本身就是有缺陷的。郁金香仍然被人们欣赏并在全球销售。正如我们在技术和电信热潮中看到的那样，亚马逊和 Salesforce 等将在未来数年内为其耐心的投资者带来惊人的回报。惹火烧身的投资者是那些因为其他人都购买而购买，然后因为其他人都出售而出售的人。避免被这种方式毁掉的最好办法是，做适当的尽职调查并确定一项投资计划并遵循它。如果人们希望购买该资产是因为其他人都在购买这种资产，并认为其将继续上涨，那么最好放弃对该投资的任何考虑。投机性泡沫在资产没有潜在的长期价值主张时尤其危险。在这些情况下，它与赌博一样糟糕（或者更糟，因为存在价值幻觉）。

我们有时会听到心存疑虑的投资者强调比特币的危险性。前荷兰中央银行（Dutch Central Bank）行长努特·韦尔林克（Nout Wellink）的著名说法是，"这比郁金香狂热更糟糕。原来至少你得到了郁金香，而现在你什么也得不到。"[1] 虽然，我们知道有些人可能很难理解没有

---

[1]　https：//www.theguardian.com/technology/2013/dec/04/bitcoin-bubble-tulip-dutch-banker.

任何实物形式的东西能具有价值，但在比特币生命周期的当前节点上，它与郁金香相差甚远。

理解比特币价值的关键在于，认识到它具有"MoIP"（Money Over Internet Protocol）的功能——它可以在几分钟内将大量的价值转移给世界上任何地方的任何人——这推动了对它的需求而不仅仅是投机。尽管郁金香具有美学上的吸引力，但其实用性与数字时代的 MoIP 是否一致则不是那么肯定。研究创新型投资者可能正在考虑的任何其他加密资产的基础效用，这一点非常重要。

也就是说，有一段时间大众暂时控制了比特币市场。这段时间是值得研究和借鉴的。值得注意的是，比特币总是从这些大众投机中恢复过来，这是和郁金香的一个主要区别。在过去 8 年中，共有 6 个时期，大众暂时控制了比特币市场。创新型投资者将注意到，随着时间的推移，大众左右比特币市场的力量正在减弱。我们将深入研究比特币的投机历史，尤其是当加密资产进入并不可避免地在大众投机时期席卷市场时，能有助于未来对比特币的研究。

比特币泡沫

在门头沟创建后，比特币终于可以进入主流市场。在此之前，比特币持有者主要是计算机和密码学方面的行家们，通过运行有网络支持的计算机获取比特币。图 10.1 显示了自门头沟创建以来，比特币在对数坐标上的价格走势。回想一下，具有对数坐标的图表可以很好地显示资产随时间推移的价格上涨百分比。在线性坐标上，比特币早年的价格上涨不很明显。

比特币在门头沟创建之后的 1 年中的价格上涨显而易见。当门头沟创建时，比特币价格价格低于 0.10 美元，仅仅 1 年后，价值超过 10 美元。虽然 10 美元可能听起来不是太多，但考虑到在 1 年期间比特币增值了 100 倍，这意味着 100 美元的投资已经变成了 10 000 美元。

另一个重要的事件是在 2013 年 11 月，当时比特币价格首次超过 1 000美元。尽管很多刚刚进入该领域的人认为这是比特币的第一个泡沫，但事实上，在此之前它有许多泡沫。图 10.2 显示了比特币在一个月内的价格变化百分比，或称为月环比增幅。很明显，比特币价格在一个月的时间内经历了 6 次翻番。

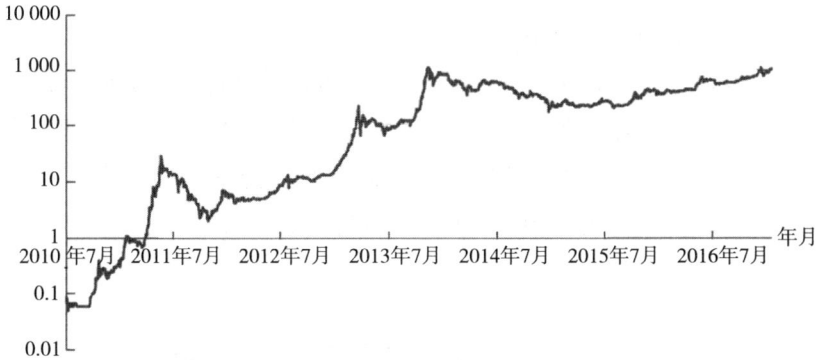

图 10.1　自门头沟创建以来的比特币价格走势

资料来源：CoinDesk。

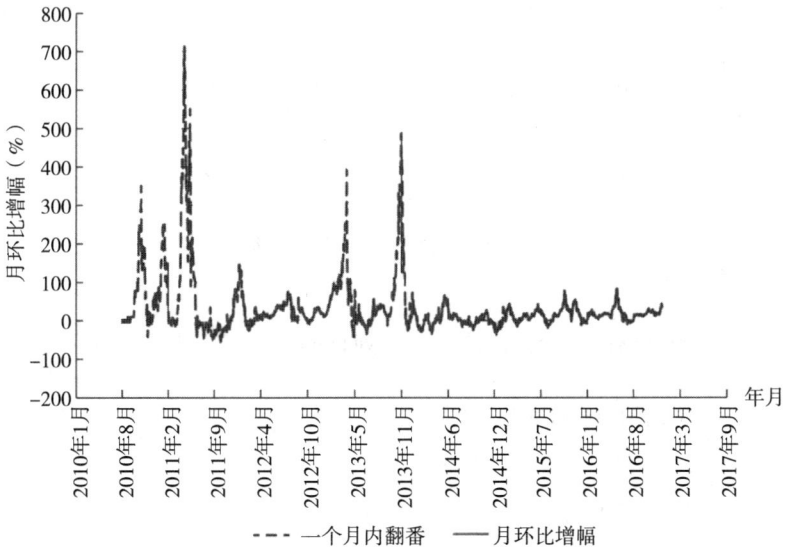

图 10.2　比特币在一个月内价格翻番的历史

资料来源：CoinDesk。

其中，3 次价格翻番发生在门头沟开放后的一年内。在此期间的最后一次上涨是最显著的，在 2011 年 5 月 13 日，价格比上个月上涨了 700% 以上。尽管这些价格变动有各自的驱动因素，但总体来说，它们受到更多主流用户通过门头沟获得比特币的能力的推动。小部分信息产生了"雪球效应"，掀起了市场风暴。

理解这些泡沫是如何破裂的，对某些方面量化是有帮助的。首先，我们将**比特币泡沫周期**定义为，开始于比特币价格相较 30 天前的价格翻番的第一天，结束于当价格相较于前一个月停止下跌且连续 3 天月环比不再上涨时。从图 10.3 中可以看到这些泡沫。

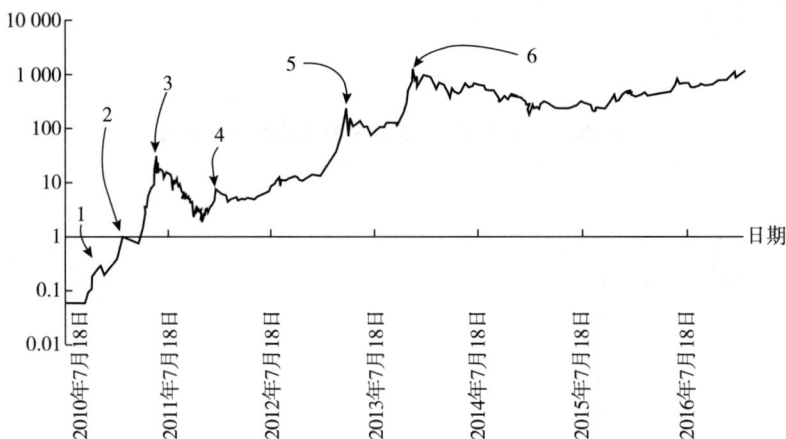

图 10.3　比特币的价格泡沫

资料来源：CoinDesk。

门头沟推出后的价格泡沫，在下列日期达到以下价格高点：

2010 年 11 月 6 日：0.39 美元。

2011 年 2 月 9 日：1.09 美元。

2011 年 6 月 8 日：29.60 美元。

2012 年 1 月 8 日：7.11 美元。

2013 年 4 月 9 日：230 美元。

2013 年 12 月 4 日：1 147 美元。

很明显，在门头沟推出后不久，特别令人兴奋，但有时也令人痛心。在每个高峰的另一边都有一个危险的低谷，而处于这些泡沫中的比特币投资者并没有幸免。在定义的比特币泡沫期间，从峰值价格到谷底价格的平均跌幅为63%。2011年6月和2013年12月达到峰值的泡沫特别具有破坏性，损失分别为93%和85%。

比突然的下跌更为危险的是：相较于上涨，损失是如何产生的。大幅上涨往往伴随着投资者兴趣的激增，随着越来越多投资者欢欣鼓舞地进入市场，上涨幅度快速增长。另一方面，下跌则如同旷日持久的酷刑。通过图10.3，我们可以这样描述该模式：上涨至泡沫顶峰就像火箭起飞，而下跌则如同降落伞缓缓飘落至地面。

与上涨相比，更长的下跌时间对于创新型投资者而言非常重要，因为投资者有时候会觉得从泡沫高峰期开始的下跌永远不会结束。当不能容忍进一步的损失时，不成熟的投资者通常会在失败中哭喊。可悲的是，这些最后的投降哭喊通常是在熊市正准备发生逆转的时候。

Steemit 泡沫

除比特币以外，大量的加密资产也经历了类似的由大众投机推动的急剧上涨，以及相应的下跌。一个很好的例子是在2016年年中，当时新的区块链架构 Steemit 吸引了很多人的关注。它的目标是提供一个开放的出版或博客平台，读者用加密资产 steem 奖励撰写优秀文章和帖子的作者。Steemit 是某种去中心化的社交新闻网站——红迪网，混合了博客网站 Medium 的风格。矿工、内容创建者、内容策划者之间复杂又创新的货币政策流向支撑了此框架。

2016年7月1日，Steemit 的网络价值约为1 600万美元。两周后，这一数字达到3.5亿美元左右，增幅超过20倍。[①] 这种价格的快速变化几乎是受到大规模投机而不是基本面增长的推动。行为变化总是缓慢的，而加密资产驱动的许多用例需要主流人群去适应这些新平台。

① https://coinmarketcap.com/currencies/steem/.

但是另一方面，投机者行动迅速。

如图 10.4 所示，以比特币计算，Steemit 的价格在 3 个月后将从 7 月中旬的高点下降 94%，到年底时下降了 97%。这并不意味着平台很糟糕。相反，它显示了对其前景的投机和兴奋如何促使价格的急剧上涨和下跌。

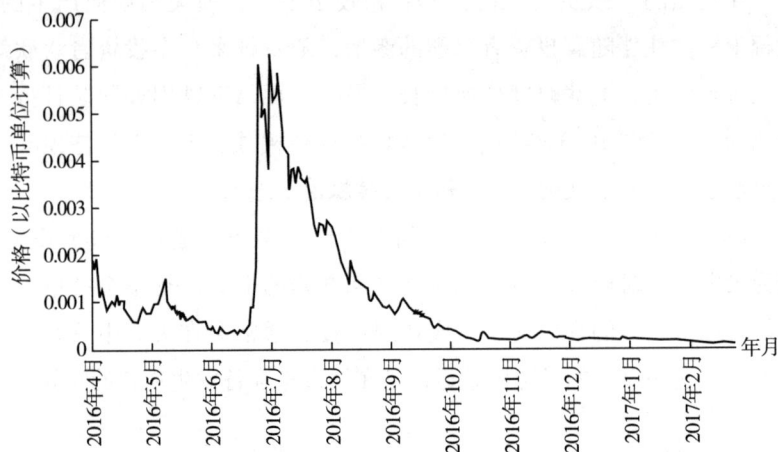

图 10.4　Steemit 的投机价格泡沫

资料来源：CryptoCompare。

零币泡沫

关注隐私性的新型加密货币——零币，在 2016 年 10 月首次推出之后，其崛起和崩溃的速度之快，令人难以置信。几乎没有其他加密货币比它更加值得期待，确实如此，因为它拥有强大的工程团队。以太坊的维塔利克·巴特林是其顾问，他将零币描述为"提供使用公共区块链的优势，同时确保私人信息得到保护。"[1] 两家备受好评的加密资产投资公司潘多拉资本（Pantera Capital）和数字货币集团（Digital Currency Group）同样投资了零币。零币技术专门针对达世币和门罗币占据的以隐私为中心的垂直领域，在零币发行时，这两者在网络价值

---

① https://z.cash/.

方面均位于加密货币的前 10 位。这表明，投资者的兴奋是显而易见的。

在随后的价格泡沫中，零币团队好心好意地组织了零币的发行。正如我们在第 5 章中所讨论的，他们选择遵循与比特币类似的发行模式，这意味着一旦推出区块链，只有 0 个零币单位。从 0 开始，所有的零币通过矿工竞争为零币区块链增加区块，并通过 Coinbase 交易获得报酬。零币团队实施了一项进一步的调整，即**慢启动**，这将限制矿工交易初始规模。[①] 如果零币代码中存在任何错误，则慢启动是一个安全保障。这种谨慎的模式与众多加密资产一直在追求的众包模式（将在第 16 章中进一步讨论）明显不同，但也大大限制了初始供应。

近期加密期货交易流行度的提高进一步刺激了零币的狂热。一个名为 BitMEX 的交易所在零币推出之前开始提供期货，其峰值为每零币 10 比特币。[②]

有限的初始供应与广泛需求的结合导致了经典的供应短缺，提振了零币的价格。在交易的第一天，瞬间实现了每零币 3 300 比特币，在 Poloniex 上甚至每零币高于 200 万美元。[③] 在两天之内，每零币下跌到 1 比特币以下，并继续下降，2016 年以每零币 0.05 比特币或大约 48 美元的价格收盘。[④] 尽管零币价格已经稳定下来，而且作为加密资产有很好的前景，但它火箭般的起步是由大规模投机引起的。

对被泡沫诱惑的创新型投资者的警告

作家、教授、诺贝尔奖获得者罗伯特·席勒（Robert Shiller）将泡沫定义为"一种涉及对未来过度期望的社会流行病"。[⑤] 我们已经对加

---

① coinbase 存在这样一种交易：当矿工为区块链增加一个新的块时，它将向矿工支付新产生出的加密资产。

② https：//cryptohustle.com/zcash-launch-breaks-records.

③ http：//www.coindesk.com/bitcoin-breaks-700-zcash-steals-show/.

④ https：//www.cryptocompare.com/coins/zec/charts/BTC?p＝ALL.

⑤ http：//www.zerohedge.com/news/2015-05-29/robert-shiller-unlike-1929-time-everything-stocks-bonds-and-housing-overvalued.

密资产未来的期望谈论了很多。

当然，我们认为创新型投资者必须立足于常识之上，以便区分适当的投资和不适当的投资，并且需要认识到何时是购买的机会以及何时被大众疯狂地投机。当加密资产价格暴涨时，可能很难抵制"跳入火箭"和"乘坐火箭"的冲动。然而，时机可能并不适合，并且发现泡沫的终结并不容易。当泡沫不断破裂且大众投机日益显现时，通常为时已晚艾伦·格林斯潘（Alan Greenspan）很好地概括了这个想法，"你可以发现泡沫。它们在各方面都很明显。但是市场上的大多数参与者都不可能说出它破裂的日期。按定义，每个泡沫都会萎缩。"①

"这次不同"

当资产市场被大众投机和价格控制时，通常会听到一种常见的反应，"这一次是不同的"。通常情况下，市场已经从更原始的年代发展了，金融工程的创新带来了不可能崩溃的强劲市场。但上述论点一再被后来的市场崩溃所驳斥。在备受推崇的《这次不一样：八百年金融危机史》（*This Time Is Different:Eight Centuries of Financial Folly*）中，卡门·莱因哈特（Carmen Reinhart）和肯尼斯·罗格夫（Kenneth Rogoff）用 300 页，证明"这次从未不同"。

他们描述了"这次不同"的思维模式如何被用于证明导致大萧条的 1929 年股市崩盘之前持续的市场喜庆气氛。"这次不同"的思维模式的支持者们声称，商业周期因 1913 年创立的美联储已不复存在。其想法是，美联储可以利用货币政策来提振在生产和消费都衰退时的经济，而当市场表现出过热的迹象时，他们可以回到市场。其他人指出，增加自由贸易、降低通货膨胀率以及科学方法被应用于企业管理，带来了更准确的生产和库存水平。②

在 1929 年 10 月 16 日发行的《纽约时报》，耶鲁大学经济学家欧

---

① https://hbr.org/2014/01/what-alan-greenspan-has-learned-since-2008.

② Edward Chancellor, *Devil Take the Hindmost*.

文·费雪（Irving Fisher）宣布，"股票价格已经进入一个永久的高位。"[1] 他的宣言随着历史上表现最糟的股票的倾覆而失败，8 天以后，市场下跌了 11%。10 月 28 日，再跌了 13%，并于 10 月 29 日又一次下跌 12%。在《纽约时报》的宣言发布一个月后，费雪破产了，而道琼斯指数几乎损失了崩溃之前一半的价值。[2]

相似的想法也出现在 20 世纪 90 年代末和 21 世纪初的科技和电信繁荣时期，而正如钱塞勒描述道：

> 20 世纪 90 年代的牛市是伴随着类似于 20 世纪 20 年代的新时代的意识形态重新出现的，被称为"新范式"或"金发女郎经济"（像童话故事中的粥，它既不太热也不冷），该理论认为，美联储控制通货膨胀，联邦赤字下降，全球市场开放，美国企业重组，并通过广泛使用信息技术来控制库存水平，这些已经联合起来废除了商业周期。一点一点地对比，这是欧文·费雪新时代理念再生之日。[3]

类似于 20 世纪 20 年代，20 世纪 90 年代股票分析师和投资经理认为昂贵的市场是合理的，声称公司估值的老方法不再适用，有新的方法用于评估高昂的价格。[4]

相同的模式持续存在

我们将在下一章讨论估值，它对于加密资产特别具有挑战性。由于加密资产是一个新的资产类别，不能像企业那样被估值，虽然基于类似商品的供求特点对它们进行估值有一定的正确性，但并不完全正确。因此，我们预测：随着空间的增长——增长幅度极有可能令人咋

---

[1] http://query.nytimes.com/gst/abstract.html?res=9806E6DF1639E03ABC4E52DFB6678382639EDE&legacy=true.
[2] http://time.com/3207128/stock-market-high-1929/.
[3] Edward Chancellor, *Devil Take the Hindmost*.
[4] 同上。

舌，我们将再次听到这一论调，即旧的估值方法不再适用。当创新型投资者听到这个论调时，重要的是要保持高度戒备状态，并调查新的估值方法是否确实有道理。

在这本书中，我们试图保留这样的信息，即创新型投资者可能是一类新的投资者，就像加密资产是一个新的资产类别。但是，我们也一直在提醒读者接受来自过去的教训，以及经时间检验的投资组合和资产分析工具。忽略这些教训必将导致陷入一个思维陷阱：不仅"这次不同"，他们跟其他的投资者也是不一样。

一般情况下，这些陷阱遵循一个模式：最初，可能有潜在的价格升值的支持以及最根本的创新。但是这个价格升值以及其背后的故事可以成为一个自我实现的预言。人们为朋友和家人赚钱容易着迷，即使他们对买什么知之甚少。在这样的时候（如郁金香狂热），大多数人信奉"更大傻瓜"的理念：只要能够以更高的价格将资产卖给更大的傻瓜，就能赚钱。大众投机不可持续的一个关键指标是，新进入者和缺乏经验的进入者涌入市场。

由于金融机构为投机者提供了贷款手段，所以他们可以购买更多的资产，而不用手头的现金，因此泡沫通常会因廉价信贷而恶化。从这个意义上说，金融机构是泡沫的推动者，投机者因为看到赚钱机会而陷入投机泡沫，而他们周围的金融机构从疯狂的投机者中赚取贷款利息。个人投资者和提供廉价信贷的金融机构都陷入了大众理论的漩涡之中，并使自己相信"这次不同"。

更糟糕的是，在市场过热时，通常也是庞氏骗局经营者、误导资产发行人和市场操纵者出场之时。因此，我们将在下一章谈到这三个主题。

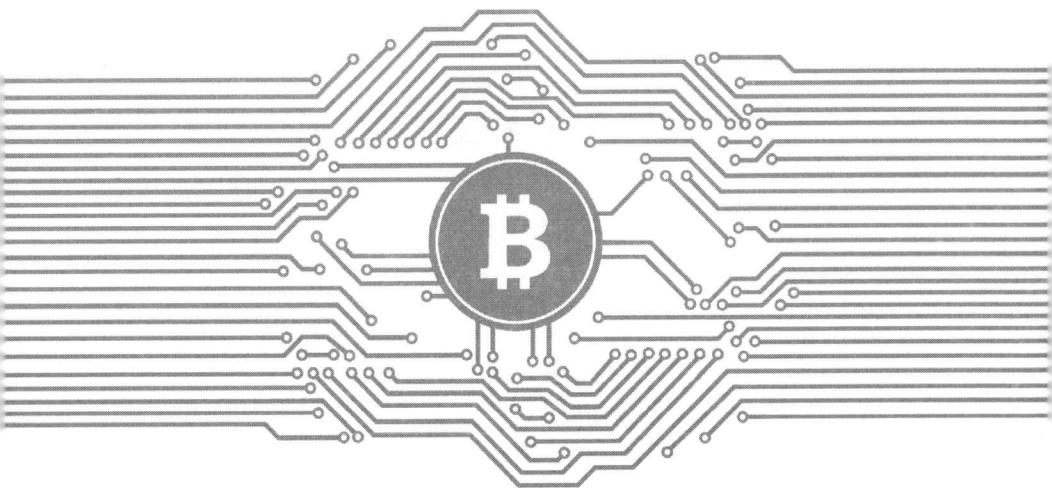

第11章

"这只是一场庞氏骗局，不是吗？"

THE INNOVATIVE INVESTOR'S
GUIDE
TO BITCOIN AND BEYOND

郁金香狂潮以及其他相似事件应该提醒了创新型投资者，投资泡沫的出现可以迅速而猛烈，尤其在加密资产领域更是如此。比特币的泡沫，比如 steem 在 2017 年夏天急速攀升以及零件的预售都重复着这样的过程。由于加密资产是新兴的领域，领域内部的监管很少（也有人说根本没有监管），因而相比较于许多成熟的市场，恶意行为在这个领域可能持续更久。

　　随着比特币以及其他加密资产市场活动的增加，投资者一定要看到市场上疯狂的人群以外的东西，认识到在这个年轻的市场上，存在着一些恶意的投机者，他们正搜寻着各种获利的机会。投资者周围新型加密资产和投资产品的增加使得市场上寻求利益的投机金融犯罪活动迅速产生，特别是在创新型投资者不做适当的尽职调查情况下。这一章将介绍庞氏骗局（Ponzi schemes），欺骗性资产的发行方，以及市场上的囤积居奇（亦即"拉高出仓"的情况）。

　　正如之前提到的，那些对比特币以及加密资产缺乏了解的人，经常会对其表达出轻蔑与无视，认为"这只是一场庞氏骗局"。所以，我们就从这里开始讲起。

庞氏骗局

　　庞氏骗局，也被称为金字塔骗局（pyramid schemes），是最危险的一种欺骗公众资产的类型。庞氏骗局来源于意大利人查尔斯·庞兹（Charles Ponzi）。他出生于 1882 年，在 1949 年去世。其实这种骗局早在他出生前就已经存在，只是查尔斯·庞兹让它出了名。

这个骗局的原理很简单：让新的投资者向原来的投资者支付利息。只要不断有足够的新投资者加入骗局，那么原来的投资者就能持续获得可观的回报。例如，有一个庞氏骗局的操控者，宣称始终为投资者提供20%的回报率。这时候可能就有第一批相信这个操控者的投资者出现，我们把这批投资者归为A组。这时候这个操控者会鼓动A组的投资者将这个投资机会告诉他们的朋友，使后来者成为新加入的B组投资者。这时候承诺给A组投资者的20%回报就由B组投资者新投入的资金来支付。之后，A组和B组投资者又继续寻找C组投资者，告诉C组投资者这个极其简单同时回报丰厚的投资产品。然后从C组投资者获得的资金又用来支付向A组和B组投资者承诺的报酬。因而只要不断有足够多的新投资者加入，这个庞氏循环就能无限持续下去。一旦有人意识到这个骗局没有创造出任何价值，并且所有人的回报都是依靠着哄骗新的投资者加入来获得，这个骗局也就垮台了。然而遗憾的是，由于庞氏骗局的操控者将整个投资产品包装得光鲜亮丽，投资者们通常都意识不到他们在哄骗其他投资者。

在我们讨论加密资产之前，我们先看一下庞氏骗局在传统的资产中是如何运作的。

许多人认为债券是一种具有稳定现金流的安全投资产品。如果债券是政府发行的，那么这些债券就有着政府的担保。但是很快我们就会看到，债券也不一直都是安全的资产。特别是当其出现在新兴市场爆发期时，许多债券事实上也都是庞氏骗局。①

在密西西比公司②（Mississippi Company）和南海骗局③（South Sea Schemes）（我们在下一节会介绍这部分内容）带来资产泡沫的一个世

---

① Edward Chancellor, *Devil Take the Hindmost：A History of Financial Speculation*（Farrar, Straus and Giroux, 1999）.

② http：// www. thebubblebubble. com/mississippi-bubble/.

③ http：// www. thebubblebubble. com/south-sea-bubble/.

纪后，英国投资者开始密切关注政府债券。① 在 1803—1815 年拿破仑战争（Napoleonic Wars）时期，英国政府发行了超过 4 亿英镑的债券，为债券投资者提供了大量的投资机会。然而，在战争结束之后，英国政府的借债需求减少，从而导致政府的债券供给缩水。②

大约在同一时期，南美洲正处于反抗西班牙的阵痛当中，新国家的建立需要大量的资金支持基础设施建设，来与世界接轨。一家英国报纸曾报道："我们可以纵情于这些南方的共和国最明亮的希望当中，它们已经进入了一条没有终点的发展之路。并且……将很快获得欧洲最快乐时期的知识、自由与文明。"③

当时饥渴的英国投资者专注于投资获利的机会，而类似于英国的创新将使得这些南美国家成为经济强国，虚构的金矿、银矿等待着人们去开采的故事更是为投资机会添柴加火。

结果就是投资者将数百万的资产投入这些所谓的异国高收益的贷款中，但实际上他们几乎不知道投资的资产到底去了哪里。大多数时候，以新兴国家如智利、哥伦比亚以及秘鲁为名的债券反复发行，与庞氏骗局类似，新发行的债券用于偿还旧的债券。正如英国作家钱塞勒在其著作《金融投机史》中所述：

> 使用新获得的资产支付利息，也就是著名的"庞氏融资"（Ponzi finance），在没有资产真的被送到南美洲用来贷款（需要注明的一点是，实际上借款国家收到了合约中表述的很小一部分数额）的情况下，创造出了一种投资可行的假象。④

换句话说，只有非常少的一部分在欧洲筹集的资金真正被运送到南美洲用于其原本的目的，而且几乎没有资金从南美洲被运送回欧洲

---

① Edward Chancellor, *Devil Take the Hindmost: A History of Financial Speculation* (Farrar, Straus and Giroux, 1999).
② 同上。
③ 同上。
④ 同上。

用于支付债券承诺的利息。其中一个最著名的例子，其偿还的可能性甚至都不存在，这是因为债券的发行是基于一个想象中的被称为波亚斯（Poyais）的国家。这些波亚斯债券是伦敦债券交易所唯一存在的基于一个假的国家的债券。

正如所有的庞氏融资一样，南美泡沫在 1826 年破裂了。除了巴西以外，每一个新建立的南美洲国家都违约了，这就是"第一次拉美债务危机"。[①] 这次泡沫不仅伤害了欧洲投资者，更对南美洲造成了几十年的影响。甚至到了现在，有些地区还遭受着持续的违约的影响。例如，智利、哥伦比亚和秘鲁分别花费了国家生产的 27.5%、36.2% 以及 40.2% 用于债务偿还或者延期，但始终还没能摆脱历史造成的困境。[②]

比特币的庞氏谣传

比特币第一次进入投资者的视野后，比特币和加密资产是庞氏骗局的批评就流传开来。[③] 然而这种批评是严重的误传，世界银行也有着同样的观点，它在其 2014 年的一份报告中说道：

> 与普遍认为的观点相反，比特币不是一个精致的庞氏骗局。把它当作庞氏骗局对待并不能得到什么。回顾来看，比特币的主要价值可能在于其为中央银行在数字货币方面，以及如何提升效率和降低交易成本提供了启发。[④]

历史上的庞氏骗局都需要一个中心机构来掩盖事实，并承诺一定的年回报率。但是这两者在比特币中都不存在。比特币的系统是去中

---

① Edward Chancellor, *Devil Take the Hindmost*: *A History of Financial Speculation* (Farrar, Straus and Giroux, 1999).

② Carmen M. Rinehart and Kenneth S. Rogoff, *This Time Is Different* (Princeton University Press, 2011).

③ https://www.washingtonpost.com/news/wonk/wp/2015/06/08/bitcoin-isnt-the-future-of-money-its-either-a-ponzi-scheme-or-a-pyramid-scheme/?utm_term=.39f7a8895637.

④ http://documents.worldbank.org/curated/en/660611468148791146/pdf/WPS6967.pdf.

心化的，所有的事实都是开放的。人们可以随时购买比特币，并且在购买时没有人会对比特币的收益给予保证。事实上，许多这个领域的长期拥护者提醒人们在投资比特币时，不要投资多于他们愿意失去的钱，但任何一个精明的庞氏骗局操控者永远不会这么说。

如何识别伪装成加密资产的庞氏骗局

庞氏骗局是一种特殊并且容易识别的结构，这种结构并不包括比特币，但可能用于包装某些具有欺骗性的加密资产。一个真正的创新型加密资产及其相关架构的产生需要有才能的开发者的大量编程工作。但软件是开源的，这意味着它能够被下载或是复制。软件被下载复制后，再经过华丽的营销，就能够发行一个新的加密资产。如果创新型投资者没有对加密资产背后的代码做适当的尽职调查，或者阅读其他可信任的资料，那么他就很有可能成为庞氏骗局的受害者。

一个叫作 OneCoin 的加密资产由于对投资者做出了回报的保证，引起了许多投资者的兴趣。当出现"保证回报"的字眼时，创新型投资者就应该立刻谨慎起来。所有的投资者都应该对有回报保证的投资项目保持距离，但养老金或者其他以保险合约为根据的投资可能符合这个要求。

上百万美元被投入 OneCoin 中，但是其技术与加密资产社区的价值观念背道而驰：它的软件并不是开源的（可能由于害怕其他开发者看到其设计的缺陷），并且它不是基于公共账本，因而所有的交易都无法被追踪。[1]

加密资产社区以报告的形式说明了 OneCoin 是一场庞氏骗局。其中最好的一篇文章获得接近 30 万的浏览量以及 1 000 多条评论，文中清楚地说道，"买家小心！OnceCoin 一定是一场庞氏骗局。"[2] 瑞典比特币

---

[1] https://cointelegraph.com/news/one-coin-much-scam-swedish-bitcoin-foundation-issues-warning-against-onecoin.

[2] https://news.bitcoin.com/beware-definitive-onecoin-ponzi/.

基金会（Swedish Bitcoin Foundation）也介入其中，发出 OneCoin 是一个金字塔骗局的警告。英国金融行为监管局［Financial Conduct Authority (UK)］同样也警告投资者小心 OneCoin。[①] 这样的快速反应表现了自我约束以及开源社区在揭露真相上的力量。

为了提醒投资者小心像 OneCoin 这样的庞氏骗局，美国证券交易委员会也发布了名为《警告投资者：利用虚拟货币的庞氏骗局》的备忘录。这个备忘录提醒投资者，加密资产非常容易被伪装成金字塔骗局。[②] 对于这个警告，投资者应意识到许多以加密资产形式伪装的骗局的存在，但不应该认为这个警告是在提醒人们比特币是一场骗局。下面列出了最重要的几点识别庞氏骗局的特征：

- 过于稳定的回报。
- 隐藏或者复杂的策略以及费用结构。
- 收取回报的方式较困难。
- 投资项目来自与某个人共同的亲属。

正如因受拉美债券的诱惑而受到欺骗的投资者应该更加小心一样，创新型投资者对于那些看起来不太对劲的加密资产更应该睁大双眼。

在后面的章节我们会更加深入地探讨有关诊断加密资产的策略，但是这里可以先从两个小小的"气味测试"开始。首先，上网快速搜索一下"＿＿是一场骗局吗？"如果没有任何内容出现，然后检查一下该项目的代码是否开源。最好的检查办法就是搜索"＿＿GitHub"，因为这类项目几乎都是利用 GitHub 作为合作开发的平台。如果在 GitHub 上没有找到任何东西，那么这个加密资产很可能就不是开源的，也就意味这个加密资产的可靠性值得怀疑，投资者应该避免对其投资。

资产发行方的欺骗性信息

最常伴随庞氏骗局的就是来自资产发行方的欺骗性信息。然而，

---

① https：// www. fca. org. uk/news/news-stories/beware-trading-virtual-currencies-onecoin.

② https：// www. sec. gov/investor/alerts/ia_virtualcurrencies. pdf.

有时候发行方对投资者的欺骗又是微妙的甚至是不可捉摸的。随着市场的逐渐成熟，在资产发行方的信息披露以及对披露信息的验证和核查方面的监管也会越来越多。但是现阶段这些标准尚未制定。我们接下来会对早期市场中的一个例子进行分析，来了解欺骗性信息的资产发行方能够造成多大的危害。

在郁金香狂潮结束约80年后，也就是18世纪早期，第一次全球范围的牛市开始了。① 最先发力的是一些知名的公司，如法国约翰·罗（John Law）的密西西比公司和英国约翰·布伦特（John Blunt）的南海公司，股权市场进入了一场由欺诈卷起的购买狂潮中。密西西比公司和南海公司都有着复杂的结构，并且都被强烈追捧为探索新兴美洲市场贸易的代表，尽管两者成功的可能性都非常小。布伦特和罗两个人不惜一切代价利用精心设计但未经证明的金融工程来推升他们公司的股票价格。

罗的计划十分复杂并且危险，因为其计划中包含了对法国第一中央银行的控制，另外密西西比公司还是法国规模最大的企业。罗通过承诺解决法国的金融危机来获得他在金融领域的权力。当时法国的金融一片惨淡：政府正处于一个世纪内的第三次破产边缘。罗的计划包含发行密西西比公司的股票，用于偿还国家的债务。通过这样的操作人为地制造密西西比公司股票价格的暴涨，同时罗也是公司最大的股东。因其巨大的权力以及控制力，罗使股东相信公司的前景是美好的。公司掌控着建立路易斯安那州殖民地的贸易权力，并打算以新奥尔良（New Orleans）为中心来建立，整个殖民地的大小接近美国现在1/4的国土面积。为了招募殖民者去开发那片区域，建立为公司未来贸易获利的基础，罗将那片地方描述为，"殖民地的美好面貌，就像是真实的伊甸园，里面居住着友好的原始人，它是一个迫切为法国提供来自异国商品的聚宝盆。"

罗的承诺让投资者和殖民者心潮澎湃，但是他所说的这些美梦都

---

① Edward Chancellor, *Devil Take the Hindmost*.

只是幻象，没有任何的短期利润可言，因而密西西比公司股价的暴涨也几乎没有基础来支持。当殖民者们纷纷抵达路易斯安那州后，他们发现的是"一个闷热，害虫积聚的沼泽地。一年内，他们中的80%都死于饥饿或者是像黄热病这样的热带疾病。"

与此同时，为了继续提升公司的股价以偿还国家的债务，罗继续利用其他货币政策对经济修修补补，比如在一年多的时间内将法国的货币供给翻倍。在罗的权力到达最鼎盛的时候，"就如同一个人同时管理运营着美国企业的前五百强、美国财政部以及美联储。"①

Ⓑ 约翰·罗：有罪的杀人犯和病态赌徒

如果法国将国家的金融交给约翰·罗之前对其过去做些调查，法国的境地可以好很多。如果它做过适当的尽职调查，它就会发现，罗是一个有罪的杀人犯和病态赌徒。17世纪90年代，罗从伦敦的监狱逃脱——他本来是要在那里接受死刑。之后，罗逃到了阿姆斯特丹。那时候，阿姆斯特丹正是新市场的一个先驱者，拥有荷兰东印度公司的股票交易市场以及建立了世界上第一家中央银行。罗认真学习了这些系统，学到了他在法国实现其精心计划所必要的知识。②对于创新型投资者来说，吸取法国的经验，在自己的资产投入加密资产之前，花时间对加密资产的开发者和倡导者的过去进行调查始终是明智的。幸运的是，现在利用网络搜索寻找某一个人的信息非常简单。

尽管罗骗了法国的投资者和政府官员好几年，但是到了1720年年中，这个金融工程已经明显无法维持下去了。股东们的损失巨大，密西西比公司市值在1720年年末下降了90%，这也引发了公众的极

---

① Niall Ferguson, *The Ascent of Money*: *A Financial History of the World* (Penguin Books, 2009).

② https://dashdot.io/alpha/index_118.html?page_id=118.

大愤怒以及法国更糟糕的金融危机。罗的策划让法国金融的发展停滞了几代人的时间，股票市场以及纸币已经使人们风声鹤唳，草木皆兵，以至于法国错过了通过可靠的创新为市场带来积极影响的机会。

罗的宏大的密西西比公司恰如一部动画片里所说：

> 这是一片神奇的密西西比土地，
>
> 闻名于她的股票交易，
>
> 通过欺骗和复杂的指引，
>
> 挥霍了无数的资产。
>
> 不管人们如何看待股票的价值，
>
> 它们不过是过眼云烟。[①]

欺骗性加密资产

创新型投资者保护自己免受欺骗的最重要的方式之一，就是自己对加密资产涉及的各方面进行背景调查，尤其是对那些新发行的资产。如果在调查中找不到特定的人的有关信息，那么这便是一个坏信号。因为这意味着创造这个加密资产的人不想被人知道，或者不想对该资产未来可能发生的事情负责任。

其次，调查加密资产团队开发的材料。如果他们的网页、白皮书或者其他材料充满了错字、错误格式或者其他任何没有用心的东西，那么这也应该被当作一个警告。一个对自己展示的材料没有足够用心的团队，很可能对他们是否欺骗了投资者也并不关心。

许多讨论或者其他有用的信息都出现在红迪网，推特以及 Slack Channels 等网站，而不是在那些精心设计的技术和投资网站。缺乏获得必要的信息的渠道及正确的标准正是加密资产领域的薄弱环节。也正是这个原因，你正在读这本书。

---

① https：//dashdot.io/alpha/index_118.html?page_id=118.

Ⓑ 欺骗性信息和过失之间的界限

达世币，由于其在 2016 年年末至 2017 年年初的价格大涨而出名，许多人认为达世币的发布具有一定的欺骗性。在达世币问世的 24 小时内，有超过 190 万的达世币由挖矿产出，但这并不是原本的计划。对此，达世币创始人给出的解释——造成这样的情况主要是因为软件存在过失并产生了漏洞——让许多仍然持有达世币的人怀疑达世币团队欺骗了投资者。① 到了 2017 年 3 月，那些在开始的 24 小时内挖出的达世币占据了约 30% 的总币量。

这就是创新型投资者必须要分清一个欺骗性发行方和一个诚实的过失的一种情况。我们相信达世币的初次分配本来是可以被纠正的，就像他的竞争对手门罗币一样。门罗币通过从字节币中分叉的方式解决了初次分配不公的问题。达世币团队本可以通过重新发行来确保一个公平的初次分配。即便如此，达世币依然克服了其不稳定的开始，到了 2017 年 4 月初已经是所有加密资产中市值排名前四中的一个了。② 这项资产的背后有一些十分有趣的创新点，并且团队已经成功地驶入了让越来越多的主流投资者接受的道路了。

欺骗性声明还不一定全来自加密资产的创始人，还可能出自那些声称为投资人管理资产的人之口。我们已经见过很多声称要将投资人的资产投入加密资产领域然后"保证回报"的投资诈骗项目。比如，有一个叫作比特币共同基金（Bitcoin Mutual Fund）的网站，其承诺在 2 ~ 48 小时内提供投资金额 700% 的回报率。③ 其网页上的文字在拼写和语法上有许多错误，这是除了"保证回报"之外的

---

① https：// dashdot. io/alpha/index_118. html?page_id = 118.

② https：// coinmarketcap. com/historical/20170402/.

③ http：// www. bitcoinmutualfund. net/.

另一个值得警惕的地方。实际上它与罗的路易斯安那州的沼泽地没有什么区别。

囤积居奇

市场上的囤积居奇指一个或者多个投资者共同合作驱使某种资产的价格显著上升或者降低的情况。在加密资产领域，这种情况经常被称为"拉高出仓"，也就是说一些投资者相互合作提升资产的价格，然后很快出售实现收益，攫取普通投资者的财富。正如本章中的另一个例子一样，囤积居奇在历史上也并不新鲜。

1869 年，"强盗资本家"（Robber Baron）的原型以及 19 世纪美国最受贬低的人之一的杰伊·古尔德（Jay Gould），① 决定要囤积黄金市场。② 在那时，囤积黄金市场是一个极其危险的事情，因为黄金是国际间贸易的官方货币，并且在美国，黄金的价值很大程度上是由联邦政府决定的。

当尤利西斯·格兰特（Ulysses Grant）在 1869 年成为美国总统时，这个国家仍然在应对 4 年前结束的内战残留下来的一些小型战争。③ 这时候美国面临的最大问题是在战争中累计下来的国家债务，这引起了人们对政府信用价值的怀疑。为了重塑人们对政府的信心，格兰特采取的第一个策略就是签署法案，让联邦政府用"黄金或其等价物"回购美国债券。④ 如果政府要用黄金购买债券，便意味着市场上的黄金供给增加，这会促使黄金的价格下跌。果然，在此之后，黄金很快跌到了 130 美元每盎司，是自 1862 年以来的最低点。⑤

成百上千年来，黄金都被许多文明视为财富，对于一个精明的投资者来说，价格的下跌通常意味着可以买入。耐心地等待黄金价格上升之后再将其出售，就能够赚取不错的利润，但是，古尔德远远不满

---

① http://www.digitalhistory.uh.edu/disp_textbook.cfm?smtID=2&psid=3173.

② http://www.digitalhistory.uh.edu/disp_textbook.cfm?smtID=2&psid=3173.

③ http://www.civilwar.org/education/history/faq/?referrer=https://www.google.com/.

④ http://www.nytimes.com/learning/general/onthisday/harp/1016.html.

⑤ 同上。

足于此。面对黄金价格的上升，他还有着更深一层的谋划。他相信黄金价格上升会造成货币的贬值，能够刺激出口贸易，而这又将对与其有着密切联系的伊犁铁路公司（Erie Railroad）有利。[1] 当然，低价买入后高价卖出依然能获得不错的利润。

在了解了联邦政府可以通过公开市场操作控制黄金价格之后，古尔德想出了一个计划，让格兰特和联邦政府不去卖出本来打算卖出的黄金。由于联邦政府的黄金储备接近 1 亿美元，比市场上流通的黄金还要多，古尔德便认为控制了联邦政府也就意味着控制了美国市场的黄金。[2] 如果他能够说服政府不要出售黄金，那么市场上的供给就减少了，以此推动价格的上升。如果古尔德可以不用担心政府的出售而去放心地购买市场上的黄金，那么价格将会上升更多。

古尔德找到了他需要的棋子——亚伯·科本（Abel Corbin），科本当时是政界人士，并且娶了格兰特的妹妹詹妮（Jennie）为妻。古尔德和科本成了朋友，并用贿赂，获得了科本那些可以影响政府公开操作的朋友的支持。科本首先利用他的政治影响力使丹尼尔·巴特菲尔德将军（General Daniel Butterfield）掌管位于纽约的美国国库分库，并要求巴特菲尔德把任何关于政府要出售黄金的消息告诉他，以此来保护古尔德免受政府意想不到的行动的损害。[3] 同时，古尔德承诺科本和巴特菲尔德两人都会获得计划中的 150 万美元的回报。[4]

比巴特菲尔德更重要的是，在 1869 年，科本成功用他的方式获得总统的信任，并说服他停止出售黄金。科本还成功地创造了古尔德和格兰特在社交聚会上交谈的机会，这就让古尔德有机会阐述他的一套关于黄金价格上涨有益于国家经济的复杂理论。[5] 科本最终成功地从格

---

① https://www.forbes.com/sites/timreuter/2015/09/01/when-speculators-attack-jay-goulds-gold-conspiracy-and-the-birth-of-wall-street/#58d0b3afcda2.

② Edward Chancellor, *Devil Take the Hindmost*.

③ http://www.history.com/news/the-black-friday-gold-scandal-145-years-ago.

④ 同上。

⑤ Edward Chancellor, *Devil Take the Hindmost*.

兰特那里获得了消息：从9月2号开始停止出售黄金。①

古尔德从8月开始储存黄金，一直期待着这样一个他最爱的消息。在听到消息后，他开始加速购买黄金。同时，他获得了一位富有的盟友杰伊·菲斯克（Jay Fisk）的支持，开始了其他非法的市场行为。在得到菲斯克的资金支持后，古尔德在黄金市场中注入了更多的资金，又进一步地推升了黄金价格。②

然而到了9月中旬，这场阴谋似乎玩得太过火了。他们首先尝试贿赂总统的私人秘书，在没有成功后科本给格兰特写了一封信，询问总统本月是否继续停止出售黄金。在9月19号的时候，格兰特收到了这封信，开始怀疑这是一场骗局，然后他让自己的妻子给科本的妻子写信，试图让科本的妻子说服科本远离这场骗局。③ 不难预料，科本由于格兰特识破了这个阴谋而吓坏了。在意识到这个情况后，古尔德知道自己不能再将制止政府出售黄金的希望寄托在格兰特身上了。在菲斯克继续购买黄金的掩护下，古尔德开始出售自己的黄金。

在9月份，黄金交易所中黄金价格都处于上涨的情形，在1869年9月24日，黄金价格到达顶峰后开始下跌，这就是著名的"杰伊·古尔德的黑色星期五"。古尔德雇了几个经纪人悄悄地将他的黄金出售，同时他的搭档菲斯克在黄金市场将价格炒到了160美元，与上一年的最低值相比涨了20%。很快，在那之后，巴特菲尔德的经纪人也开始出售黄金，交易所便开始警惕联邦政府似乎也在出售黄金的路上。果不其然，在金价到达160美元的一个小时后，联邦政府就挂出了一个400万美元的黄金卖单。然而古尔德和菲斯克悄悄地离开了交易所，市场开始恐慌，正如钱德勒所描述的，"市场的急剧动荡使成千上万的杠杆交易人破产了，位于布劳德大街（Broad Street）的古尔德的经济事务所里里外外充满愤怒的人，军队都进入了金融区随时待命。"④

---

① http://www.history.com/news/the-black-friday-gold-scandal-145-years-ago.
② 同上。
③ http://www.civilwar.org/education/history/faq/?referrer=https://www.google.com/.
④ 同上。

恐慌渐渐从黄金交易所蔓延开来，由于古尔德的市场囤积行为，股票价格下跌了20%，多种农产品的出口价格也下跌了50%，整个国家经济遭受了几个月的震荡。[①] 古尔德从这次市场崩溃中获得了1 100万美元的利润，并且逃脱了任何的法律指控。[②] 像古尔德这样从制造的市场灾难中完好无损地逃离的例子很常见，这就使他们又能在其他市场中继续他们的阴谋。

在加密资产市场中，扰乱资产价格的人通常利用网络的黑暗面来掩盖自己的真实身份，使得他们能够更容易地逃脱。通常情况下，他们的目标都是市场较小、相对较为不知名的资产，这对冒险进入较小市场的创新型投资者来说，对其资产细节以及与资产相关人信息的关注就显得尤其重要。

除了1869年的黄金市场之外，在大宗商品市场上囤积居奇的例子还在不断出现。在1980年，继承石油大亨父亲留下来的数十亿财产的亨特兄弟（Hunt Brothers），计划在市场上囤积白银。由于通货膨胀率在当年已经达到了14%，这是历史记录中的高值之一，[③] 亨特兄弟相信白银像黄金一样是对抗通货膨胀的非常好的选择，因此他们打算囤积尽可能多的白银。利用大宗商品市场以及杠杆操作，他们很快蓄积了价值45亿美元的白银（其中大部分都在武装保护下用特殊设计的飞机运送到了瑞士），[④] 将白银的价格推升将近每盎司50美元。最终，美国政府不得不介入以防止出现更多的市场操纵行为。在1980年3月27日，白银的价格回落到每盎司11美元，这最终瓦解了亨特兄弟的计划以及他们的财富。[⑤]

市场上其他有名的例子揭示了囤积居奇并不受资产范围的限制：

---

① http://www.nytimes.com/learning/general/onthisday/harp/1016.html.

② Edward Chancellor, *Devil Take the Hindmost*.

③ http://www.usinflationcalculator.com/inflation/historical-inflation-rates/.

④ https://priceonomics.com/how-the-hunt-brothers-cornered-the-silver-market/.

⑤ http://www.investopedia.com/articles/optioninvestor/09/silver-thursday-hunt-brothers.asp.

- 1929 年，纽约股票交易所有超过 100 家的公司遭受了囤积。①
- 从 1987 年 4 月到 1989 年 3 月，东京股票交易所估算交易所中的公司每 10 个就有 1 个遭受了囤积。②
- 1991 年年中，所罗门兄弟公司（Salomon Brothers）被发现试图操纵美国国债，要知道美国国债可是号称全世界最安全的投资项目之一。③
- 20 世纪中期，滨中泰男（Yasuo Hamanaka）将伦敦金属交易所的铜价推升了 75%，到达了 3 200 美元，最终因此被判 7 年有期徒刑。

拉高出仓以及加密资产的囤积居奇

加密资产由于市场价值较小而更容易受到囤积居奇的影响。例如，在 2017 年 4 月初，市值最小的 200 种加密资产价值不到 2 万美元。因此，一个怀有恶意的人可以带着 1 万美元进入市场，买下一半的资产。这样的购买压力将提升资产价格，从而引起其他人的好奇。如果有几个投机者相互串通，那么他们将一起推升这些较小的加密资产的价格，同时通过不同的社交媒体（一个"有影响力的人"的一两条消息即可）对其进行广泛的天花乱坠的报道。

这样是为了诱惑无知的投机者上钩，购买他们以为是基于市场兴趣的资产。进行过尽职调查的创新型投资者绝对不会去购买仅仅基于市场兴趣的资产。随后相互串通的投机者慢慢退出市场，同时由于市场的热情没有办法立刻消失，导致更多无知的投机者继续购买，这正如我们在古尔德的例子中看到的。这些拉高出仓，或者说叫"割韭菜"的现象，很遗憾地在小规模的加密资产中频频出现。

---

① John Kenneth Galbraith, *The Great Crash* 1929.
② Edward Chancellor, *Devil Take the Hindmost*: *A History of Financial Speculation*（Farrar, Straus and Giroux, 1999）.
③ http://www.nytimes.com/1991/08/19/world/upheaval-salomon-salomon-punished-treasury-which-partly-relents-hours-later.html?pagewanted=all.

囤积在众售（crowdsales）中也十分重要，尤其是在创始团队为自己保留了一部分不少的资产时。关于众售的内容在第 16 章会深入介绍，这里需要注意的地方是，如果创始团队给自己保留了一大部分的资产，那么他们对该加密资产市场价格的控制力就很大，这可能引发囤积活动。

对资产的供给进行控制的不仅包括众售和创始人自己，为了支持加密资产，控制权还要能够扩散到矿工或者其他实体上。这也是需要重视加密资产货币政策的另一个原因。例如，公众对达世币的担心之一就是它创造了一种倾向于囤积的供给结构。除了矿工以外，达世币中还存在一些被称为"主节点"的实体，这些主节点也是由一个人或一组人控制着。主节点对达世币几乎实时和匿名的交易表现有着举足轻重的作用。然而，作为一种安全机制，参与者必须锁定至少 1 000 个达世币才能成为主节点。[①] 锁定是持有的一种好听的表达方式，在加密资产领域，它的意思是锁定的资产无法转移或使用。如果主节点转移了那些被锁定的达世币，以至于其持有的达世币少于 1 000 个时，那么那个人或那组人就不再是一个主节点。

鉴于 2017 年 3 月一共有超过 4 000 个主节点，这意味着有 400 万个达世币被冻结着，无法流通。而市场上的达世币总供给只有 700 万个，400 万个冻结的达世币意味着这些被冻结的达世币占了总供给的约 60%。再加上在达世币发布后的前 24 个小时就被挖出的 200 万个，这意味着总供给——700 万个达世币中有 600 万个很可能处于权力较大的玩家手中，只给市场留下 15% 自由流通的量。

而这种情况正在变得更糟糕。因为主节点能够获得每个区块奖励的 45%，意味着对于新产生的达世币，他们能获得其中接近一半的量。再加上他们已经拥有的 60% 的供给量，这给主节点非常可观的能力，使得他们可以对市场进行囤积操作。

创新型投资者需要认真检查加密资产的供给计划，以及新产生的

---

① https://dashpay.atlassian.net/wiki/spaces/DOC/pages/5472261/Whitepaper.

资产的分配计划。幸运的是，一旦区块链运行后，因为其去中心化以及透明账本的特点，要查询每个账户地址的余额是很容易的。而且通常还有一些网站会展示资产拥有量最多的账户地址，比如说 Bitcoin Tich List。① 对比特币来说，有两个账户地址拥有 227 618 个比特币，大约占了市场上比特币的 1.4%。另外 116 个比特币账户地址一共拥有 287 万个比特币，大约占了 19%，这是非常大的一笔数字。与达世币不同的是，这些拥有者不一定会获得新产生的比特币的一半，所以他们推升比特币价格的能力要小一些。最后还需要注意的是，一个人可能会拥有多个比特币账户地址，所以每一个账户地址并不一定代表着一个独特的实体。

在结束本章之前，我们要意识到，"这次不同"的思维方式将交易中存在的诸如大量的投机活动、发行欺骗性资产、庞氏融资或者囤积居奇的把戏合理化了。但是不管怎样，这些把戏都不是新事物——它们在各种资产类别中已经存在了几个世纪。创新型投资者避开这些陷阱最好的办法就是做好尽职调查，关注其最根本的价值，不要管人群中的冲动。了解了加密资产的根本价值是其长期发展的关键后，这也就带我们进入了下一章：一个调查加密资产的基本框架。

---

① https://bitinfocharts.com/top-100-richest-bitcoin-addresses.html.

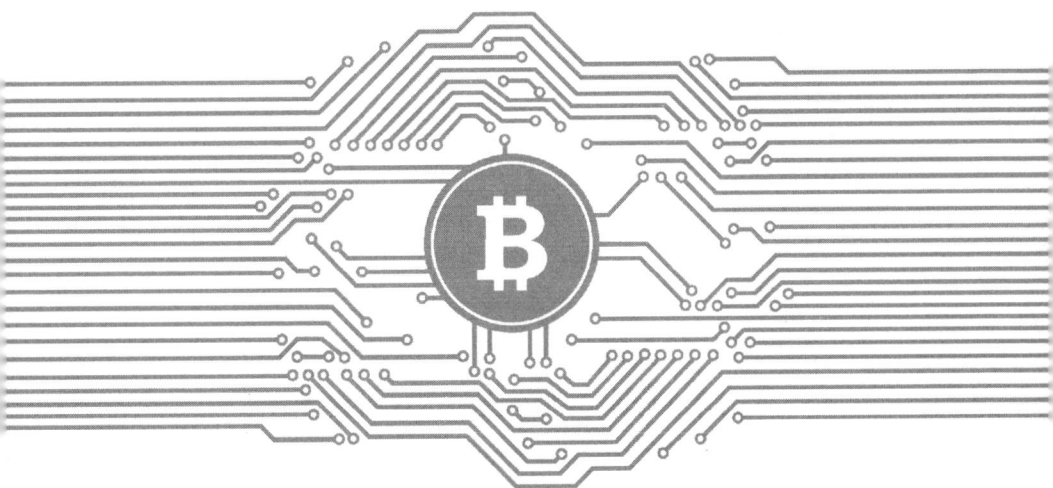

第12章

基本面分析和加密资产的价值框架

THE INNOVATIVE INVESTOR'S
GUIDE
TO BITCOIN AND BEYOND

意识到在新兴市场可能会出现许多欺骗投资者的把戏后，现在有必要帮助创新型投资者建立一个基本框架，以便他们对其资产组合中的加密资产进行估值。每一个加密资产都是不同的，同样，每一个投资者的目标以及风险状况也是不同的。因而，这一章会提供一个出发点，但并不能涵盖所有内容。这也不能被看作投资建议，因为这个市场的变化速度非常快，我们的目的并不是提供"买这个，卖那个"的建议。请记住，我们在写这本书的过程中，也见证了整个市场价值从约100亿美元飙升至接近1 000亿美元，同时市场中新出现的加密资产也达到了上百种。①

投资者需要自己判断该怎么做。我们的目的是为投资者第一次对加密资产进行调查时提供一个基础方向。然后，利用之前章节的内容，开始思考某一个特定的加密资产是否能够满足他们的风险概况以及总体的投资策略，还有就是这个加密资产是否能够帮助他们实现其金融目标。

在第15章，我们将讨论一些能够减轻投资者负担的投资产品。如果有人想要接触某种新的资产类别，但是又不想自己一直处于有风险的状态下，那么就可以选择许多日益增长的投资选项，比如说加密资产经理人，或者是像比特币投资信托这样的公共渠道。但是就算是这

---

① 时间从2016年秋季到2017年春季。

些产品，创新型投资者也需要了解足够多的信息，询问正确的问题，以确保他们辛辛苦苦赚来的钱投资的是一个合适的项目。

幸运的是，许多其他资产的评估工具也适用于加密资产。基本面分析能够揭示一个投资项目的资产配置是否有价值，而技术分析能够协助投资者判断购买或者出售资产的时机。关于这两种投资分析方法的文章有很多，并且很多时候他们被认为是对立的。[①] 我们相信它们可以一起使用，特别是对于那些创新型投资者。

基本面分析包括对一项资产的内在价值的研究。拿股票来举例，基本面分析包括对一家公司运营状态的评定，具体包含对其收入状态、资产负债表以及现金流状态的仔细调查，同时还应将这些因素放入公司的长期目标和宏观经济风险中来分析。像市盈率、市销率、账面价值以及股东权益回报率这些指标都能够通过基本面分析得出，它们共同被用于判断公司的价值或者与同业其他公司进行比较。

基本面分析是一项十分耗时的工作，除了要求得到该公司的最新数据外，还需要考虑行业以及经济总体情况。很多时候一个投资者甚至是金融顾问都需要依靠分析师来获得这些数据，提供对相关资产的深入见解。在传统的资本市场中，整个行业都是基于这样的一个过程，即卖方研究。现在，在加密资产行业并没有卖方研究这一说法，这就要求创新型投资者依靠自己或者是在这一领域得到认可的思想领袖来寻找信息。我们在这里会尽全力帮助投资者获得进行这样分析的能力，这样的话他们就不会因为要花费太多的功夫而退缩。

由于这涉及对加密资产而不是公司的评估，因而进行基本面分析的方法与股票的不同。尽管这些资产可能是由某家公司或者某个团队创造的，且对公司或者团队成员的了解十分重要，但是加密资产本身应该被当作商品来评估，其市场价格是由供给和需求共同决定的。

在这一章中，我们将会对加密资产的基本特征进行基本面分析，

---

① http://www.cfapubs.org/doi/pdf/10.2469/cfm.v14.n1.2789.

其中包括：

- 白皮书。
- 去中心化的优势。
- 价值。
- 社区以及开发者。
- 与其他加密资产的关系。
- 发行模型。

在下一章中，我们将着重对这些资产持续的网络健康进行基本面分析，包括有关矿工、开发者、公司①以及用户等指标。总之，这些基本的网络基础为加密资产创造了一种独特的基本面分析方法，这将帮助创新型投资者做出明智的投资决策。通过检验如何利用技术分析来获得额外收益，特别是判断合适的投资和变现时点，我们将逐步完善有关投资框架的章节。

从哪儿开始：白皮书

由于加密资产受到透明和可访问社区的开源代码的支持，因此通常情况下关于某项资产的可用信息就很充足了。任何一项有价值的加密资产都有一份原始的白皮书。白皮书在商业领域通常用于对商业提案进行描述，一般由一位思想领袖或者在某一领域内有渊博知识的人完成。在加密资产领域，白皮书也十分关键，它描绘了该资产要解决的问题、资产在竞争格局中的位置及其技术细节。

自从中本聪在他的白皮书中描述了比特币之后，大部分加密资产的创造者都遵循着一样的模式。尽管有些白皮书的技术性很强，但是仔细阅读介绍和总结部分也很有价值。白皮书通常能在加密资产的网站上找到。

---

① 这里的开发者主要指基础架构平台的开发者，公司主要指在平台上运营 dApp 的公司。——译者注

B 避免含糊不清

加密资产的白皮书可能包含许多技术信息，想要全部读懂有一定的难度。很多时候，开发加密资产的团队在其网站上都会有对该加密资产的目的以及实现方式的简单介绍。即使是在不能理解其描述的情况下，如果发现关于加密资产的描述缺乏明显特征并且有意地制造模糊，那么这就可能是避免投资该资产的一个信号。投资者理应能够很轻松地利用某种方式向其对这个领域并不了解的朋友简单解释该资产。如果投资者做不到这一点，那么可能就要考虑换一种加密资产进行投资。

去中心化的优势

当阅读白皮书的时候，往往第一个问题就是，它解决了什么问题？换句话说，这个加密资产和它的相关结构有必要使用去中心化的方式吗？在我们的世界里有着很多数字服务，这个加密资产是否具有提供分布式、安全、平等做法（egalitarian manner）的内在优势？我们把这一点叫作去中心化的优势。对此可认直率地用维塔利克·巴特林的话说，"许多项目对于'为什么利用区块链'这个问题真的应该要有一个好的答案。"[1]

许多以加密资产为基础的项目都专注于社交网络，例如区块链社交网络 Steemit[2] 和 Yours[3]，后者使用的就是莱特币。当我们欣赏这些项目的时候，我们还应该要问：与红迪网和脸书相比，这些网络及其相关资产是否具有吸引力？与之类似，有一个叫 Swarm City[4]（之前叫 Arcade City）的加密资产交易平台，目标是成为去中心化的优步（Uber），但是

---

[1]　https：//twitter. com/VitalikButerin/status/832299334586732548.

[2]　https：//steemit. com.

[3]　https：//www. yours. org/.

[4]　https：//swarm. city/.

后者早已经可以非常高效地运行了。去中心化的 Swarm City 与中心化的优步相比有多少优势呢?

在 Steemit 和 Yours 的例子中,我们能够理解内容的创作者将会直接收到报酬。这可能会使平台获得更多高质量的内容,然后由此吸引更多的用户。在 Swarm City 的例子中,司机不会再因为中心化的服务而每次都损失 20%~30% 的费用,所以随着时间的推移,可能会有更多的司机来到这个平台,这样可能就会增加 Swarm City 平台的汽车数量,从而可能使其服务让用户受益更多。就像 Steemit 和 Yours 一样,越来越多的服务提供者和消费者会慢慢增加整个平台的价值。

然而,长期来看,这些因素就足够获得比红迪网,脸书和优步更多的吸引力了吗?创新型投资者应该像对待其他的加密资产一样,对这些加密资产进行调查,并确信其相关架构能够提供长期的价值。而不是仅仅想借着热度炒作①从而获得融资,但长期来看仅提供很少的价值。

Ⓑ 长期的价值:林迪效应

林迪效应(The Lindy Effect)通常用来衡量技术的潜在预期寿命。对于人类来说,年龄越来越大也就意味着离死亡越来越近,而与人不同的是,技术存在的时间越久,那么很快消亡的可能性越小。这是因为技术能够创造趋势,随着时间的推移,许多其他技术都会围绕这些现存的技术发展,然后提供潜在的支持。我们日常生活中最重要的技术已经难以追根溯源了,或者最少已经有了几十年的历史。即使是从文化角度看,技术淡化出人们的视野也需要很长的一段时间。

这一点同样适用于加密资产。存在时间较长的加密资产,例如比特币,现在拥有了完整的生态系统,包括硬件、软件开发者、公

---

① http://www.gartner.com/newsroom/id/3412017.

司以及围绕着它的用户。更重要的是，它创造了自己的经济系统，即使有一个更优质的加密货币正慢慢地获得市场的认可，它与已经站稳脚跟的比特币也有一场硬仗要打。

另一方面，一个新发行的加密资产的知名度不高，也使得支持它的社区较为脆弱。如果一个重大问题暴露出来，或者该资产遭受某种形式的威胁，社区便可能很快将其放弃。许多成员可能就会支持其他加密资产，同时也可能有其他人很快吸取经验，然后尝试发布一种不同的加密资产。换句话说，每出现一种新的加密资产，就会有更少的沉没成本，这使得人们更容易放手而转移到其他地方去。对于这样的新加密资产起起落落的情况，我们可以回想一下发生在 The DAO 身上的事情。

然而，如果一个加密资产有着强大的社区参与并在早期取得了成功，它就能够获得一个稳固的立足点，并长期受益。以太坊看起来就是一个很好的例子。The DAO 的失败确实严重影响了以太坊（The DAO 是在以太坊上开发的），但是因为巴特林领导能力和社区的参与，主要的问题得到了解决，到了 2017 年的 4 月，在网络价值方面，以太坊已经稳定地坐上了加密资产领域的第二把交椅。[①]

理解一项加密资产的价值

一个最常见的问题是：什么赋予一项加密资产以价值？毕竟这些资产并没有物理表现形式。由于他们是软件的产物，其价值自然是来自围绕其发展的社区以及市场。总体来说，社区赋予任意一项加密资产的价值都有两种：效用价值和投机价值。

效用价值和投机价值

效用价值通过对加密资产的使用，继而获得由其架构提供的数字

---

① https：// coinmarketcap. com/historical/20170402/.

资源，并且这个价值由供求关系决定。对于比特币而言，安全、快捷并且有效地与全世界的任何人进行价值交换就是它的效用。而这仅仅需要输入接收人的比特币地址，然后点击发送就能实现，这也是许多交易所和钱包都提供的一个功能（在第 14 章会包含这部分内容）。比特币利用网络传递价值的效用与即时通信软件 Skype 十分类似，后者可以安全、快捷、有效地将一个人的声音与图像传送到世界上任意一个角落。

创新型投资者可能会说，"那好，就算我能够明白就像 Skype 的效用是 VoIP 一样，比特币的效用是 MoIP，但是这怎么能够解释一个比特币值 1 000 美元呢？"比特币的效用价值，可以通过评估其提供支持的互联网经济的需求量得到。我们会通过几个简单例子，来从概念上解释比特币是如何拥有价值的。之后，创新型投资者可以利用这个框架进行更深入的价值研究。

我们先假设存在一个巴西商人，这个商人希望从一个中国制造商那里购买一批价值 100 000 美元的钢铁。虽然这个商人的存在是假设的，但是实际上拉丁美洲的商人对比特币的使用确有记录。[①] 这个商人希望使用比特币，因为这样她就能够在一个小时之内确认她的转账，而不需要等上一个星期或是更长的时间。所以，这个巴西商人先购买价值 100 000 美元的比特币，然后将它发送给了中国的制造商。当制造商正在等待着这笔交易被纳入比特币区块链时，这笔比特币被冻结，并暂时从比特币的供应中被提取出来。

现在想象有 99 999 个其他商人也想做同样的事情。将这些商人加总起来，那么需求就是价值 100 亿美元的比特币（100 000 个人每个人都想发送 100 000 美元），因为相对于其他付款方式而言，这样的方式在巴西和中国之间进行支付要更方便。如果在比特币单价 1 000 的情况下，价值 100 亿美元的比特币交易需求意味着有 1 000 万个比特币暂时被冻结，或者说从比特币的供给中被抽出。

---

① https://techcrunch.com/2016/03/16/why-latin-american-economies-are-turning-to-bitcoin/.

现在试想一下投资者手中持有大量的比特币。这些投资者由于考虑到比特币作为网络价值媒介而产生的投机机会，需求会升高，带动价格升高，因而在一段时间内不打算出售自己手中的比特币。现在，单价为 1 000 美元的情况下，有大约 550 万个比特币或者说有价值为 55 亿美元的比特币被比特币中区块链记录的前 1 000 个地址持有。[①] 这意味着平均每个地址都拥有价值 550 万美元的比特币，并且不难推测，这些账户的余额并不是等待着为那些商人的交易准备的。与之相反，这些余额的拥有者正在长期持有这些比特币，具体的持有期取决于他们对比特币的未来效用的看法。未来效用价值又可以被看作是投机价值，为了这个投机价值，投资者们正在将 550 万个比特币隔离在比特币供给之外。

在 2017 年 4 月初，市场上的比特币一共有 1 600 多万个。国际商人之间的比特币的需求有 1 000 万个，另有 550 万个比特币被前 1 000 名投资者持有，那么也就只剩大约 50 万个比特币是自由流通的。除此之外，随着市场的发展，还可能出现其他的投资者想要买入并持有比如 5 个比特币，或者其他商人想要发送价值 10 万美元的比特币到墨西哥等情况。由于人们购买的比特币必须来自其他用户，那就需要通过协商或者谈判来说服其他用户来出售比特币。在一个更大的范围内，这些协商都是在全世界的交易所发生，这样，关于比特币价值的市场就产生了。

如果比特币的需求不断提高，那么由于供给量的固定，其价格必然会上涨。当然，在某个时间点，可能会存在某些投资者认为其价格已经达到了最高值，就退出他们的投资。换句话说，也就是这些投资者不再认为比特币还有任何的投机价值，比特币现在的价格仅仅靠效用价值支撑着。当只存在效用价值的时候，那么对于投资者来说，由于价格已经达到了最高值，不再有什么升值的空间，也就没有什么理由支持投资者继续持有这些资产了。为了展示可能导致投资者相信比

---

① https://bitinfocharts.com/top-100-richest-bitcoin-addresses.html.

特币价格已经达到了最大值的计算过程，我们需要再引入两个概念：货币流通速度和折现率。

价值背景下的流通速度

随着比特币在全世界范围内获得更多的需求，流通速度这个概念对于理解比特币价值增长的潜在机会是一个必要的工具。流通速度被用来解释法定货币的周转速度，圣路易斯联邦储备银行（Federal Reserve Bank of St. Louis）对其有一个简洁描述：

> 货币的流通速度指在一定时间内单位货币购买国内生产的商品或服务的频率。换句话说，也就是在单位时间内 1 美元用于购买商品和服务的次数。如果货币的流通速率增加，就意味着经济体内个体之间的交易次数也在增加。①

货币流通速度的计算方式是将一段时间内的国内生产总值（Gross Domestic Product，简称 GDP）除以总的货币供给。比如说，如果 GDP 是 20 万亿美元，但是可供流通的美元却只有 5 万亿，因此为了满足一年内的货币需求，就意味着这些货币的周转次数为 4，或者说流通速度为 4。当前，美元的流通速度接近于 5。②

对于比特币来说，创新型投资者应该看的指标是一段时间内其购买的国际上生产的商品或服务，而不是"国内生产的商品或服务"。国际汇款市场——现在主要被有能力为用户在国际间汇款的公司占领——是一个比特币能够被利用起来提供服务的简单例子。

国际汇款市场每年的汇款量大约是 5 000 亿美元。假设整个市场都由比特币提供服务，那么为了计算出一个比特币的价值，需要先假设它的流通速度。假设比特币的流通速度和美元的流通速度一样，也为

---

① https://fred.stlouisfed.org/series/M1V.
② 这里不包括 M1（狭义货币），M2（广义货币）和 MZM（零限期货币），因为在加密资产领域并没有这些概念。

5。那么5 000亿美元的总汇款量除以流通速度，得到比特币的总价值为1 000亿美元。如果这时候已经达到了比特币的最大供给量，也就是2 100万个比特币，并且全部用于国际汇款，那么用1 000亿美元的总价值除以比特币的数量2 100万，就得到了每一个比特币的价值，约为4 762美元。

很明显，上面这个例子过于简单，因为整个汇款市场不可能只有比特币提供服务。因此我们就需要假设一个由比特币提供服务的汇款市场的比例。我们假设这个比例是20%，那么为了满足20%的汇款市场的需求，每一个比特币内部价值约952美元（4 762美元×20%）。

还有很重要的一点是，能够使用比特币的场景是不断增加的，而其价值也是一样。例如，全球的金融黄金市场的市值为2.4万亿美元，[1] 如果比特币占据了这个市场10%的份额，那么比特币的总价值就需要达到2 400亿美元。换句话说，不需要将储存的价值除以流通速度，因为不需要汇兑。比特币的供给数量是稳定的2 100万个，因而每一个比特币价值需要达到11 428美元（2 400亿美元/2 100万）才能满足黄金市场的10%投资需求。

为了在汇款市场提供20%市场份额的服务，每一个比特币需要价值952美元，除此之外，为了满足成为数字黄金的需求，每一个比特币需要价值11 428美元。因此，为了满足这两点，每个比特币需要价值12 380美元（11 428＋952）美元。而比特币能够使用的场景是没有上限的，困难的是如何得知在每一个场景中，比特币能够占据的市场份额以及在每个市场中比特币的流通速度。

另外，还需要注意的一点是，在上面的例子中我们假设在稳定状态时比特币的供给量为2 100万个，但是这个数量要到2140年才能实现。当我们在总结加密资产的根本价值时，很重要的一点是要将其放在时间维度下考虑特定时间可利用的资产数量，因为某些资产在一开

---

[1]　https://www.gold.org/sites/default/files/documents/gold-investment-research/liquidity_in_the_global_gold_market.pdf.

始可能会有极高的通货膨胀率①。

价值背景下的折现率

要决定一个比特币的现值，另一个必须要了解的概念是将未来价值折现到现在价值的折现率。例如，如果你在一个年复利率为5%的银行账号中存入了100美元，那么一年后你将会得到105美元。两年后，你将会得到110.25美元，因为第二年的利息是基于第一年的105美元。因此可以选择现在的100美元或者是两年后的110.25美元——这两个对于你来说是等价的。

分析师们在当前情况下，需要决定为未来价格更高的某项资产支付多少现值时，折现率方法是通常的选择。折现率就是计算利息的逆运算。比如在上面的例子中，如果110.25除以1.05之后，再除以一次1.05就是100。换句话说，110.25除以1.05^2就得到了100，这就像反过来100乘以1.05^2就得到110.25一样。这样的方法放在更长的期限也是一样。例如，如果一个人给了创新型投资者两个选项，一个是现在的100美元，另一个是10年后的150美元，如果利息率是稳定的5%，那么创新型投资者应该选择现在的100美元。因为10年后的150美元的折现值为150除以1.05^{10}即92美元。

结合供给、需求、流通速度及折现率这几个概念，再假设比特币从现在到10年后都用于特定的目的，我们就能够计算出比特币的现值是多少。然而，做起来比说起来困难得多，因为这需要弄清楚未来比特币涉及的市场的规模、比特币占有的市场份额、未来比特币的流通速度，以及一个合适的折现率。折现率应该是一个风险函数，在加密资产领域，这个数字通常为30%或者更高。这比高风险的股票中通常使用的折现率的2倍还要高。②

---

① 加密资产的通货膨胀率实际是资产供给的增长速度，与通常的通货膨胀率有很大差别。——译者注

② https://www.oldschoolvalue.com/blog/investing-strategy/explaining-discount-rates/.

如果我们把比特币的价值假设为 12 380 美元，并且假设它能够在 10 年后达到上述的效用价值，那么在折现率为 30% 的情况下，意味着每个比特币的现值为 898 美元（12 380 美元/1.3^{10}）。因此，当现在每个比特币的价值为 1 000 美元时，比特币的价值就被高估了，因为投资者实际付出的 1 000 美元高于基于未来预期计算出的 898美元。

上述的这个模型中存在许多假设以及不足之处，这种模型通常被认为是"输入垃圾，得出垃圾"（garbage in，garbage out）。例如，我们只是提到比特币的两种可能的使用情况，但是我们没法判断比特币会占据多少市场份额。另外，在推断出比特币的价值为 12 380 美元的时候，我们假设可用的比特币数量为 2 100 万个，可事实上，10 年后比特币差不多才能够达到这一数量的95%，这又一次强调了当想确定某一加密资产的基础价值时，考虑其未来供应量是很重要的。尽管这个模型很容易被用于显示某个资产价值是被低估或被高估的。但是，这些模型让投资者们明白他们到底为什么投资还是有用的。

即使是对于最勤勉的投资者来说，对加密资产进行价值判断也不是一件易事。然而，正如在股票市场上有许多提供股票价值研究报告的商业公司，加密资产市场也将会一样。事实上相关的报告已经被发布了，比如投资银行尼达姆（Needhan & Company）的斯宾塞·鲍嘉（Spencer Bogart），以及韦德布什证券（Wedbush）的吉尔·卢里亚（Gil Luria）都发布了关于比特币根本价值的报告。图 12.1 是吉尔在2015 年 6 月发布的有关比特币根本价值的报告中的图表，展示了这些模型的复杂程度。

这些分析师提供的价值分析能为创新型投资提供指导性帮助，但是这些分析结果绝不能直接被看作事实而接受。记住，"输入垃圾，得出垃圾"。对于这些报告，我们希望它们像现在的许多股票和债券研究报告一样免费被提供给所有的投资者，这一点更符合加密资产的精神：开源性。

	2014A	2015E	2016E	2017E	2018E	2019E	2020E	2021E	2022E	2023E	2024E	2025E
综合												
比特币总流通数量（年末）	13 125 000	15 000 000	15 025 000	16 656 000	17 287 000	17 918 000	18 410 000	18 725 000	19 041 000	19 357 000	19 687 500	20 341 750
占比特币总量的比重	50%	71.43%	76.31%	79.31%	82.32%	85.32%	87.67%	89.17%	90.67%	92.18%	93.75%	96.88%
用于投机需求的比特币	50%	50%	50%	46%	44%	42%	41%	39%	38%	36%	33%	33%
用于储蓄的比特币	48%	50%	52%	54%	56%	58%	59%	61%	63%	64%	66%	67%
可用于交易的比特币数量	6 562 500	7 500 000	8 333 000	8 994 240	9 680 720	10 392 440	10 953 950	11 422 250	11 900 650	12 388 480	12 895 313	13 562 568
假设												
$ 十亿												
在线支付	1 500	1 725	1 984	2 284	2 624	3 017	3 379	3 785	4 239	4 747	5 317	5 955
汇款	435	457	480	504	529	555	583	612	643	675	709	744
小额转账	540	567	595	625	656	689	724	760	798	838	880	924
无银行账户用户	4 305	4 435	4 568	4 705	4 846	4 991	5 141	5 295	5 454	5 618	5 786	5 960
其他	1 829	1 902	1 978	2 057	2 140	2 225	2 314	2 407	2 503	2 603	2 707	2 816
增长率												
在线支付		15%	15%	15%	15%	15%	12%	12%	12%	12%	12%	12%
汇款		5%	5%	5%	5%	5%	5%	5%	5%	5%	5%	5%
小额转账		5%	5%	5%	5%	5%	5%	5%	5%	5%	5%	5%
无银行账户用户		3%	3%	3%	3%	3%	3%	3%	3%	3%	3%	3%
其他		4%	4%	4%	4%	4%	4%	4%	4%	4%	4%	4%
比特币支付的份额												
在线支付	0.02%	0.04%	0.08%	0.17%	0.34%	0.67%	1.35%	2.70%	5.39%	7.00%	9.00%	10.00%
汇款	0.01%	0.03%	0.09%	0.27%	0.54%	1.08%	2.16%	4.32%	8.64%	17.28%	18.50%	20.00%
小额转账	0.01%	0.03%	0.09%	0.27%	0.54%	1.08%	2.16%	4.32%	8.64%	17.28%	18.50%	20.00%
无银行账户用户	0.001%	0.003%	0.01%	0.03%	0.08%	0.24%	0.73%	1.46%	2.92%	5.83%	7.50%	10.00%
其他	0.01%	0.02%	0.04%	0.08%	0.16%	0.32%	0.64%	1.28%	2.56%	5.12%	7.50%	10.00%
比特币支付的资本												
在线支付	$ 0.32	$ 0.7	$ 1.7	$ 3.8	$ 8.8	$ 20.3	$ 45.6	$ 102.1	$ 228.6	$ 332.3	$ 478.5	$ 595.5
汇款	$ 0.04	$ 0.1	$ 0.4	$ 1.4	$ 2.9	$ 6.0	$ 12.6	$ 26.4	$ 55.5	$ 116.6	$ 131.1	$ 148.8
小额转账	$ 0.05	$ 0.2	$ 0.5	$ 1.7	$ 3.5	$ 7.4	$ 15.6	$ 32.8	$ 68.9	$ 144.8	$ 162.7	$ 184.7
无银行账户用户	$ 0.04	$ 0.1	$ 0.4	$ 1.3	$ 3.9	$ 12.1	$ 37.5	$ 77.2	$ 159.0	$ 327.6	$ 434.0	$ 596.0
其他	$ 0.64	$ 0.4	$ 0.8	$ 1.6	$ 3.4	$ 7.1	$ 4.8	$ 30.8	$ 64.1	$ 133.3	$ 203.1	$ 281.6
合计	$ 0.64	$ 1.5	$ 3.8	$ 9.8	$ 22.6	$ 53.0	$ 126.1	$ 269.3	$ 576.2	$ 1 054.6	$ 1 409.4	$ 1 806.6
驱动每年流通速度												
在线支付	12	12	12	12	12	12	12	12	12	12	12	12
汇款	12	12	12	12	12	12	12	12	12	12	12	12
小额转账	12	12	12	12	12	12	12	12	12	12	12	12
无银行账户用户	12	12	12	12	12	12	12	12	12	12	12	12
其他	6	6	6	6	6	6	6	6	6	6	6	6
比特币型的编辑需求												
在线支付	$ 0.03	$ 0.06	$ 0.14	$ 0.32	$ 0.74	$ 1.69	$ 3.80	$ 8.50	$ 19.05	$ 27.69	$ 39.88	$ 49.63
汇款	$ 0.00	$ 0.01	$ 0.04	$ 0.11	$ 0.24	$ 0.50	$ 1.05	$ 2.20	$ 4.63	$ 9.72	$ 10.92	$ 12.40
小额转账	$ 0.05	$ 0.01	$ 0.04	$ 0.30	$ 0.30	$ 0.62	$ 1.30	$ 2.74	$ 5.74	$ 12.06	$ 13.55	$ 15.39
无银行账户用户	$ 0.01	$ 0.02	$ 0.07	$ 0.23	$ 0.71	$ 2.21	$ 6.81	$ 14.04	$ 28.92	$ 59.57	$ 78.90	$ 108.36
其他	$ 0.03	$ 0.07	$ 0.14	$ 0.30	$ 0.62	$ 1.29	$ 2.69	$ 5.60	$ 11.65	$ 24.23	$ 36.92	$ 51.19
合计	$ 0.08	$ 0.18	$ 0.44	$ 1.10	$ 2.61	$ 6.31	$ 15.66	$ 33.08	$ 69.99	$ 133.28	$ 180.18	$ 236.97
估值												
比特币货币基础需求/可用于交易的比特币	$12	$24	$53	$123	$269	$608	$1 429	$2 896	$5 881	$10 758	$13 973	$17 473
比特币的价格		1/14/2015	1	2	3	4	5	6	7	8	9	10
基于未来现金流的超额价值	$12	$24										

比特币的基础需求/
可用于交易的比特币
比特币的价格
基于未来现金流的超额价值 ... $462
现值（美元/比特币） ... $4 650
折现率 ... 10%
基本价值 ... **$6 604**

<--能够支持2025年经济活动预期的比特币单价的现值

图 12.1 比特币十年内的基本价值①

注：$ 代表美元。

资料来源：Gil Luria, Director of Research at D. A. Davidson & CO.。

----

① A 指实际值，E 指估计值。

了解社区以及开发者

在完成价值分析以后，或者是对其现在的价值经过深思熟虑后，创新型投资者接下来最应该做的事情就是去了解加密资产的开发者及其社区。由于运用了点对点的技术，所有的加密资产都有社交网络。红迪网、推特以及 Slack（一款企业聊天工具）都是有价值的社区来源，但由于每个社区各具特点，且这些社区一直也都处于变化之中，关于如何利用这一点，我们也无法给出进一步的指导。值得一提的是，另一个经常被人忽略甚至大家都不知道的但极具价值的社区是社交网络 Meetup. com。

为了更加了解社区，可以考虑下面几个关键点：开发团队的尽职尽责程度以及他们的背景如何？开发团队是否是在一个加密资产的基础上，对其进行修正、完善然后发布另一个新的加密资产？这与维塔利克·巴特林决定由比特币转向以太币十分相似，而以太币与比特币相比，有着非常重要的新特质。如果不是这样的话，那其中是否有一些不对劲的地方？如果开发者的履历有问题，特别是如果开发者以前就参与过有问题的加密资产的开发，那么这就要格外小心了。记住上文中介绍的约翰·罗的例子。一项加密资产的核心开发者的相关信息在谷歌、领英（LinkedIn）以及推特上都能搜到，除此之外，与这些资产有关的网络论坛也值得花些时间关注。如果找不到有关开发者的信息，或者开发者公开表示他们是匿名的，那么这是一个值得警惕的信号，因为如果加密资产一旦发生问题，没有人会对其负责。

与其他加密资产的关系

接下来创新型投资者需要问的是：某项加密资产和先前的有什么联系吗？会不会是某个加密资产的分叉币？如果是的话，那么它们的不同点在哪儿，以及这些改变的地方为什么能够给这个新资产存在的正当性？比特币最高纲领主义者（Bitcoin Maximalists）（他们认为最终能够生存下来的加密资产只有比特币一种），常常持有一种观点，那就是比特币能够吸收所有其他加密资产所具有的特性。这个观点也有一定的依据，因为比特币的开源性赋予了它灵活性，但是我们并不同意这一点。确实，创新型投资者在调查任意一个新的加密资产的时候，我们鼓励他们将比特币最高纲领主义者的这个观点考虑进去，因为这能衍生出一些重要的问题。

我们希望能够看到在一个加密资产平台基础上开发的加密资产越来越多，这对于数字资产舞台的构建十分重要。正如我们在第 5 章介绍的，我们将以太币定义为一个加密商品，它是一个用于开发去中心化应用程序及其相关的加密通证的公共平台。这样的关系是好是坏要视具体情况而定。例如，The DAO 给以太坊带来了很严重的负面影响。另一方面，但是以太坊平台也有一些被成功开发并运行的加密通证如 Augur 和 SingularDTV，它们对于其涉及的所有资产都有着积极的影响。随着以太坊逐渐成长成其他加密资产的平台，这些平台上开发的去中心化应用程序的质量以及以太坊团队如何处理这些去中心化应用程序之间的关系就十分值得关注了。如果以太坊的成长达到一定程度，最终可能也会出现一群自称为以太坊最高纲领主义者（Ethereum Maximalists）！

发行模型

加密资产目前以及未来的发行速度都是十分重要的考虑因素。如果一项加密资产供给的发行速度很高，如早期的比特币，但如果它的效用没有达到预期的水准，其价值也会随之降低。加密资产的总发行量对于每一单位的加密资产能否长期保持价值也至关重要。如果最终发行量过高，在未来这也将有损资产的价值。

其次，需要考虑分配是否公平。记住预挖矿（在网络尚未广泛普及前，已经有一部分资产被挖矿产出，如字节币的情况）和即时挖矿（大量资产在开始时刻被挖矿产出，如达世币的情况）都是不好的信号，因为资产和权力将会归为少部分人，而不是在平等的条件下尽可能地分配给更多的人。

尽管关于预挖矿和即时挖矿的评价有好有坏，事实是对于不同的发行模型来说它们可能存在着某些合理性。加密资产的发行模式正处于演化之中，因为开发者们正通过发行模式来支持分布式的网络。与中央银行和传统经济学一样，人们也在摸索走向成功的道路。此外，加密资产的发行模式总是会发生变化。例如，从一种发行模型开始的以太坊，正决定在未来几年更换成另外一种发行模型。[①] 这种发行模型的变化可能也会发生在其他资产上，或者对那些与以太坊网络紧密相连的资产产生影响。

尽管我们已经详细介绍过几个发行模型，例如比特币和门罗币，但是对于发行模型最重要的一点是模型应该与其使用情况相匹配。在狗狗币的例子中，我们看到了打赏服务对其数量的大量需求，这也给了狗狗币数量能超过 1 000 亿以合理性。这个数量远远超过了比特币。许多人将比特币看作黄金 2.0，如果以这个观点来看的话，狗狗币的发行模型将非常糟糕。

对于加密资产信息的进一步挖掘通常取决于加密资产的成熟度。对于比特币来说，8 年的大风大浪让比特币经受住了众多的讨论与文章的考验，除此之外，对其代码的修改完善还在定期进行。对于以太坊来说，很显然，由于其在比特币网络出现并运行 5 年后才诞生，它的信息就要少一些。而对于其他的加密资产，特别是加密通证，它们的信息量比以太坊还要少。

新的加密资产正在以惊人的速度增长，有些人说这令人担忧。新的加密资产是最需要进行尽职调查的对象。除了有经验的创新型投资者外，我们希望所有要冒险进入这个风险较高领域的投资者提高警惕。在第 16 章，我们会介绍 2017 年以后出现的加密资产的历史和调查情况。

在下一章中，我们将研究加密资产的网络健康状况，这也可以被理解为是其运营基础情况。运营基础是度量具有功能架构的加密资产能否获得吸引力以及发挥出潜力的一个重要指标。由于这些基本情况也会影响价格，因而我们将通过市场技术的讨论来确定购买、出售或交易一种加密资产的最佳机会，并以其作为章节的总结。

---

① http://ethereum.stackexchange.com/questions/443/what-is-the-total-supply-of-ether.

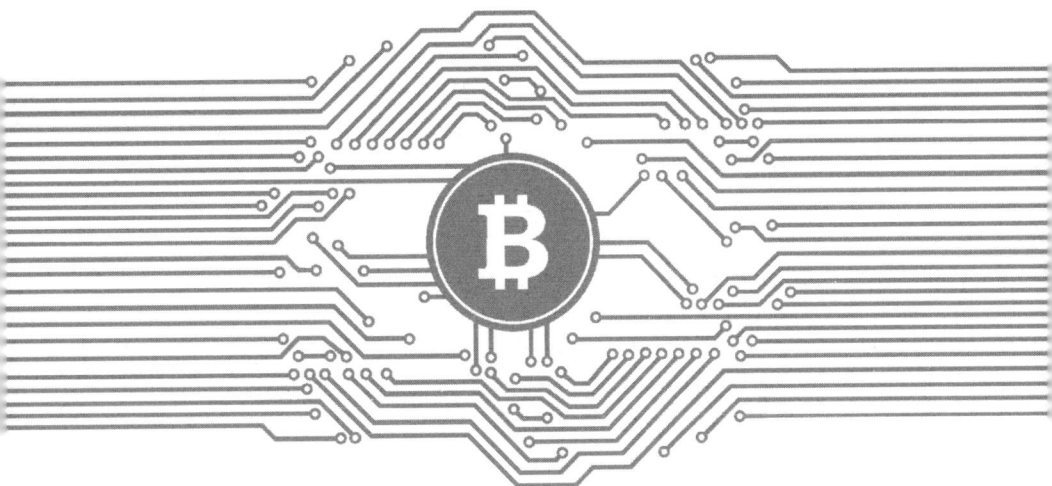

第13章

加密资产网络的操作安全和技术分析

已经上线运行的加密资产能够为我们提供丰富的信息，这些信息有助于我们深入了解加密资产在现实世界中是如何运行的。

回忆一下，我们最初将区块链架构描述为硬件、软件、应用程序和用户4个层面。通过研究这4个层面的具体指标，我们可以判断加密资产的价值是否能够持续增长。对于一项健康发展的资产，一个普遍的规律是这些指标都会增长。如果一项加密资产的这些指标在早期就不增长，那么它的前景一般不会太好。

在本章，我们将逐一详细地介绍每一个层面的基本原理。在本章的最后，我们还将介绍加密资产的分析工具并探讨创新型投资者如何使用这些分析工具来选择投资时机。

矿工

底层系统的安全程度是加密资产持续健康发展最重要的指标之一，但它往往被人们忽略。对于工作证明的系统，比如比特币、以太坊①、莱特币、门罗币等，系统的安全程度是一个以矿工数量和总算力为变量的函数。

矿工需要验证交易并建立区块链，他们必须投入足够大的总算力，才能抵御攻击者用加密资产网络处理无效交易的风险。因为攻击者攻击成功的唯一方法是占有一半以上的算力，所以必须保证网络中

---

① 以太坊在2018年上半年从工作证明（PoW）转变为权益证明（PoS）。

没有单一的实体占有超过 50% 以上的算力。如果单一实体占有一半以上的算力，那么他就可以实施 51% 攻击，用区块链来处理无效交易，包括使用不属于自己的钱，这会使人们对加密资产丧失信心。抵御这种攻击最好的方法是全球各地的很多计算机来支持该区块链，因为没有一个单一实体能购买到足够多的电脑，去占有大多数的算力。

购买和维护这些电脑的成本是昂贵的，矿工不会纯粹持利他主义，无偿地付出他们的时间和金钱，他们只有在有利可图的情况下才会将更多的电脑添加到区块链网络中。换句话说，矿工是经济学意义上的纯理性人，提供算力是为了获得利润，而他们的利润很大程度上取决于加密资产的价值和交易费用。因此，加密资产的价格越高，处理的交易事项越多，矿工会愿意投入更多的新电脑来支持和维护该加密资产网络的安全性。[①] 这是一个循环的过程，更多的硬件被投入该加密资产网络，就会有更多的人信任该网络是安全的，从而进一步推动更多的人来购买和使用该加密资产。

这样的正周期设计确保了随着加密资产规模的扩大，它的安全性也会进一步提升。这符合现实需求，正如收银机内有 3 000 美元的典当行和保险库内有 200 万美元的富国银行，两者所需的安全性是不一样的。对于加密资产而言，价值 30 万美元和价值 30 亿美元的加密资产网络，它们所需的安全性也是不同的。

安全性指标：哈希率

比较哈希率（hash rates）是判断加密资产的相对安全性的一种方法。加密资产的哈希率是指区块链网络中矿机（mining computers）的总算力。例如，图 13.1 和 13.2 分别显示了比特币和以太坊的哈希率，随着时间的推移，两者都呈现出超速增长的趋势。

2017 年 1 月，比特币和以太坊的哈希率已经分别约是 2016 年 1 月

---

① 大部分加密资产的哈希率图表可访问网页 http://www.coinwarz.com/charts/network-hashrate-charts。

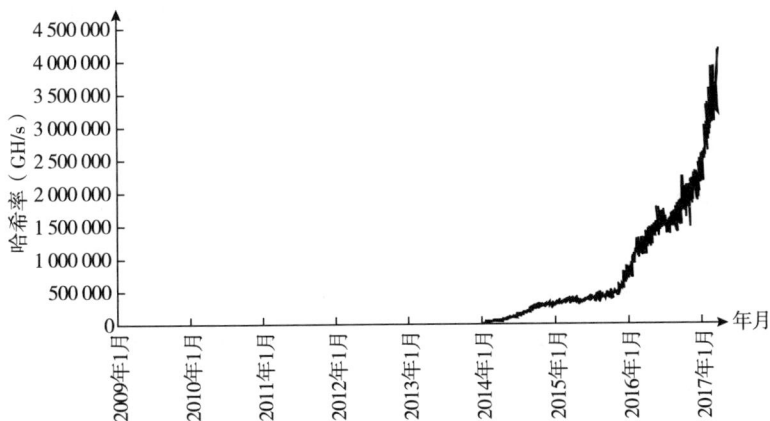

图 13.1　比特币自产生以来哈希率的变化情况

资料来源：Blockchain. info。

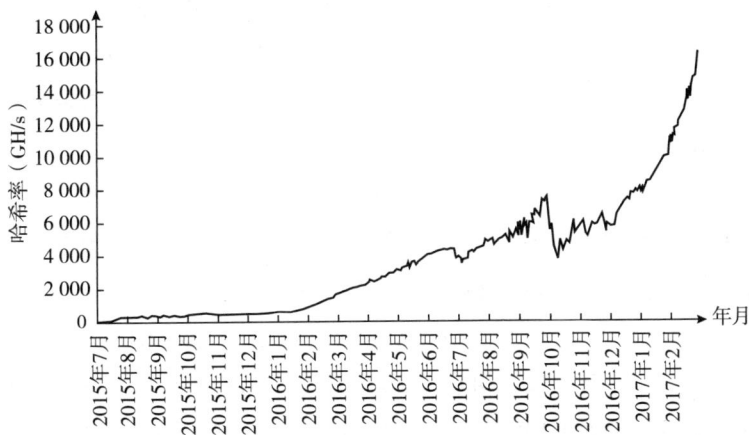

图 13.2　以太坊自产生以来哈希率的变化情况

资料来源：Etherscan. io。

的 3 倍和 10 倍。这意味着以太坊比比特币增长更快，也就是说，更多矿工热衷于通过支持以太坊来获取利润。但是相比于比特币，以太坊的基数还小很多。

尽管会显得啰唆，但我还是要再强调一遍，更大的哈希率意味着更多的计算机被用于支持加密资产网络，这也意味着该网络会更加安全。因为矿工都是利益驱动的，所以他们只会在加密资产的价值及与其相关的交易增加时，才愿意投入更多的计算机。哈希率经常随着加密资产的价格变化而变化，但有时候，是加密资产的价格随着哈希率的变化而变化。这是因为矿工看好这个加密资产的前景，从而主动去维护该加密资产网络的安全性。这种行为会为市场注入信心，也有可能是该加密资产潜在的好消息被传到市场，导致加密资产的价格开始上涨。

一旦确定哈希率在增长，那么比较加密资产相对安全性的最好方法通常是计算安全网络中的设备数量。通过货币价值能够较直观地体现一个恶意主体需要花费多少成本才能够篡改加密资产网络，完成一次"51%攻击"需要付出的成本。

2017年3月，算力为14 TH/s的比特币矿机售价为2 300美元。可以将TH/s理解为类似于个人电脑的时钟速度，通常以吉赫（GHz）为单位，代表一个机器每秒执行指令的次数。比特币的总算力4 000 000TH/s，这意味着需要286 000台算力为14 TH/s的矿机。因此，攻击者要想控制比特币网络50%的算力，就需要花费6.6亿美元（2 300美元/台×286 000台）。因为如果当前的哈希率为100，攻击者要想篡改，就需要购买足够的哈希率（100，而非50），此时总的哈希率将翻倍至200，攻击者也将拥有50%的份额［100/（100＋100）］。

另外，以太坊的挖矿网络相对较小，这是因为以太坊是一个相对年轻的平台，储存的数据相对较少。2017年3月，算力为230MH/s的以太坊矿机售价为4 195美元[①]，要想篡改以太坊上面的数据至少需要70 000台矿机，价值总计为2.94亿美元。此外，以太坊支持图形处理器挖矿，而不是专用集成电路，因此兴趣爱好者可以借助零碎的硬件低成本地完成构建。

比特币和以太坊分别用6.6亿美元和2.94亿美元的成本，来维护价值高达171亿美元和47亿美元的加密货币网络。每1美元加密资产的安全成本在3.9～6.3美分。对于创新型投资者来说，这个范围是衡

---

① http：//www.ebay.com/itm/like/262677542123?lpid＝82&chn＝ps&ul_noapp＝true.

量其他加密资产安全性的一个较好的标准，通过花费相同比例的成本，他们就能够使加密资产的安全性与当前区块链生态中非常安全的两大加密资产的安全性相似。

Ⓑ 直接比较不同加密资产的哈希率时需要注意的地方

通过直接比较哈希率来判断不同加密资产的安全性在逻辑上似乎没有问题，但是这样做一般是不合适的，因为不同区块链上进行哈希运算的机器存在差异，所以成本也存在差异。正如我们在第4章和第5章中提到的，不同的区块链架构在共识过程中使用不同的哈希函数，而使用不同的哈希函数需要不同的芯片，比如中央处理器、图形处理器或专用集成电路等，而内置不同种类芯片的电脑则价格不同。例如，比特币一般使用内置专用集成电路芯片的矿机，平均每一美元的支出能够产生最大的哈希率，而以太坊开采主要使用图形处理器。因此，相比于以太坊矿机，用 1 000 美元能够购买到哈希率更多的比特币矿机，所以在衡量加密资产网络抵御攻击的能力时，货币价值是最好的指标。正因为如此，2017 年 3 月，比特币的哈希率为 4 000 000TH/s，速度是哈希率为 16 000 GH/s 的以太坊的 250 000 倍，但这并不意味着比特币的安全性是以太坊的 250 000 倍。

去中心化的资产需要去中心化的矿工

总体来说，哈希率很重要，而去中心化是另一个很重要的因素。毕竟，即使哈希率非常高，但如果 75% 的哈希率由一个实体掌控，那该系统就不是一个去中心化的系统，实际上仍是一个高度集中的系统，因而容易受到一个实体的影响。如果加密资产容易受到一个实体或几个实体的影响，那么这一个实体或几个实体就可以选择在某个时间点执行"51% 攻击"，使加密资产失去价值（恶意的自杀性攻击）或试图花费不属于自己的钱。因此，必须充分考虑和避免这样的风险。

图 13. 4、13. 4、13. 5 分别表示 2017 年 3 月，以太坊、莱特币和比

特币算力在不同矿工之间的分布。

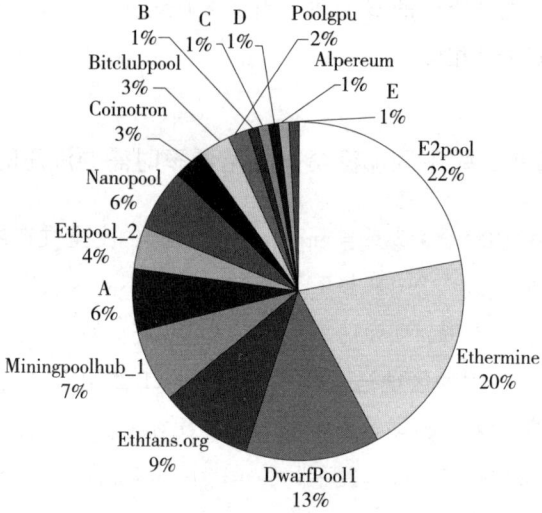

图 13.3 以太坊哈希率的分布情况

资料来源：Etherscan. io。

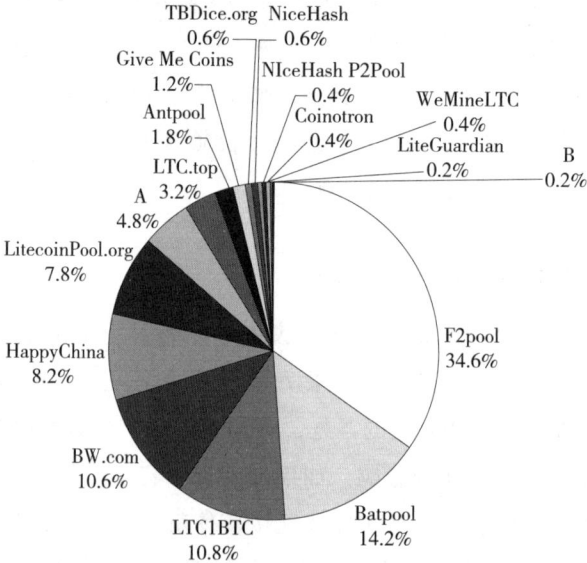

图 13.4 莱特币哈希率的分布情况

资料来源：https∶//www. litecoinpool. org/pools。

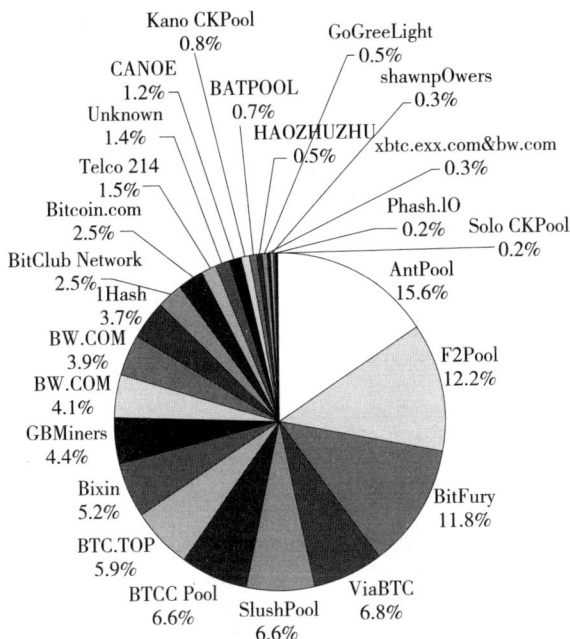

图13.5　比特币哈希率的分布情况

资料来源：http://blockchain.info/pools。

明显可以看出莱特币的集中程度最高，而比特币最为分散。赫芬达尔—赫希曼（Herfindahl-Hirschman Index，简称 HHI）是一个量化市场竞争情况和集中程度的指标。[①] 比如，美国司法部就在用 HHI 衡量潜在的兼并和收购行为如何影响行业的集中性。[②] 这个指标的计算过程为，先将参与主体的市场占有率平方加总，最后将加总得到的结果乘以 10 000。

比如，一个系统有两个参与者，每个参与者的市场份额都为 50%，那么该系统的 HHI 为 5 000，因为 $(0.5^2 + 0.5^2) \times 10\,000 = 5\,000$。HHI 不超过 1 500 的市场被称为完全竞争市场，HHI 为 1 500～2 500 的市场被

---

① https://www.justice.gov/atr/herfindahl-hirschman-index.

② https://www.justice.gov/atr/15-concentration-and-market-shares.

称为适度集中型市场，HHI 超过 2 500 的市场被称为高度集中型市场。①

区块链网络不应该成为高度集中型市场，最理想的区块链网络应该属于完全竞争市场，因为市场越集中，单一实体就越容易掌握足够的算力来开展"51％攻击"。从图 13.6 可以看出，比特币和以太坊都是完全竞争市场，但是莱特币是一个适度集中型市场。②

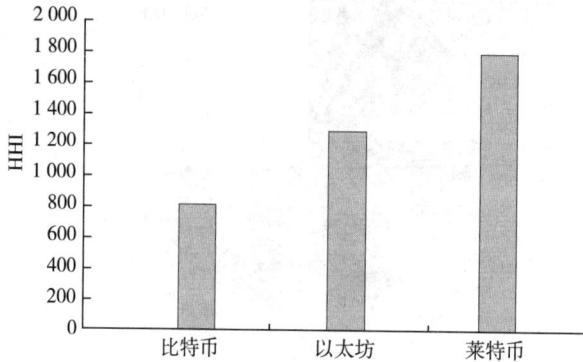

图 13.6 比特币、以太坊和莱特币的 HHI

资料来源：Etherscan. io、litecoinpool. org 和 Blockchain. info。

不同区块链网络矿工的集中程度，取决于加密资产的增长速度和挖矿设备的更新程度，所以 HHI 会随时间的变化而变化。从图 13.7 可以看到比特币的 HHI 随时间的变化。

有些时候，比特币也是适度集中型市场，就像现在的莱特币一样。莱特币已经意识到大型矿池对其生态系统健康和加密货币质量的影响，莱特币的开发者开展了一个名为"散列传播"的宣传运动来分散挖矿行为。③ 这个运动建议矿机分散到各个矿池，而非仅仅集中在一个矿池。

---

① https：// www. justice. gov/atr/15-concentration-and-market-shares.
② 有些人反对使用 HHI 去衡量区块链网络挖矿的集中程度，主要是因为在计算 HHI 时，主体是矿池，而很多矿池是由多个实体组成的。因此，去中心化的程度比这些网络分析的结果要更大。
③ https：// litecoin. info/Spread_the_Hashes.

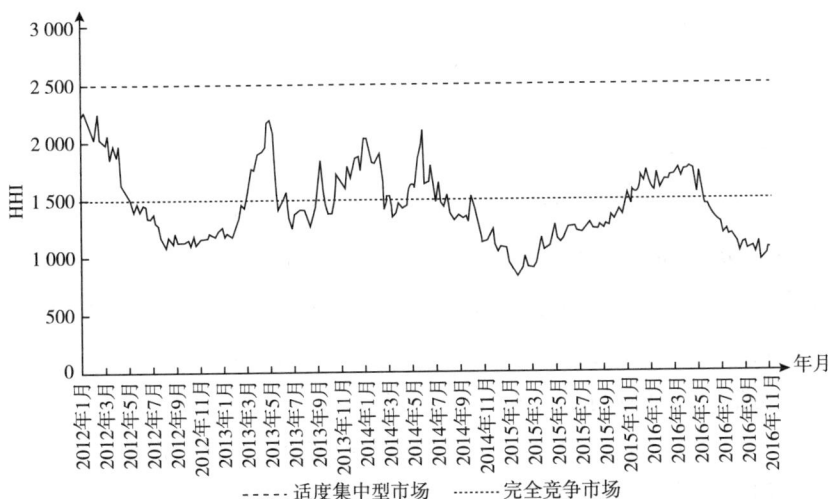

图 13.7　比特币的 HHI 随时间变化的情况

资料来源：Andrew Geyl。

矿工的地理分布

除了哈希率和哈希率所有权的分布，了解加密资产区块链的矿机在地理上如何分布也很重要。毕竟，如果加密资产的矿工都在一个国家，那么该加密资产可能会受矿工所在国家的控制。这是我们在分析这些资产时，从宏观经济视角需要考虑的要素。

关于中国和冰岛有多少大型矿池①，一直有很多讨论。然而，通过观察比特币所有的节点（比特币软件被下载和比特币区块链被维护的位置），矿工集中的位置变得一目了然。

大家常常会困惑美国和德国拥有最多比特币的节点，中国的排名相对靠后却可能拥有最多矿工，这似乎是矛盾的。其实，并不是所有的节点都拥有同等算力。一个节点可以有大量的矿机，从而占据比特币网络中大量的哈希率，而另一个节点可能仅有一台矿机，占比特币总哈希率中很小的一部分。因此，综合考虑节点的地理分布和哈希率

---

① https://www.thebalance.com/bitcoin-mining-in-the-beauty-of-iceland-4026143.

在不同节点的集中程度，我们才能全面了解加密资产背后硬件的分散程度。

软件开发人员

关于如何识别和评估新兴的区块链企业，《商业区块链》（*The Business Blockchain*）的作者威廉·穆贾雅（William Mougayar）已经写了大量文字。他还简明地总结了开发人员的重要性："在用户信任协议之前，他们需要先信任创造它的人。"[①] 正如我们在前一章谈及的，要尽可能多地调查协议开发人员的资质。

开发人员的资质很重要，他们的长期承诺也很重要。开发人员不应该在创建完协议后就撒手不管了。这些系统由开源软件构成，它必须随时更新以保持安全性和健康发展。如果没有人维护软件，就会发生以下两件情况：第一，漏洞被发现，并被恶意利用；第二，软件停滞不前，最终输给其他更加出彩的项目。

开发人员拥有网络效应：一个项目的开发人员越聪明，在其他开发人员看来，这个项目更有前途，也更有吸引力，因此更多的开发人员会被吸引到这个项目中来，正向激励的效果就产生了。反之如果开发人员退出一个项目，那么其他开发人员也很快会对这个项目失去兴趣并离开，最终没有人会来管理这个项目。如果最终这个项目无人管理，那么建立在这个项目上的公司和用户也会离开，这些都会导致加密资产的价值下降。

开发人员活动非常重要，但是难以量化。大部分加密资产的项目被存储和编排在 GitHub 上，其中包括一套开发人员活动的图表，具体包括贡献者图表（contributors）、提交图表（commits）、码频表（code frequency）、打卡表（punchcard）和网络图（network），但是当中很多数据是没有意义的。比如，我们在贡献者列表上看到的贡献很多是负

---

① http：// startupmanagement. org/2015/02/15/best-practices-in-transparency-and-reporting-for-cryp-tocurrency-crowdsales/.

面因素，一般是软件的一个主要缺陷被发现，开发者马上修复了它。此外，每个加密资产都是由许多不同的项目组成，这使得用户很难在 GitHub 上获得一个加密资产的概览。

作为一个解决方案，CryptoCompare 合并了开发人员活动和指标，从而使比较不同加密资产更加方便。CryptoCompare 网站创造了代码存储库点数（Code Repository Points）[①]，图 13.8 为 2017 年 3 月 29 日不同加密资产的代码存储库点数，其通过如下方式计算：每个星星加 1，每个分叉加 2（有人试图创建一个副本或修改代码），每个订阅加 3。

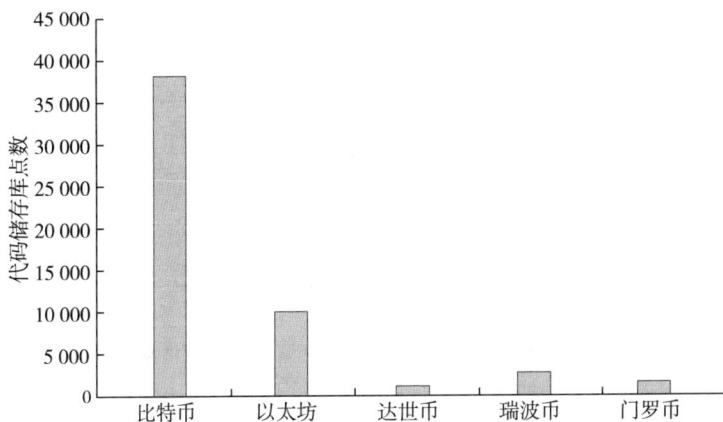

图 13.8　2017 年 3 月 29 日不同加密资产的代码存储库点数
资料来源：CryptoCompare。

Github 平台的星标是指用户对项目代码打的标记，用户用星标对代码做书签并表达其对代码的赞赏。我们在第 5 章中详细解释了 The DAO 通证的分叉，但是在这里，分叉是一件好事。它指的是新开发人员分叉加密资产的代码并试用。回想一下，莱特币、达世币和零币是如何创建的：开发者分叉并修改比特币代码，然后重新发布具有不同功能的软件。订阅者是指那些愿意对代码更新保持活跃的人群。简而

---

① CryptoCompare 网站上的比特币代码存储库点数可参阅 https：// www. cryptocompare. com/ coins/btc/influence。想要查看其他加密资产的代码存储库点数，你只需要在以上地址搜索该加密资产的简称，比如"btc"。

言之，更多的代码存储库节点，意味着更多的开发者活动。

但是，这个指标有不公平之处——加密资产存在的时间不同，比特币自出现以来已经超过 8 年，而其他加密资产只存在一小段时间。将时间标准化后，2017 年 3 月 29 日加密资产代码存储库点数如图 13.9 所示。[①]

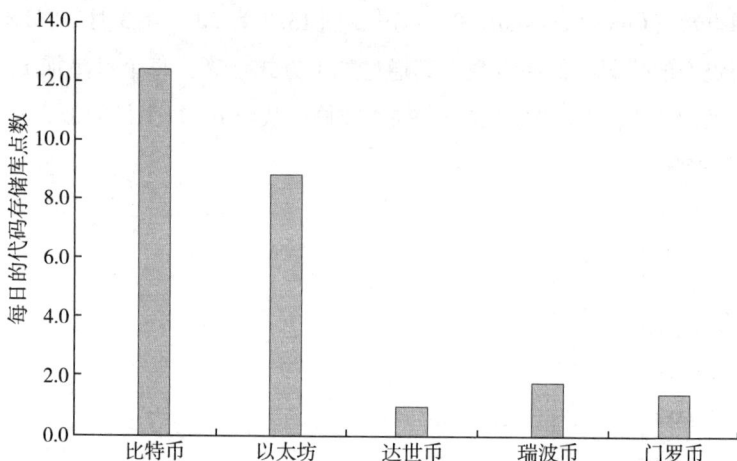

图 13.9 2017 年 3 月 29 日不同加密资产开发者活动的频率
资料来源：CryptoCompare。

从图 13.9，我们可以看到比特币和以太坊是开发人员活动最多的两个项目。以达世币为基础，可以看出瑞波币和门罗币的开发人员的活跃程度比其分别高出 80% 和 40%。这正符合"物有所值"这个词，比特币区块链和以太坊区块链的网络价值分别高达 171 亿美元和 47 亿美元，这也就说得通为什么这些开发人员会这么活跃。他们的活动显

---

① 在衡量每个加密资产存在的时间时，我们将以下时间作为各自的起始日期。比特币：2008 年 10 月 31 日，中本聪发布白皮书的时间。以太坊：2014 年 1 月 23 日，维塔利克在以太坊博客中正式宣布。达世币：2014 年 1 月 18 日，网站上线的日期。瑞波币：2012 年 11 月 29 日，瑞恩·福格尔宣布瑞波的新工作团队的日期。门罗币：2014 年 4 月 9 日，"BitMonero"的宣布推出日期。值得注意的是，达世币、瑞波币和门罗币这三种加密资产与比特币和以太坊相比，起始日期的选择很宽泛，因为在这个起始日期之前，很多工作都已经在做。但是，那些日期很难确定，为了避免争论，本书选择了加密资产最为准确的发布日期。

然已经建立了一个有价值的平台，很多人都开始使用这个平台发行的加密资产。而达世币、瑞波币和门罗币的网络价值分别为 6 亿美元、3.6 亿美元和 2.8 亿美元，这也解释了为什么其开发的活跃程度不如比特币和以太坊。

为校准网络价值，在图 13.10 中，我们将加密资产的总价值除以总代码存储库点数——可以近似认为创建一个加密资产需要付出的工作量，这大体上可以回答"每个库点的货币价值是多少？"的问题。这个数值越高，表明每个库点的价值越高，但存在被高估的可能性。

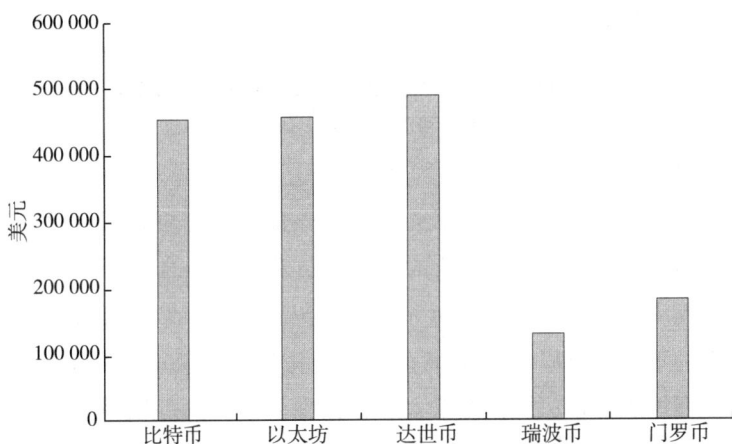

**图 13.10　2017 年 3 月 29 日不同加密资产
每一个代码存储库点数对应的货币价值**

资料来源：CryptoCompare。

运用这种方法，我们发现在 2017 年 3 月达世币是市场上最贵的加密资产，人们愿意为每个代码存储库点支付 50 万美元，但这并不意味着此情况会持续下去。有趣的是，比特币和以太坊的货币价值非常接近，而瑞波币和门罗币的最低。

OpenHub① 是另外一个观察开发者活动的优质平台。比如，Open-Hub 展示了每个项目的代码行数，如图 13.11 所示。

①　https：// www. openhub. net/p？query = bitcoin&sort = relevance.

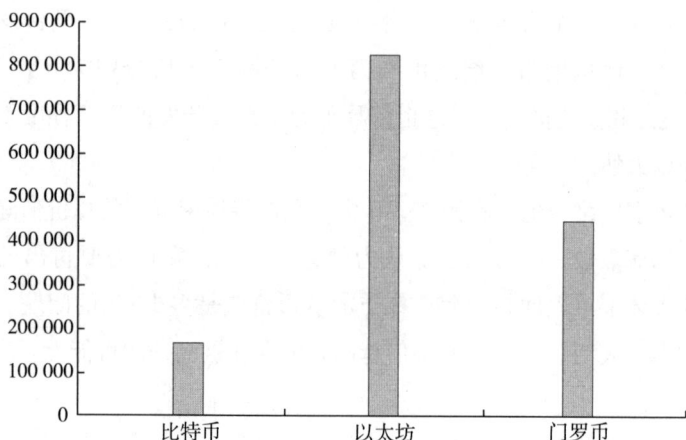

**图 13.11　2017 年 3 月 29 日 OpenHub 上比特币、
以太坊和门罗币的代码行数**

资料来源：OpenHub。

　　加密资产的代码行数多不一定代表该加密资产更好。有时正好相反，少即是多，因为一个专业的开发人员和一个业余的开发人员编写相同的程序，前者可能只需用一半的代码。比特币、以太坊和门罗币有很大的不同，所以它们很难直接进行比较。比特币的目的是简约，门罗币增加了隐私功能，而以太坊在范围内的可拓展性最强。但是重要的是，这三项加密资产在 OpenHub 的活跃度排名中均属于"极高活跃度"的范围。

　　虽然这些开发人员活动的指标并不权威，但在分析加密资产开发人员是否履行承诺和开展活动这一方面，这些指标具有一定的借鉴意义。

公司的支持程度

　　公司的支持和开发人员的支持一样，是一个难以评估的指标。像 SpendBitcoins. com① 这样的网站会告知访客哪些平台接受特定的加密资产。这个指标对加密货币来说很重要，但对于加密社区和加密代币来说并不重要。

---

① 　http：//spendbitcoins. com/.

　　跟踪风险资本投资，是另外一种监测某一加密资产公司支持数量的方法。比特币新闻资源网（CoinDesk）提供了部分数据，如图13.12所示。本书的第16章是对首次代币发行（ICO）的介绍，届时我们将强调该领域的趋势——风险投资已经开始逐渐减少，而众筹越来越受欢迎。

区块链风险资本						
比特币风险投资：CoinDesk						
截止时间	公司	分类	规模（百万美元）	总融资（百万美元）	轻次	投资者
2017-2-9	Coinfirm	监管科技	0.7	0.7	种子轮	Luma Ventures
2017-2-7	Hashed Health	基础设施	1.85	1.85	N/A	Martin Ventures，Fenbushi Capital
2017-1-31	Storj	基础设施	0.1	0.1	种子轮	Utah Gonvernor's Office of Economic Development（GOED）
2017-1-30	Bitfury	基础设施	30	90	D轮	Gredit China FinTech Holdings
2017-1-30	Bitpesa	支付平台	2.5	3.6	A轮	Draper VC，Greycroft LLC，Digital Gurrency Group，Pantera Capital Management，Blockchain Capital，Zephyr Acorn，FuturePerfectVC and BnkToTheFuture
2017-1-24	Cambridge Blockchain	基础设施	2	2	种子轮	Partech Ventures，Digital Currency Group
2017-1-19	CoolBitX	钱包	0.2	0.2	种子轮	Midana Capital
2017-1-17	SatoshiPay	金融服务	0.68	1.07	N/A	Bule Star Capital
2017-1-17	NeuFund	风险资本	2	2	A轮	Atlantic Lahs Klaas Kersting
2017-1-11	Qtum	金融服务	1	1	种子轮	Anthony Di Iorio，Star Xu，Xiaolai Li，Bo Shen
2017-1-4	Blockstack	基础设施	4	5.3	A轮	Union Sqauare Ventures，Lux Capital，Naval Ravikant，Digital Currency Group，Compound，Version One Kal Vepuri and Rising Tide
2017-1-3	Bitpagos	金融服务	1.9	0.9	A轮	Huiyin Blockchain Ventures Boost VC，Digital Currency Group and Draper VC

图13.12　CoinDesk平台上的区块链风险资本情况

资料来源：CoinDesk。

　　从纵向的角度来观察公司是如何支持加密资产的比只关注一个时间点的更重要。我们发现交易所的数量是观察公司支持力度最好的指标之一。假如一项加密资产合法并得到很多人的支持，那么就会有很多的交易所愿意上线该加密资产。正如我们在第9章中提到的，最后添加加密资产的交易所是最规范的交易所，比如Bitstamp、GDAX和Gemini等。这些交易所拥有强大的品牌效应，和监管机构良好的关系，所以在加密资产通过技术和市场审核之后，它们才会支持这些加密资产上线。

在谷歌已经能够去查找某个交易所支持哪些加密资产。在加密资产规模统计网站（如 CoinMarketCap）也能进行同样的搜索。①

使用法币的购买加密资产的数量是另一个不错的指标，可以用于表示加密资产被接受程度的增长及其在合规交易所中供应量的增加。在第9章我们提到，早期的加密资产大多是通过比特币来流动的，这意味着交易都要用比特币，而不是美元或欧元。现在随着加密资产的多样性增加，越来越多的加密资产直接通过法定货币进行交易，图13.13 为以太坊的交易情况。

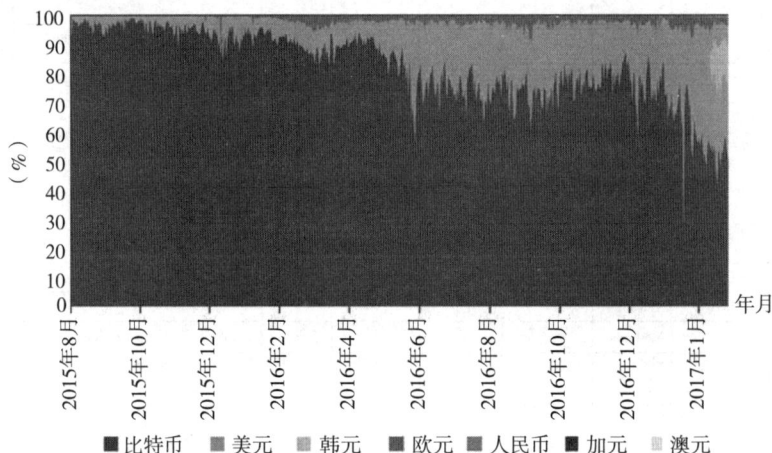

图 13.13　以太坊的交易货币日益多样化

资料来源：CryptoCompare。

在 2016 年 3 月到 2017 年 3 月，以太坊在法定货币交易的加密资产交易额中的占比从 12% 上升到 50%。这意味着该加密货币获得越来越多的认可和接受。

用户的采用程度

很多指标都可以用来度量主流应用的现况和使用率。我们可以关注以下这些基本指标，通过这些指标，我们能够看出加密资产的核心功能

---

① https：//coinmarketcap. com/currencies/volume/24-hour/.

对用户的吸引程度。

- 用户数量。
- 区块链上传播的交易数量。
- 交易的货币价值。
- 评估指标，即区块链网络的总价值除以每日交易的货币规模。

我们将以比特币和以太坊为例，来分析这些指标。值得注意的是，对于很多加密资产而言，这些数据难以获取，因为这些加密资产仍处在发展的早期阶段，数据难以提取且难以用一种易于理解的方式呈现。即使对于比特币和以太坊，某些特定指标也一样难以获取。比特币和以太坊最好的数据资源分别来自 Blockchain. info 的图表部分[①]和 Etherscan 的图表部分[②]。在这里，我们假定其他加密资产也会有类似的服务——将区块链上的数据提取出来并实现可视化。

用户数量

Blockchain. info 是一个全球领先的比特币钱包供应商（钱包是比特币用户储存密钥的地方），从图 13. 14 可以看出该钱包用户的数量随时间变化呈指数型变化趋势。显然，加密资产钱包的用户越多，这个加密资产越有利：更多的用户意味着更多人在使用该加密资产，也意味着更多人接受该加密资产。但是图 13. 14 仍存在一些缺陷。首先，它只显示 Blockchain. info 钱包用户数量的增长，忽略了许多其他钱包供应商的存在。例如，截至 2017 年 3 月，Coinbase 有 1 420 万个钱包，与 Blockchain. info 上的数量相近。其次，一个人可以拥有多个钱包，所以统计过程中可能忽略了一个用户创建多个钱包的情况，这个缺陷在其他钱包当中也同样存在。

Willy Woo 是 Coindesk. com 的一个贡献者，他利用谷歌趋势来评估

---

① https：// blockchain. info/ charts.

② https：// etherscan. io/ charts.

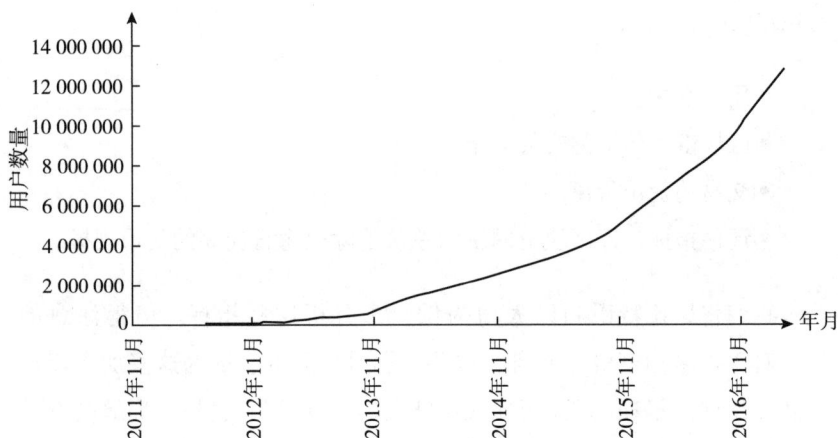

图 13. 14 不同时间 Blockchain. info 钱包用户的数量

资料来源：Blockchain. info。

谷歌上关键词为"BTC USD"的搜索量。他想将此作为"比特币随时间变化的增长情况和参与度的有效代理指标。"[①] 换句话说，他想用这个指标来衡量比特币用户的增长。图 13.15 显示了该搜索词的变化趋势。Woo 表示峰值所在的位置正处于价格泡沫时期，很多用户在线检查他们财富的价值。Woo 还发现，一个活跃的比特币用户每天都会检查比特币的价格，因此他认为该图有助于识别比特币用户的数量。

如果我们假定这是正确的，那么根据 Woo 的分析，比特币用户每年翻倍，每 3.375 年增长一个数量级。为了致敬摩尔定律[②]（这是一个著名的预测，即每平方英寸可容纳的晶体管数目每隔 18 个月便会增加一倍），他将这个称为 Woo 定律。我们来看看 Woo 定律为何会成立，这是一个非常有趣的过程。

让我们再考虑一下区块链上面地址的数量。对于比特币来说，一个地址代表一个比特币被使用，因此地址越多，意味着储存比特币的位置越多。然而，像 Coinbase 这样的公司可能有很多地址，为数百万用户存储比特币。所以，虽然这个指标呈现出很好的增长的趋势，但

---

① http://www.coindesk.com/using-google-trends-estimate-bitcoins-user-growth/.

② http://www.investopedia.com/terms/m/mooreslaw.asp.

图13.15 Woo法则：比特币用户数量每12个月翻番

资料来源：http://www.coindesk.com/using-google-trends-estimate-bitcoins-user-growth/。

图中呈现出来的仅是一小部分。

图13.16显示了以太坊地址数量的增长。以太坊的地址不仅可以存储以太币，像比特币一样，它还可以存储智能合同。这意味着以太坊被使用次数的增加。

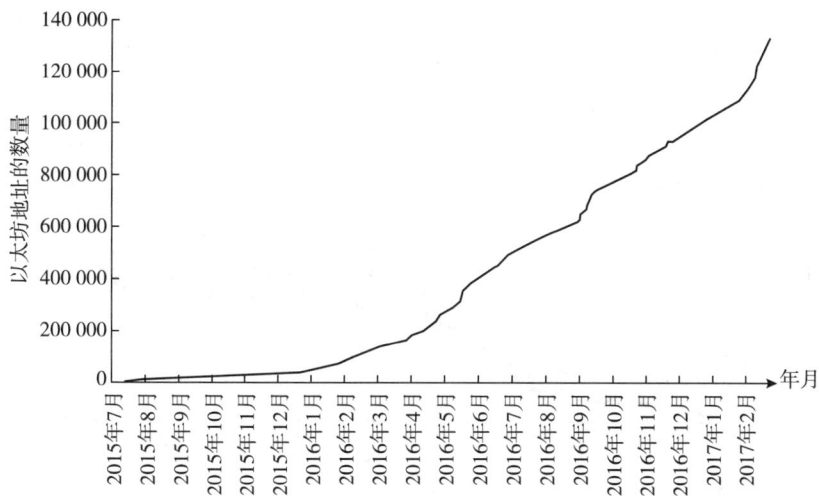

图13.16 以太坊地址的增长情况

资料来源：Etherscan.io.

交易的数量

图13.17和13.18分别显示了比特币区块链上的日交易量和以太坊区块链上的日交易量。对于区块链及其加密资产来说，上升是健康的迹象。以

上比特币的信息来自 Blockchain. info①，以太币的信息来自 Etherscan②。

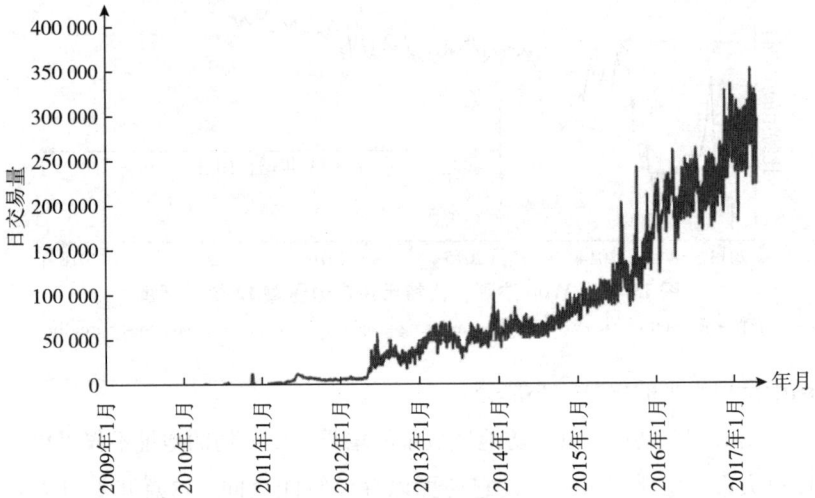

图 13. 17　比特币区块链上的日交易量

资料来源：Blockchain. info。

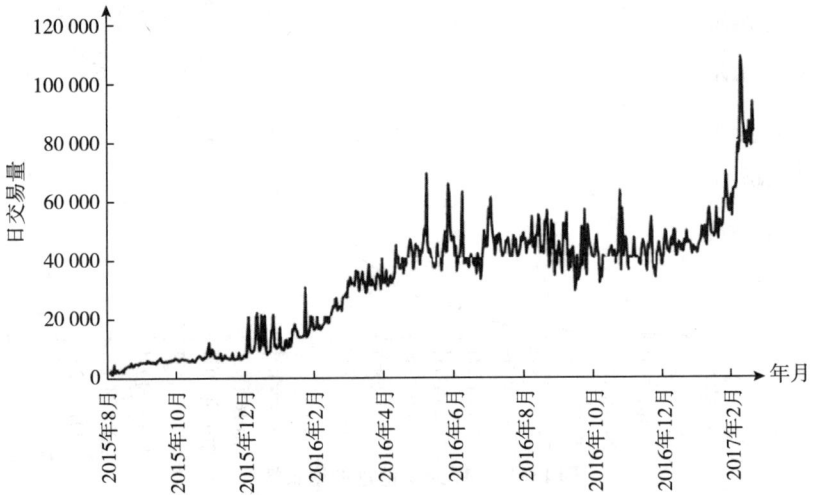

图 13. 18　以太坊区块链上的日交易量

资料来源：Etherscan. io。

---

① https：//blockchain. info/charts/n-transactions.

② https：//etherscan. io/chart/tx.

交易的货币价值

虽然日交易量是一个重要的指标，但是它并没有体现出这些交易的货币价值。图 13.19 显示了比特币交易的货币价值。在 2017 年第一季度，比特币交易规模每天超过 2.7 亿美元，这相当于每分钟交易 188 000 美元或每秒钟交易 3 100 美元。[①]

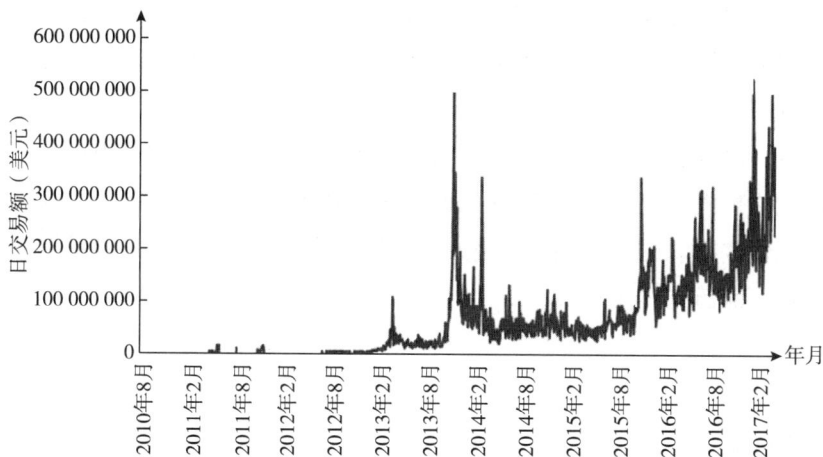

图 13.19　比特币区块链上每日估计的交易规模
资料来源：Blockchain. info。

种潜在的估值方法

正如股票估值方法多年来不断发展，加密资产的估值方法也随着时间的推移而不断完善。我们正在考虑利用一种估值方法，来测量市场愿意为了区块链带来的效用支付多少金额。为了获得这些信息，我们用加密资产的网络价值除以它的日交易量。如果网络价值的增长速度超过了交易资产规模的增长速度，那么这个比率就会更大，这意味着加密资产的价格已经超过了它的效用。我们称这个比率为加密货币的"资产收益

[①]　根据 Blockchain. info 上的一些分析，这个数据为"估计交易量"，因为在比特币区块链上的某些交易是"零钱交易"，该交易会将余额返还给用户。因此，只有把这些交易剔除在外，交易量才会更加精确。

比"（PE），灵感来源于股票的常用比率。对于加密资产，我们提出分母的估值应该为交易量，因为加密资产没有收入，也没有现金流。

这里会有一个有效的资产价格，在这个价格下，网络价值与日交易量的比率将会趋向稳定，也就是说网络价值和交易资产的规模将会以相同的价格增长。如果交易资产的上升速度比不上网络价值的上升速度，那么这个资产很容易会被高估。

随着时间的推移，市场将会为这个比率发现一个均衡的数值，就像股票市场会为价格销售比或价格收益比找到了一个均衡比率。现在的加密资产，包括比特币在内，存在时间还是太短，市场上的数据还太少，以至于无法找到一个稳定的均衡比率。观察图 13.20，当比特币的网络价值是日交易量的 50 倍时，这个比率似乎较为稳定。这能表明，当该比率在 50 左右时，资产价格较为公平，大幅波动可以看作下跌或上涨的信号。

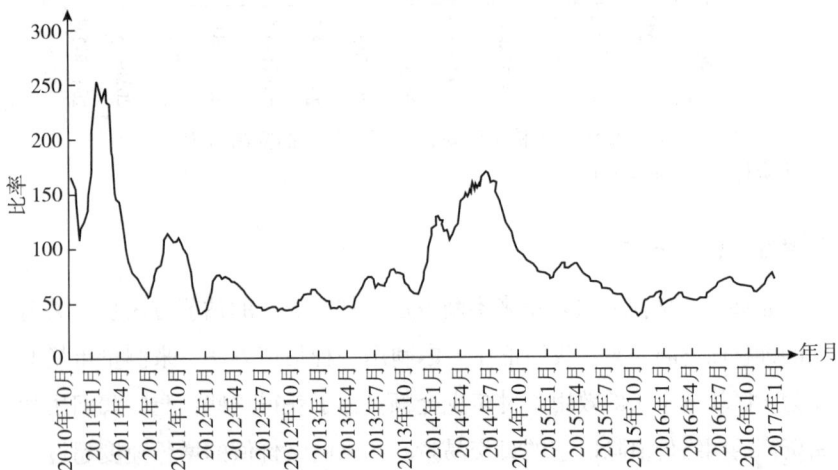

图 13.20　比特币网络价值除以估计的日交易量（30 日移动平均线）
资料来源：Blockchain. info。

操作原理摘要

一种新的资产类别，比如加密货币，对于它们的基本面分析仍处在起步阶段。我们在第 12、13 章提到的指标，都是尽可能基于股票分析师已经使用多年的分析工具。显然，股票和加密资产的研究在本质上是不同的。然而，我们仅是试图去创建加密资产的分析方法，使该分析方法可以随着时间的推移仍然适用。我们也知道，随着新趋势的出现，越来越多的数据会被创建，越来越多的分析师会进入加密货币领域，许多我们此时正使用的分析工具将会被更精细和准确的分析工具所取代。

对于那些想将加密资产加入投资组合的创新型投资者，我们希望我们已经为其提供了分析和评估加密资产的工具。通过这一章的分析，我们不仅希望能帮助创新型投资者，也希望能为未来的加密资产分析师提供工具，从而使他们建立更加稳健的分析工具。

加密资产的技术分析

加密资产的技术分析有其独有的工具和指标。尽管加密资产和其他资产类别在基本面分析上存在不同，但是在技术分析方面很大程度上是相同的。技术分析是对资产的价格和交易量随时间变化的评估，有助于帮助投资者选择交易时机。当然，这并不能保证投资者一定能够找到确切的"正确时间"进行交易，但技术分析已经成为一个强大的工具，比特币和其他加密资产的交易员都使用技术分析来进行市场择时。技术分析最好能和基本面分析结合起来使用，从而确定该资产是否为合适的投资资产。在此我们提供了一些基本的图表及使用注意事项。

支撑线和阻力线

资产价格运动的支撑线和阻力线是一个久经考验的技术分析工具。图 13.21 显示了比特币在 2015 年的价格变化，在一段时间内，它在一个可预测的成交价范围内变化。在图 13.22 中，顶线被称为阻力线，指比特币的价格难以突破的数值。通常情况下，这些线是投资者心理的映射，在这里是 300 美元。比特币的价格达到 300 美元的时候，显示了一个反弹到其成交价范围的趋势。阻力线的反面是支撑线，这是比特币难以跌破的指标，在这里是 200 美元。每次比特币的价格临近支撑线的，它将会反弹回成交价范围，即使跌破支撑线，它也会迅速上涨。

图 13.21　比特币 2015 年的价格变化
资料来源：CoinDesk。

注意，尽管这个范围是一个有用的指标，但并不意味着一个加密资产总是在此范围内波动。例如，在图 13.21 的最后阶段，价格上涨剧烈似乎形成一个新的更高的价格和交易区间。对于许多技术分析师来说，这种伴随着高交易量的爆发是一个买入信号，因为它表明发生了一些事情显著地推动了市场价值。通常情况下，在资产显著突破阻力线之后，该阻力线将成为新的支撑线。同样地，如果资产价格下跌至支撑线并持续低于该价格，那么该支撑线将会成为新的阻力线。

这里只是对支撑线和阻力线的简单说明，如果将更多的在线资源考虑在内，比如布赖恩·比米什（Brian Beamish）的理性人[①]，该分析方法将会更加完善。

---

① 更多关于理性人的研究可以访问：https://www.therationalinvestor.co/。布赖恩在"Bit-coin Trading Academy"平台上的播客地址为：http://bitcointrading.net/podcast/。

移动平均线

技术分析中最常用的工具是移动平均线（Simple Moving Average，简称 SMA），它可以被用来分析一段时间内的股票价格走势。

大多数图表网站都会提供移动平均线，其计算过程很简单。它代表一段时间内资产的平均价格，这一时期可以是几天、几周，甚至几个月。它被称为移动平均线是因为它每天都有新的平均价格，它会将最新的价格加入计算，去掉最早的价格。因此，平均值会随着时间不断变化。比较常见的是 50 天、100 天和 200 天移动平均线。同样也有长期的移动平均线，比如 200 周的移动平均线，可以被用来观察长期趋势。移动平均线可以作为支撑点和阻力点，一起使用时还可以表明动量的转变。Cryptocompare. com 上有如下观点：

> 简单移动平均线往往是相互结合使用，以发现趋势逆转和动量变化。当一个位于长期移动平均线下方的短期移动平均线与长期移动平均线交叉时，意味着一个向上的动能转变，这是一个买入信号。[1]
>
> 图 13.22 显示了门头沟网站从 2010 年 7 月成立到 2012 年年底的比特币的价格数据，以及 50 天和 200 天的移动平均线。请注意，移动平均线只有经过一段时间之后才会出现。CryptoCompare. com 有以下观点：
>
> 在 2012 年春天，50 天移动平均线上穿 200 天移动平均线，并保持在 200 天移动平均线之上，这表示比特币价格呈现上升的势头。相反，如果短期移动平均线下穿长期移动平均线，形成"死叉"，这是一个看跌信号，资产价格会快速下跌。我们可以在 2011 年的秋天看到这种情况，50 天移动平均线下穿 200 天移动平均线。

---

[1]　https：// www. cryptocompare. com/exchanges/guides/how-to-trade-bitcoin-and-other-crypto-curren-cies-using-an-sma/.

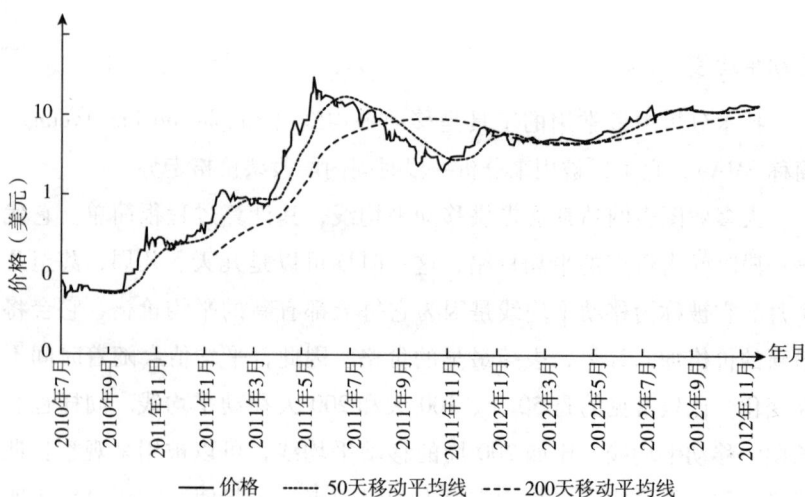

图 13. 22　早期比特币的移动平均线

资料数据：CoinDesk。

注意交易量

因为加密资产的交易量会不断变化，所以关注一个资产的交易量对创新型投资者来说很重要。对于一个新的加密资产，价格上涨而交易量下降是不正常的，这意味着交易订单很小而交易价格上涨，这存在问题。将交易量列入考虑范围，可以区分价格波动是一种持续的趋势还是暂时的波。正如查尔斯·博瓦德（Charles Bovaird）在 Coindesk. com 技术分析专栏发布的文章中提到的：

> 比特币交易者应该记住，交易量在评估价格趋势时是很重要的。大的交易规模意味着强的交易趋势，而小的交易规模意味着弱的交易趋势。一般来说，价格的上涨伴随着交易量的上涨。假如比特币的价格在上涨，但交易规模较小，这可能意味着这次上涨很快将会结束。[①]

同样地，高交易量的下跌表明交易商纷纷选择退出，而低交易量

① https：// www. coindesk. com/bitcoin-traders-know-technical-analysis/.

的下跌表明大家对这次下跌不太关注。

请记住，大多数加密资产仍处在早期发展阶段，在这样的情况下，这些资产的技术分析图表和比特币一样缺乏长期数据。你会发现许多加密资产在创建之后会经历剧烈的价格波动，但随着时间的推移，这些资产会慢慢开始遵守技术分析的规律。这是加密资产成熟的一个迹象，其背后往往有大量的交易者。这表明技术分析能全面地分析和评价加密资产，帮助创新型投资者更好地择时和识别交易时机。

现在很多人都在分析，创新型投资者必须独立分析比特币和其他加密资产，以避免在交易时受到诱惑。各种资产在网上的信息和数据都在不断增长，如果投资者找不到足够的数据对加密资产进行必要的分析，这可能意味着该加密资产不适合投资，我们把这叫作 Burniske-Tatar 法则。

一旦掌握了必要的理论基础和技术分析方法，创新型投资者下一步可以动手进行实际投资。在接下来的几个章节，我们将从更广阔的视角，让投资者拥有更多的渠道去接触比特币和其他加密资产。

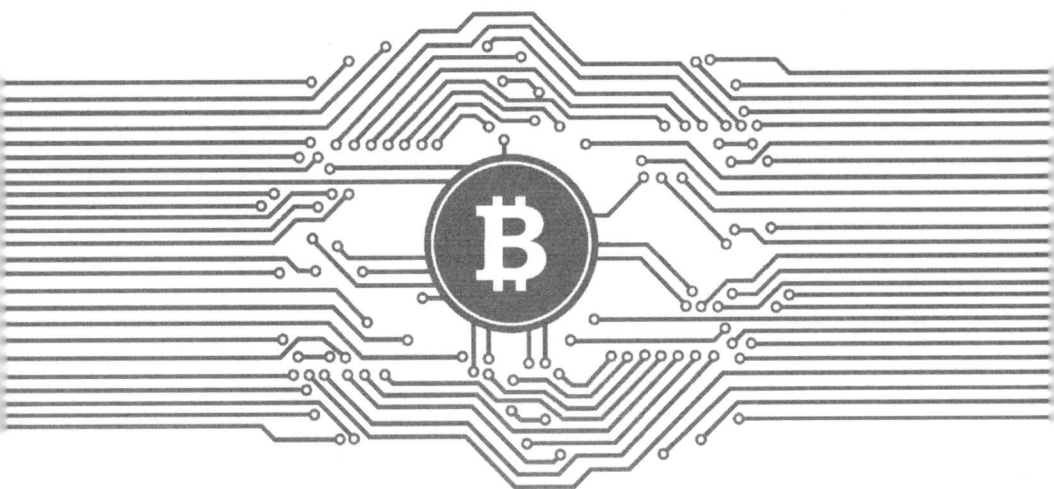

第14章

直接投资加密资产：挖矿、交易所和钱包

The Innovative Investor's
Guide
to Bitcoin AND Beyond

现在，投资者可通过多种方式购买比特币和其他加密资产。虽然购买选项仍将不断增加，然而基本上包含两大考量：如何获取加密资产以及如何存储它们。加密资产作为数字无记名转让票据（digital bearer instrument），不同于中心化看管人持有的许多其他投资资产。例如，无论投资者通过何种平台购买证券，均有一名中心化看管人"储存"资产，且记录投资者的结余①。至于加密资产，创新型投资者可以选择一种相似的情境，或者完全自由地控制加密资产的存储。至于选择何种方式，则取决于创新型投资者最看中的是什么，如同生活中的很多事情一样，我们必须学会权衡取舍。

挖矿

为了帮助创新型投资者更好地了解比特币和其他加密资产的当前状况，有必要简述"挖矿"的进化史。此后，我们才会更加轻松地判断此等获取方式是否适当。即便某些投资者对挖矿本身不感兴趣，深入了解它也显得意义非凡，因为挖矿是获取许多新型加密资产的一种手段，是一种支持相关交易的安全系统。

2009 年 1 月份比特币网络上线时，挖矿是获取比特币的唯一手段，而中本聪和哈尔·芬尼则是两位主要的矿工②。如前所述，通过在比特

---

① https：// www. sec. gov/investor/alerts/bulletincustody. htm.

② 哈尔是比特币的一名早期支持者，很不幸地死于卢伽雷氏病［Lou Gehrig's disease，也常被译为肌萎缩侧索硬化症（ALS）］。当中本聪的概念首次出现于白皮书且当他于2008 年后半年与中本聪一起修改代码时，他首先看到了比特币概念的未来。

币区块链中验证和确认交易，进而制造新的比特币，而其基础则主要是中本聪创建的软件。借此可确保以去中心化手段创造出货币，且数量可控，这一切皆发生于比特币尚未布局全球之前。

挖掘比特币的流程，即持续对几个数据进行哈希计算的循环过程，以获取满足既定难度的一个输出，即输出信息的开头数字必须是 0。我们将此输出信息称之为"黄金哈希"（golden hash）。请想一下，一个哈希函数对一段数据（例如一个句子中的文字）进行哈希计算，将其转变为固定长度的字母数字串。尽管一个哈希函数的输出具有固定长度，然而它里面的字符不可预测，因此如果改变输入信息中的一个数据，将大幅改变输出的信息。之所以将输出信息称为"黄金哈希"，是因为它给了矿工这样一个特权：将交易区块附加于比特币区块链上。作为回报，该矿工将在币基交易（新区块内第一笔交易）中获得报酬。当前，此笔交易将向这名幸运的矿工奖励 12.5 枚比特币。

比特币挖矿作业中采用的是由计算机采集的 4 个数据：该区块中所有交易的哈希、前区块的哈希（标识符）①、时间及随机数 nonce。网络中的不同计算机都采用这 4 个变量，然后再增加随机数，随机数从 0 开始，然后是 1、2，期望通过改变这一变量，使哈希的输出能满足起始数字为 0 的必要条件。矿工可以检测的随机数越多，他们越有希望寻找到满足要求的黄金哈希。测试新随机数的速度也被称为哈希率），即一台计算机通过一个哈希函数，每秒钟运行前述 4 个变量并且得出一个新的哈希值。

任何人只要拥有一台电脑，均可以连接至比特币网络，下载过去的区块，记录新的交易，处理必要数据，以寻求黄金哈希。这种开放体系结构，是比特币的最大优势之一。虽然看似人人都可以轻而易举地赚取比特币，实际上执行起来非常困难。自从比特币上市以后，不仅挖矿的计算机数量增加，采用的计算机类型也发生了极大变化。

最初，联网计算机利用它们的中央处理器处理哈希值，而中央处理

---

① 加入前一个区块的哈希，可以将区块链连接在一起，使之不可改变。

器是负责计算机正常运转的主要芯片。通过此种方法挖矿，大量占用计算机资源。尽管中央处理器可同时处理多项任务，然而它并非反复完成相同任务的最有效芯片，而这是搜寻黄金哈希必不可少的过程之一。

理论上，图形处理器更加适合挖矿。顾名思义，图形处理器一般被用于生成那些在屏幕上出现的图形，然而它们如今被广泛地应用于机器学习。图形处理器是高度并行的处理单元，这意味着它们可以同时运行相似运算，因为它们拥有几百个甚至于几千个微型处理器，这与中央处理器正相反——中央处理器只拥有少量处理器①。

尽管图形处理器内部的小单元无法完成中央处理器可以处理的一系列抽象应用，然而它们足以进行哈希计算。由于图形处理器拥有数千甚至更多的核心，因此整体而言，一个图形处理器每秒钟搜索黄金哈希的次数远远高于中央处理器。

然而，在使用图形处理器时，必须创造一种新版本的比特币软件，用于指导图形处理器完成相应程序，但写程序代码需要时间。最终这一程序在2010年夏季上线——这多亏了杰夫·贾兹科（Jeff Garzik）向开发者提供10 000个比特币作为奖励，使这个被称为puddinpop的挖矿程序开源，以方便所有人使用②。显然杰夫可能未曾预想比特币的价格在未来几年间增幅如此之大，他捐赠的比特币的价值如今已经超过1 000万美元。

虽然图形处理器相对于中央处理器而言速度已经大幅提升，然而另外两个技术的更新迭代生产出一种更加高效的芯片，可以更快速地猜测黄金哈希。第一个即现场可编程门阵列（FPGA），这是其"爷爷辈"芯片（专用集成电路）出现之前的一种临时芯片。顾名思义，特定用途集成电路用于特定用途，这意味着必须根据具体用途，设计和制造物理硬件。一般而言，我们可以购买中央处理器、图形处理器和现场可编程门阵列，购买后，通过适当地设计改造，可以应用于具体

---

① http：//www. nvidia. com/object/what-is-gpu-computing. html.

② https：//en. bitcoin. it/wiki/Category：History.

用途。另一方面，特定用途集成电路的物理布局，需要在半导体制造工厂蚀刻于芯片上。

设计和制造这类特殊芯片，需要大量的前期投资，因此只有当比特币网络足够大且比特币足够昂贵时，一家公司方可完全抓住此等机遇。配备特定用途集成电路芯片且专门用于挖矿作业的首台计算机（或挖矿设备），于 2013 年 1 月份上线①。当前，顶级特定用途集成电路的哈希率是 14TH/s，这意味着，这些设备每秒钟可以处理数据并输出哈希合计 14 万亿次②。

总体而言，与比特币网络连接的计算机越多，其中一台计算机发现黄金哈希的概率也更大。条件不变的情况下，计算机数量的增加，将提高新比特币的供应量，导致失控的供给膨胀。为此，中本聪在比特币软件中植入了这样一条规则：当网络中加入更多计算机时，网络将增加哈希前导零的数量，进而增大找到黄金哈希的难度。每隔 2 018 个区块或每隔 2 周做 1 次这种调整，目的在于让挖矿者每隔 10 分钟左右才能找到一个黄金哈希，进而控制铸造新比特币的速度。结果，越来越多的矿工在激烈的竞争中寻找越来越小的奖励，虽然专业旷工仍然获利颇丰，但这种奖励对于比特币业余爱好者而言可遇不可求。在这一层面而言，比特币网络的全部运算能力，比全世界前 500 台超级计算机的运力之和高出 100 000 倍③。

比特币之外的挖矿作业

虽然比特币挖矿网络的能力无与伦比，但大多数其他加密货币并非如此强大。狂热且专注的业余爱好者仍旧可以在以太坊、零币和其他网络内挖矿，而且迄今为止专用集成电路尚未控制这些网络④。事实上，您可能会记得，后续加密资产频频做出的一项调整即是面向区块

---

① http://garzikrants.blogspot.com/2013/01/avalon-asic-miner-review.html.
② https://99bitcoins.com/2016-bitcoin-mining-hardware-comparison/.
③ http://bitcoinist.com/bitcoin-hash-rate-exceeds-1-ehs-for-the-rst-time/.
④ 欲详细了解其他加密货币的挖矿情况，请访问以下链接 https://whattomine.com/。

哈希算法，以对抗挖矿者的中心化。为此，以太币和零币以及许多其他加密资产大多用图形处理器挖矿。但随着这些资产的价值不断增加，各个挖矿网络内部的竞争也越来越激烈，因为以原生资产（native asset）获得报酬的潜在利润越来越诱人。从概念上讲，挖矿网络是一个完美的竞争体制，因此随着利润的增加，新的参与者将源源不断地涌入，直至再一次达到经济平衡。因此，资产价值越大，矿工的盈利将越多，这吸引着新的矿工加入此生态系统，进而提高了网络的安全性。这一良性循环确保了：一项加密资产的网络价值越大，其获得的安全性也将越高。

无论是比特币，以太坊还是零币，矿工们加入矿池，这意味着他们与其他矿工一起为矿池贡献算力，进而找到更多黄金哈希。然后共享这个矿池的利润，而分割利润的模式各有不同①。一名矿工每个月可能只能找到一个区块，甚至更糟。然而加入矿池后，矿工将得到一个更加容易预测的收益流。

挖矿时有这样几大成本：设备、机器占据的必要物理空间、电力和劳力。对于比特币而言，矿工可以购买专用的挖矿设备，例如从蚂蚁矿机（Antminer）和阿瓦隆（Avalon）购买，其中关键的度量标准是机器的效率。换言之，瓦特/千兆哈希（W/GH）这一比率，表示一定量电力可生成的哈希数量。为了更好地了解这些成本的计算，请参考挖矿盈利计算网站，例如 CoinWarz②。

基于云的矿池

创新型投资者可以考虑一种基于云的**矿池**服务。也就是说，投资者买入一个已有的矿池，并且分享此矿池的挖矿作业带来的奖励。此时无须拥有或维护专门的硬件，正如同基于云的软件（如 Salesforce）无须维护所有的后端硬件。投资者只需要购买由远程数据中心的挖矿

---

① https：//en. bitcoin. it/wiki/Comparison_of_mining_pools.

② http：//www. coinwarz. com/calculators/bitcoin-mining-calculator.

作业提供的一部分处理能力即可。

在买入云挖矿服务之前，需要实施彻底的尽职调查和研究，因为以前发生过很多诈骗事件。美国南卫理公会大学（SMU）的玛丽·卫塞克（Marie Vasek）和泰勒·摩尔（Tyler Moore）教授研究了与比特币相关的诈骗案件，他们发现，多起云挖矿作业属于庞氏骗局，唆使投资者付款却从不交付产品。他们在研究中甚至指明了具体的挖矿骗局。

> 在主动挖掘（Active Mining）和 Ice Drill 作业中，他们筹资，有意制作专用集成电路并且分享利润，却从未交付产品。AsicMiningEquipment. com 和 Dragon-Miner. com 都属于骗人的电子商务挖矿网站[1]。

在投资云矿池之前，请务必调查、研究潜在的投资项目。假如某个项目好到令人难以置信，恐怕它难以为真。你需要证实此种操作拥有实体位置以及一系列相关设备，同时追踪其过往项目。Genesis Mining 是全球最大的比特币云挖矿服务之一[2]。自从 2013 年上线以来，它对外提供比特币、莱特币、零币和以太币的挖矿服务[3]。Genesis Mining 的官网展示了其数据中心的照片和视频，它的许多数据中心位于冰岛，这是因为冰岛的地热能降低了它们的电力成本。

权益证明

除了工作量证明之外，也存在其他共识机制（consensus mechanism），例如权益证明（Proof-of-State，简写为 PoS）。权益证明也可以作为挖矿作业的一种替代形式，它不需要许多硬件和电力，然而需要一些人敢于将自己的名声和资产置于险地，以帮忙确认交易的合法性。

---

① http://fc15. ifca. ai/preproceedings/paper_75. pdf.

② https://www. genesis-mining. com/.

③ 登录这个网址可以评估不同加密资产挖矿之间的潜在利润情况：http://www. coinwarz. com/cryptocurrency。

在逻辑层面，权益证明需要交易验证人在加密资产的结余上"下赌注"，在区块上证实交易的合法性。假如验证人撒谎或通过其他方式欺骗网络，他们将丧失自己"已下注的"资产。顾名思义，"为了证明自己有东西可下注"，在物质刺激和鼓励下，验证人将公正诚实地做事。

有时，这些系统将向那些敢于将自己的资产下注以验证交易合法性的验证者提供一定利率，例如5%。虽然存在混合工作量证明、权益证明挖矿生态系统和其他变种，然而工作量证明确是久经验证、最可靠的共识机制，大多数加密资产都使用它。然而，以太坊在2018年初期有可能会转换到权益证明，因为它更加节能，因此许多人认为它的可拓展性更佳。当以太坊从工作量证明转换至权益证明时，它将有力证明：此共识机制可以保护大型加密资产网络的安全。

加密资产交易所和场外交易市场

当比特币和其他加密资产铸造完成后，矿工可以将它们换成其他加密货币或者他们选择的法定货币。为此，矿工必须将加密货币出售给其他人，对此，要么通过场外交易市场（OTC），要么通过交易所。

许多矿工和实力颇丰的投资者选择场外交易市场服务，例如坎伯兰郡矿业公司（Cumberland Mining）、创世纪贸易（Genesis Trading）或itBit提供的服务。场外交易市场并非一个实实在在的交易所，因为买卖订单并非完全公开。相反，如前所述，一个实体将大型购买物同大型出售物匹配，进而无须在交易所内移动订货记录簿即可完成大型交易。对于那些希望使用大量资本且经过认可的创新型投资者而言，场外交易市场不失为一条可行的道路。

然而大多数投资者必须通过交易所获取加密资产。根据交易所的要求，投资者可以连接自己的银行账户、信用卡或存储的比特币。在交易加密资产时，交易所往往要求投资者手中已经持有比特币，因为提供这些加密资产的交易所有时候并不拥有法定货币入口。

比特币诞生之初，当时比特币还是唯一的加密货币，许多交易所相继成立，又纷纷倒闭，而背后的原因并不美好：财政困难、黑客入侵、犯罪活动频发、各级管理机构干预以及其他种种因素[1]。我们有必要在此指出：在比特币出现的早期，并不存在交易所基础设施，当时由于比特币尚处于初期阶段，有意于提供交易所服务的人群往往缺乏必要的设备和基础设施。

记录在案的一家交易所曾经一次性转让 5 050 个比特币，费用只有5.02 美元。事实上，由于利息问题，它几个月后就关门了[2]。门头沟是全球第一家**主流**交易所，然而消费者账户清算需要 2 周时间，而且最初必须将法定货币汇至日本。然而，随着资产和底层技术日益成熟，买卖资产的手段也不断发展。鉴于此，如今，投资者可以通过众多高质量的交易所获取和交易当前存在的 800 多种加密资产[3]。

当前最受欢迎的西方交易所包括：Bitstamp、Bittres、全球数字资产交易所（GDAX）、双子座交易所（Gemini）、itBit、Kraken 和 Poloniex。比特币中国（BTCC）、币行（OKCoin）和火币网（Huobi）三者则位于中国，同时也在其他地方提供相关服务。另外也存在针对具体国家的交易所，例如墨西哥的 Bitso，印度的 Unocoin 以及波兰的 BitBay 等[4]。

在决定使用哪一家交易所时，必须在"安全性和接入性"之间做出权衡取舍。安全性无须进一步解释。至于接入性，我们是指待售加密资产的多样性。管理规定最严格的交易所，例如 Bitstamp、GDAX 和 Gemini 出售的加密资产最少，因为将某一资产加入它们的平台之前，它们必须确保该资产已经达到了一定程度的成熟度。其他交易所，例如 Poloniex

---

[1]　登录以下网址，了解比特币黑客入侵，交易所暴露等内容（虽然有些过时，读起来却十分有趣，尤其是关于早期"旷野西部"的描述）：https：//bitcointalk. org/index. php？ topic＝576337#post_toc_22。

[2]　Nathaniel Popper, *Digital Gold：Bitcoin and the Inside Story of the Misfits and Millionaires Trying to Reinvest Money.*

[3]　https：//www. cryptocompare. com/exchanges/#/overview.

[4]　我们无法担保当您阅读此书时，这些交易所仍在运营。选择任意交易所登录注册之前，请事先调查。

或 Bittrex，在资产的较早阶段便已经将其添加到自己的平台上，因此敢于冒险的商人会倾向于使用这些平台。同样的消费者保护机制不仅没有在这些交易所就位，而且它们提供的资产容易受到剧烈价格波动的影响。诸如 Bitfinex 和 Kraken 等交易所，提供安全、管理一致性和使用权等一揽子服务。我们在此并非告诫消费者不要使用这些交易所，这完全取决于创新型消费者对安全性和可接入性的权衡取舍。

为了更好地了解与交易所安全和可靠性等相关的一些想法，我们必须知道：随着时间的流逝，交易所已经变成了一个弱项，因为它们是加密资产的中心存放处，容易成为黑客的攻击目标。不同于银行抢劫案中使用暴力的盗贼的生命安全也处于危险之中，那些黑客们在盗取交易所的加密资产时，不会轻易暴露身份，而且可以在全球任意地点进行操作。除了从远方盗取资产之外，加密资产交易时"不可撤销"的性质，也增加了它们对黑客的吸引力。假如某人盗取了一张信用卡或侵入了银行账户，相关机构可以撤销交易。而对于加密资产而言，没有任何一家中心化中间机构可以提供救援。

Ⓑ 退单的隐形成本

当一名消费者对于信用卡的收费项目存在异议时，此收费项目可以被撤销，这就是所谓的退单（chargebacks）。通常情况下，当收费项目被退单时，将由商家承担损失。处理和调查这些退单事件，信用卡公司将承担相应费用，因此这些费用往往会转嫁给商家。由于这些额外成本，商家可能需要调整价格以保护自己免于遭受合法和非法的争议收费项目。

加密资产无法撤销，因此无法退单。虽然无法撤销的交易听起来有些吓人，实际上这有助于提高系统的整体效率。至于信用卡退单，所有相关方都要承担一定成本，而对于加密资产而言，只有粗心大意的相关方才会承担此等成本。

许多人称，交易所入侵案件足以证明加密资产不安全，然而这恰恰说明人们对于这种软件架构存在根本性误解。请回顾我们在第 2 章节中讨论过的，任意区块链都具有 4 个层次：去中心化硬件、加密资产软件、应用程序和用户。大多数黑客入侵事件皆对准了第 3 层，即应用程序。因此，交易所作为一个依靠各种加密资产软件运行的应用程序，容易遭受黑客攻击。底层区块链可以完美地完成其职能，其安全性不会受到破坏。我们以苹果操作系统上的应用软件为例，如果其中一个应用软件被黑客入侵，这并不意味着苹果的基础操作系统或硬件也不安全。

需要知道的是，使用和交易加密资产的应用程序和交易所最容易遭到黑客攻击，因此创新型投资者在决定使用哪一家交易所时必须谨慎，这一点非常重要。对此，投资者最好考虑以下内容。

交易所的声誉如何？

辨别一家交易所声誉的最佳办法，即调查其管理层、风险资本投资者以及监管批准情况。搜索声誉良好的在线网站，了解其他用户如何评论一家交易所。消费者是否经常投诉？尤其要查看一家交易所过去是否曾经遭到黑客入侵，是否存在商业问题。这非常简单，您只需要在谷歌搜索页输入交易所的名称和"黑客入侵"这一单词即可。例如"Bitfinex"入侵。虽然过去遭到黑客入侵说明其确实存在安全隐患，然而更重要的是，请务必查看安全漏洞出现以后，此交易所做了哪些改变。了解交易所总部位置也可以帮助我们的用户。假如无法查到这些信息，您最好不要相信此交易所。

哪些加密资产可用于交易？

如果投资者寻找具体的某些资产，请确保交易所提供目标加密资产的交易服务。请务必明白：可提供大量加密资产交易服务的交易所，其面临的潜在风险更大。它们对于这些资产的尽职调查往往松散、不严格，这将把风险和责任转嫁给投资者。

是否拥有其他职能，例如金融衍生工具或保证金交易？

正如同加密资产的种类多样，交易所的职能也不同。某些交易所提供金融衍生工具（derivatives），例如期货合约（futures contracts），而其他交易所则精于精品金融衍生工具（boutique derivatives）的操作。例如，在2017年3月份，当我们尚不清楚美国证券交易委员会是否会批准文克莱沃斯兄弟（Winklevoss）的比特币ETF申请时[①]，BitMEX提供的精品金融衍生工具是一个不错的选项。同样道理，用户还需要调查另一个职能——保证金交易，并非所有保证金交易都是公平的。某些交易所提供极高水平的保证金交易（margin trading），例如30:1，而其他交易所则更加保守，例如3:1。在杠杆效率方面，30:1的保证金交易意味着一名投资者的1 000美元可换得30 000美元。虽然收益极其可观，但损失也是如此。同样道理也适用于金融衍生工具。某些交易所面对出错的杠杆率，选择将损失社会化（socialize losses），因为这些交易所无法通过任意其他方法进行弥补。[②] 损失社会化是指，交易所的所有投资者为少数投资者的愚蠢行为买单。

开立账户时可选择哪些筹资机制？

筹资机制，将指明创新型投资者在最初是否可以使用相关服务。已经持有比特币的投资者拥有更多选择，因为交易所允许直接转让比特币，因此可以立即交易平台上提供的加密资产。投资者使用法定货币为账户筹资时，通常需要与银行账户或信用卡进行连接，而这将需要一个更加全面的账户开立过程，该过程可能持续数天，且受到地方

---

① 该申请于2016年6月30日提交，2017年3月10日被否决，之后文克莱沃斯兄弟提出请愿书，要求对否决决定进行审查，2018年7月26日，经审查，美国证券交易委员会再次否决了此前的申请。详情请参见 http://www.sel.gov/rules/others/2018/34-83723.pdf。——编者注

② 如果您希望了解与比特币期货交易所"社会损失"有关的信息，请登录 https://www.reddit.com/r/BitcoinMarkets/comments/3gb9tu/misconceptions_regarding_socialized_lossesbitmex/。

法规的限制。在向交易所提供银行账户信息时，请务必先调查该交易所以确保安全，这一点十分重要。请不要轻易向任意金融实体在线提供银行账户信息。

服务是否受地理位置限制？

许多交易所受地理位置的限制，需要提供地址以获取它们某些方面的服务。这与美国纽约州的居民尤其相关，因为在纽约州，《数字货币许可证》[①]（BitLicense）使加密资产相关创业公司运作起来尤其困难。《数字货币许可证》是 2015 年开始实施的一项法规，它要求那些从事加密资产的公司完成一段漫长且昂贵的监管程序后才可在纽约经营，这导致大多数从事加密资产的创业公司停止在该州运营。

什么是"了解客户"和"反洗钱"法规？

"了解客户"（KYC）和"反洗钱"（AML）法规在美国加密资产交易所中被越来越多地强制执行，此举旨在避免非法或即便未违法但带有欺骗性的活动。开立账户时，请考虑所需个人信息的数量。诸多交易所（如 Bitstamp、GDAX 和 Gemini）一直以来积极配合监管者，以便那些登记、开立账户的人提供更详细的信息。此等信息可能会延迟账户的开立，通常延迟数天。有些人认为隐私是加密资产（具有国界的属性）的一大优势，为了保护隐私，他们可能会避开那些要求提供此类文件信息的交易所。整体而言，更高的监管水平可能有利于进行客户保护，并确保交易所的稳定性[②]。

交易所是否提供保险？

随着比特币和加密资产交易所的使用率不断增加，交易所的保险

[①] http：//www.dfs.ny.gov/about/press/pr1509221.htm.

[②] http：//www.marketwatch.com/story/why-bitcoin-investors-need-education-and-regulation-2014-12-12.

计划也不断增长。其中一个保险公司是三井住友海上火灾保险公司
（Mitsui Sumitomo Insurance），它向许多的交易所提供损失保护。[①] 其他
保险公司也正计划进入此领域，帮助创新型投资者调查他们选择的交
易所是否具备此保险计划。Coinbase 是首批向其客户针对其持有的比特
币提供保险服务的公司之一，包括 GDAX（即 Coinbase 经营的交易所）
的比特币。[②] 在某种程度上，Coinbase 能够给自己客户的比特币投保，
因为它在线持有客户资金的比率小于 2%，其他资金则在线下以高度安
全的方法储存。

热钱包与冷存储

现在让我们分析使用热钱包（hot wallet）和冷存储之间的差异，
及其为什么对了解这两者如此重要。加密资产的获取和储存是两个独
立的考量。虽然在默认情况下交易所将储存它们交易的资产，然而这
并非长期存储资产最安全的地方。

加密资产存储于热钱包或进行冷存储。热钱包的"热"是指它能
与互联网连接，即通过互联网可以直接访问钱包，或者存储钱包的机
器存在互联网链接。假如创新型投资者通过一个互联网浏览器，或者
通过互联网设备上的桌面或移动应用程序可直接使用自己的加密资产，
那就是热钱包。

冷存储，是指以未联网方式存储加密资产。此时，一名黑客（hac-
ker）必须亲自盗取此设备，方可获取加密资产。许多方法则要求存储
加密资产的设备必须从未联网。虽然这听起来有些极端，但这是公司
存储大量加密资产的最佳方式。对于大多数（尽管并非所有）安全意
识较强的投资者而言，这一手段十分必要。

这对加密资产的存储有何意义？这意味着存储私钥，进而允许持
有者将加密资产发送给私钥的另一名持有者。私钥只是能够打开数字

---

① https：//bravenewcoin. com/news/insurance-polic-now-available-for-bitcoin-exchanges/.

② https：//support. coinbase. com/customer/portal/articles/1662379-how-is-coinbase-insured.

保险箱的一串数字。通过私钥，其持有者可以通过数学方法向网络证明：持有者是加密资产的所有者，随时可以处理自己的加密资产①。数字钥匙可以存放于热钱包或进行冷存储，而众多服务商可提供此类存储方式。

对于冷、热两种存储方式而言，创新型投资者可以选择两种方式控制私钥，构成一个四象限的选项（见图14.1）。例如，大多数交易所帮助客户保管他们的私钥，因此所有客户只需要通过任意常用网址，登录交易所即可。这些交易所相当于热钱包，而由第三方控制私钥。Coinbase等服务商提供冷存储服务，第三方仍旧控制着私钥。当第三方控制私钥时，服务商往往并未拥有每一位客户资产的私钥。相反，服务商一般拥有可掌控大量客户资产的少数几把私钥，且这些私钥被非常小心翼翼地保管着。

假如创新型投资者不愿相信第三方，他们还有另外一种选择，即自己直接掌控私钥。虽然这同样存在风险（例如丢失私钥），但假如投资者采取了恰当的措施，那么就可确保自主且安全地将密钥保管在自己手里。

·热钱包	·热钱包
投资者控制着私钥	第三方控制着私钥
·冷存储	·冷存储
投资者控制着私钥	第三方控制着私钥

图14.1 存储加密资产的四象限

通过交易所保管

默认情况下，交易所必须存储客户的加密资产，常见方法即处理其私钥。我们在此再次重复一遍：许多交易所针对不同的客户甚至设有独立私钥。交易所配有自己在区块链上负责的加密资产的私钥，且

---

① https：//commons. wikimedia. org/w/index. php? curid = 1028460.

保存内部账簿以记录客户的余额情况。交易所类型的不同、安全等级不同，则通过冷存储或热存储方式保管的交易所资产比率也各不相同。随着时间的推移，可以看出这些安全性差异十分重要。为了方便读者更清晰地了解，我们将披露几个严重的黑客入侵事件，它们都发生于通过热钱包方式储存各自比特币的交易所。

首先讲讲臭名昭著的门头沟事件。尽管此交易所努力在全球范围内提高比特币的使用率和识别度，但仍旧在2014年早期走上了绝路。[①]当客户价值4.5亿美元[②]以上的比特币丢失后，该公司宣布破产。尽管此公司是倡导向投资者和爱好者提供更加简单的比特币投资方法的先锋，然而它对这种处于发展初期的资产类别——还不是一个优秀的投资组合的管理能力较差。

杰德·迈克卡勒伯（Jed McCaleb）是门头沟公司的最初所有者。创业初期，他意识到撮合比特币买卖的难度超出了自己的意料，因为当时成千上万的美元源源不断地汇入。迈克卡勒伯将网站和其日益增长的经营业务卖给了马克·卡普雷斯（Mark Karpeles），后者在当时以"魔力塔克"（MagicalTux）这个网名而广为人知，并且他喜欢在网上发布猫咪视频。值得称赞的是，卡普雷斯重建了网站，以满足用户日益增长的兴趣和活动需求。在前期其他比特币交易所快速失败时，它活了下来[③]。

虽然卡普雷斯展现了一定水准的编码能力，然而商业方面的能力他还有所欠缺。他未对自己公司的增长进行投资，不久之后他的编码能力也显得严重不足。一家经验丰富的科技公司，此时本应该为自己的编码创建一个测试环境和版本控制的软件——这本应是门头沟运营的基础。然而卡普雷斯并未这样做，他直接发布代码，因此当代码需

---

① https://www.wired.com/2014/03/bitcoin-exchange/.

② 如果按2016年年末时的估价——1 000美元，那么这850 000个比特币的损失在8.5亿美元。

③ 有关门头沟公司的内容，来自罗伯特·麦克米伦发表在《连线》杂志上的文章"门头沟的内部故事，比特币4.6亿美元的灾难"。详情请参见：https://www.wired.com/2014/03/bitcoin-exchange/。

要快速变动时，众多问题就出现了。

　　尽管卡普雷斯在门头沟的运作方面疏忽大意，但他肯定知道比特币冷热存储方式之间的差别。他亲自负责该交易所储存的所有比特币的私钥。在 2011 年黑客入侵事件发生以后，卡普雷斯决定将大多数比特币转入线下，采用冷存储方式，这就要求他写下私钥，然后放到东京（公司所在地）市内的保险箱内。这要求大量的文书工作和会计工作，而这显然不是卡普雷斯的强项。① 虽然私钥以冷存储方式存放，卡普雷斯却宣称，一名黑客通过比特币核心软件中的交易漏洞控制了他②，但在比特币社区内许多人怀疑卡普雷斯的言论。毫无疑问，此次黑客入侵事件的主因是安全条件较差，并且公司为转移比特币采取的方法并不适合。这最终导致投资者损失了价值 4.5 亿美元的比特币。

　　最近，一名黑客从 Bitfinex 盗取了价值 7.2 亿美元的比特币③，这是由于该公司将其所有的客户资产存放于热钱包。至于该公司为何这样做，争议不断，难有定论。有可能是出于流动性目的——Bitfinex 是流动性最好、最活跃的交易所之一，或者是已实施的管理规定之故。在黑客入侵之前，Bitfinex 以 75 000 美元与美国商品期货交易委员会达成初步和解，因为其比特币冷存储的方式违反了该委员会的相关法规。许多人认为该公司之所以将所有客户资产放到热钱包之中，正是由于此次罚款和美国商品期货交易委员会的相关法规④。无论如何，此次黑客入侵事件证明，无论采取了何种安全措施，热钱包的安全性往往低于正确实施的冷存储。因为任何人通过互联网均可以在远方访问热钱包，而盗贼只有亲自破门而入才有可能盗取冷存储之中的资产。

　　在门头沟遭遇黑客入侵时，比特币及其底层技术，如同任何其他新科技，由于正处于初期阶段，所以其忍受的痛楚与日俱增。著名的

---

① http：// www. thedailybeast. com/articles/2016/05/19/behind-the-biggest-bitcoin-heist-in-history-inside-the-implosion-of-mt-gox. html.

② http：// fusion. net/story/4947/the-mtgox-bitcoin-scandal-explained/.

③ http：// fortune. com/2016/08/03/bitcoin-stolen-bit nex-hack-hong-kong/.

④ https：// news. bitcoin. com/bit nex-us-regulation-cold-storage/.

风险投资人弗雷德·威尔逊（Fred Wilson）在事件发生不久后写道，"我们正在见证一个行业的成熟，而其在发展过程不可避免地出现失败、崩溃和其他麻烦。我亲眼所见，凡是能得到大规模应用的每一项技术，都会经历类似的成长的苦恼"[1]。任意一项新技术的创新者和早期采用者都会承担风险。随着时间的推移，交易所会变得越来越专业。不幸的是，门头沟并不在此列，而 Bitfinex 完成了重组并重新上路。这些黑客入侵事件，不仅给新、旧加密资产交易所上了一课，也给投资者留下了宝贵的经验。

遭遇客户入侵风险最大的交易所，是在热钱包中存储大量资产的交易所。冷存储方式可能会影响交易所和客户快速获得资产的能力，然而这是用接入性的损失换得了更高的安全性。

加密资产钱包的世界

将加密资产存储于一家交易所，有时候并非最安全的选择。已投保、将大多数资产冷存储且采用其他最高等安全措施（如渗透测试和常规审计）的交易所，其风险相对较低。而对于其他交易所而言，如果创新型投资者不断地交易且利用交易所的职能（如提供更新的加密货币等），那么其风险尚可接受。如果未时常交易，那么投资者可能需要考虑以下钱包选项以安全地存储他们的资产。

广义上讲，共有五种钱包：网络（云）钱包、桌面钱包、移动钱包、硬件钱包和纸钱包。为了简洁起见，我们通过比特币分别介绍它们，因为比特币提供了必要的框架，可以帮助我们调查适用于其他加密资产的类似选项。

如果您需要详细了解不同种类的比特币钱包，请前往 bitcoin. org[2]。而在本书的"延伸阅读"部分则有更多的信息。请注意，随着人们对加密资产兴趣的持续增加以及越来越多的人使用加密资产，安全存储

---

[1] http：//avc. com/2014/02/mt-gox/.

[2] https：//bitcoin. org/en/choose-your-wallet.

这些资产的钱包种类也将不断增加。

网络钱包

大多数网络钱包与交易所并无太大差异。投资者无法掌控私钥，它们由中心化的第三方保管。假如第三方未应用适当的安全技术，加密资产将处于风险之中。如同交易所，从世界上任意地点均可以访问网络钱包，这是其主要优势之一。流行的网络钱包包括 Blockchain. info 和 Coinbase。许多网络钱包也允许投资者自己掌控私钥，这使得它们类似于可通过远程访问的轻量型桌面钱包（请参考下文）。

网络钱包的一个特性广受欢迎，即保险库服务（vaulting）。保险库（vault）可延缓任意加密资产的提取过程，因此持有者有时间撤销任意非法的提取操作。这种策略主要用于防止黑客盗取用户密码然后将加密资产转移至其他地点。Coinbase 网络钱包的保险库服务最知名。

Ⓑ 加密资产保险库

Coinbase 的一个优势特征是，它允许消费者轻松地获取比特币余额，以及得到流动性更好、高度安全的存储方式，这也被称为"保险库"。尽管将比特币余额放于保险库中增加了其安全性，然而在提取之前，要求双因素认证，且存在时间延迟。这意味着，从保险库提取资金需要 48 小时。Coinbase 的双重功能类似于在银行开设一个支票账户和一个储蓄账户。投资者需要快速提取的比特币，可放置于常规 Coinbase 账户中（支票账户），而需要更高安全性的比特币，则存放于保险库账户（储蓄账户）。

桌面钱包

至于桌面钱包，私钥直接存储于一台已下载软件的计算机中。用户拥有完全掌控权，其他人无法使用其比特币。当前共有两种类型桌面钱包：**完全客户端（full client）**和**轻量客户端（lightweight client）**。

此处的"客户端"是指在计算机上运行的软件。完全客户端是一个更加全面的软件，而轻量客户端则是存储比特币的一种更简便方式。

在比特币的早期发展阶段，只存在一种由中本聪提供的钱包，被称为"比特币核心钱包"。它属于完全客户端，意味着它需要完全下载比特币的区块链，因此需要大宽带和存储空间。当一台计算机运行此软件时，它在比特币网络上被称为一个**完全节点（full node）**，这意味着它将记录每一笔比特币的交易。完全节点非常有益于安全性和自主性，是传送和验证比特币交易的主干力量，然而只有最忠实的爱好者才能够满足其硬件需求[①]。

轻量客户端，也被称为"瘦客户端"，它无须下载比特币区块链的全部内容，也无须传播或验证在网络上传递的新交易。然而，它通过完整节点以获取关于比特币区块链的完整信息，且主要侧重于提供仅与用户的比特币有关的交易信息。对于那些无法运行完全客户端的普通用户而言，轻量客户端显然更加实际。对于这些钱包而言，私钥存储于那些已下载了软件的计算机上。当前广泛使用的轻量客户端包括Coinomi、Electrum 和 Jaxx。

移动钱包

在技术层面，移动钱包将个人密匙存储于设备上而非第三方服务器上。移动钱包也无须下载比特币区块链（因为这样可能损坏智能手机），在这一方面它类似于轻量客户端。如果四处奔波的创新型投资者需要将比特币转让给自己的朋友，如在那些同意使用比特币支付啤酒钱的当地酒吧结账时，他们就可以使用移动钱包。

很多钱包以移动应用的形式出现在手机软件商店，然而它们在技术层面并非真正的移动钱包。它们属于网络钱包，只是因为可以通过移动应用进行访问。两者之间的区别在于何人存储私钥。假如由第三方存储私钥并且钱包通过互联网即可获取此等信息，那么即便它以移

[①] https：// bitcoin. org/en/full-node#what-is-a-full-node.

动应用的形式出现，也是网络钱包。[①] 假如私匙存储于智能手机上，那么该移动应用便是移动钱包。移动钱包包括 Airbitz 和 Breadwallet。

硬件钱包

随着比特币越来越受欢迎且应用范围不断扩大，一些制作专门存储私钥的硬件公司不断出现，这些硬件可以存储比特币或加密资产，然后将它们发送给其他人。硬件钱包提供了五花八门的功能。一些硬件钱包提供包括密匙生成、存储和发送等功能为一体的完整服务。有些硬件钱包仅仅作为确认交易安全的额外保护。有些硬件钱包在运作时，需要接入计算机。一些广受欢迎的硬件钱包包括[②]：

- **Trezor**

  它在存储比特币时更加安全，因为由它生成的私钥绝不会离开此设备。这可以确保可能对其他设备或在线存储造成威胁的病毒或恶意软件不会对其上的数据造成影响。

- **Ledger Nano S**

  此设备需插入一个 USB 接口，可用于存储比特币、以太币和其他替代币。它上面安装了一个简洁的 OLED 显示屏，外形如同一个闪存盘，当设备上发生交易时，可提供验证服务。

- **KeepKey**

  此种 USB 设备不仅可以安全地存储比特币，而且其 OLED 显示屏上还会显示交易信息和确认信息。同时它受密码保护。

虽然用户可能将硬件钱包放错地方，然而这并不一定意味着加密资产会有损失。在设置硬件钱包的初始化阶段，需要提供一个"**种子**"，如同备份密码。用户必须将此种子存放于极其安全的地方，因为假如硬件钱包丢失，那么种子将重新生成原本存放于硬件钱包上的私

---

① http://www.dummies.com/soware/other-soware/secure-bitcoin-wallets/.

② 更加详细的钱包清单，请访问：//en.bitcoin.it/wiki/Hardware _wallet。

钥，进而允许用户再次获取比特币。

由于硬件钱包需要特定的硬件工程和与其相关的软件工程，因此它们往往无法支持各种类型的加密资产。大多数硬件钱包均支持比特币。Ledger Nano S 支持比特币之外的某些加密资产。KeepKey 如今与 ShapeShift 融合，不仅支持比特币，还支持另外的加密资产。① 随着更多的硬件钱包的能力不断提高，在未来几年间，我们必将见证此领域的不断发展。

纸钱包

只要操作得当，纸钱包是存储私钥的最简单也是最安全的方法。欢迎您了解**纸钱包**，即将长字母数字串（即公私钥匙对）写在一张纸上。纸钱包等同于一种冷存储。它可以安全地锁在保险箱里长达数十年，只要此类资产的区块链依然存在，那么用户就可以通过私钥获取加密资产。纸钱包支持所有类型的加密资产，因为它只需要一张纸和一支笔。许多客户将此纸钱包存放于安全位置的防火保险箱中。

多种选择，相同的原则

对投资者来说，针对所有这些可行选项，至关重要的是根据自己需求选择钱包和交易所时，必须进行尽职调查。调查的基本过程包括"如何获取"和"如何存储"加密资产。虽然同一服务商都会提供这两种功能，然而消费者在做出决定之前，仍需考虑哪些最重要。正如同投资者需慢慢地思考应该雇用哪一名财务顾问，创新型投资者必须仔细调查应该采用哪一家加密资产"获取方和存储方"。

我们认识到加密资产领域需要新的习惯模式，这个过程往往令人不安，尤其当钱（任意形式的钱，包括电子货币或纸币）处于风险之中时。随着公众对加密资产的关注度提高及其市场不断扩张，投资者可能无须有新习惯模式，因为加密资产将被融入投资者熟悉的投资系

---

① http://www.ibtimes.co.uk/hardware-bitcoin-wallet-keepkey-integrates-shapeshi-1576590.

统和投资工具之中。我们正见证货币经理人、投资公司和其他资本市场选手不断地加入此领域，调查和开发一些符合资本市场资产且可存放于经纪账户［甚至可能是美国的401(k)计划］的投资工具。

在下一章，我们将探究一些数量不断增加且可供投资者使用的资本市场投资选项。这包括尽职调查、原则和研究，也包括消除私钥存储中令人惧怕的部分以及在创业公司开设新账户等。

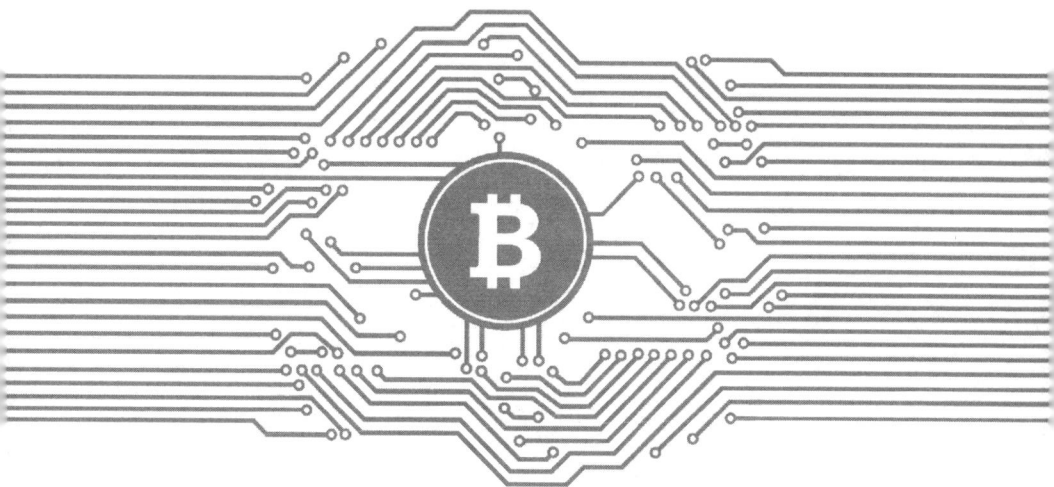

第15章

"比特币ETF何时能出现"

The Innovative Investor's
Guide
to Bitcoin and Beyond

通过专业的加密资产交易所购买加密资产，是投资者获取此类新资产的一种直接方式，然而这需要投资者使用一种新应用和用户界面，以及信任一种尚未成熟的交易。

将加密资产直接融入投资者管理已有的投资证券组合时所采用的用户界面中，具有一些好处，因为他们可轻松地追踪价格走向，更加仔细地监控资产配置模型，还可以利用税收优惠。在本章中，我们将探讨可以帮助创新型投资者通过已有的投资渠道而获取加密资产的一些资本市场工具，以及将来还会出现哪些工具。我们也将探讨，随着此领域不断扩展，创新型投资者应该向财务顾问咨询哪些信息。

比特币投资信托

灰度投资公司（Grayscale Investment）提供了与比特币风险敞口有关的最大的资本市场工具，截至 2017 年 3 月，接近 2 亿美元，大约占已公开发行比特币总量的 1%。灰度投资公司由其母公司数字货币集团（Digital Currency Group，简称 DCG）创建于 2013 年，其创始人是连续创业家和比特币社区的重要人物——巴里·希尔伯特（Barry Silbert）。有些人认为，数字货币集团如今正处于成长为比特币领域"伯克希尔·哈撒韦公司"（Berkshire Hathaway，美国一家保险公司）的早期阶段。[1] 在数字货币集团关于公司资产运作的投资组合中，灰度投资公司侧重于向资本

---

[1] https://www.americanbanker.com/news/from-toxic-assets-to-digital-currency-barry-silberts-bold-bet.

市场提供数字货币投资选项。当前，比特币投资信托（Bitcoin Investment Trust，简称 BIT），以太坊经典（ETC）投资信托以及有可能申请成功的比特币 ETF 已经向美国证券交易委员会登记备案。

BIT 是灰度投资公司在市场上推出的第一款产品，仅面向有资信的投资者。构建 BIT 的目的在于获取信托机构的比特币并为之担保，进而向投资者提供信托机构的股份，每股大体相当于 1 枚比特币价值的 1/10。对此，投资者可以在理论上假设，每 10 股股份都有 1 枚比特币为之担保。[1] 套头交易（hedging）或举债经营（leverage）不会被用于信托中，它仅持有比特币，并允许投资者知晓其价格波动，且无须处理基础财产。比特币本身存储于 Xapo（一家比特币安全存储服务公司），该公司致力于安全地保管大量的比特币[2]。灰度投资公司在其官网上宣传了与比特币相关的以下内容：

- 通过传统的投资工具，获取有效的、可审计的所有权。
- 适用于有税率的账户。
- 公开报价。
- 由一个信托服务提供商提供网络支持。
- 强健的安全和存储措施。

如果使用这些服务，用户每年须支付 2% 的管理费。持有股份一年之后，投资者可以在 OTCQX（美国柜台交易市场）出售其股份，股票代码为 GBTC。[3] 通过交易股份，有资信的投资者可以结束其期初投资，

---

① 事实上，包含各种费用和成本在内，每股的基本价值少于 1 枚比特币价值的 1/10。

② http：// www. coinfox. info/ news/ company/ 2683-xapo-will-store-the-assets-of-the-bitcoin-investment-trust.

③ 美国场外交易市场集团（包括 OTCQX）不会与纳斯达克市场混淆，因为它是一家真实的股票交易市场（例如纽约证券交易所），主要通过自动化系统完成交易。美国场外交易市场集团包括一个组织良好的注册经纪人团体，他们设置交易资产的价格。虽然不如纽约证券交易所或纳斯达克知名，然而 OTCQX 是一个符合法律规定的市场，只有当投资得到金融标准高且信息透明的公司的支持和赞助，资产才可在 OTCQX 上市。详情请见：https：// www. otcmarket. com/ marketplaces/ otcqx。

并由此或实现赢利或蒙受损失，而这使各层次的投资者都可以获得 BIT 的股份，对此，他们可通过自己选择的证券经纪人（无论是富达国际还是其他公司）购买 GBTC。

Ⓑ 自我指导型个人退休账户

投资者在进行退休型投资时，有一个鲜为人知投资的选项：自我指导型个人退休账户（IRA）。在 1974 年创立个人退休账户时它便已经开始实施，它与传统型个人退休账户的区别在于可选投资选项的多样性。大多数人利用个人退休账户来投资股票、债券、共同基金和现金等价物（例如货币市场工具），而利用自我指导型个人退休账户，投资者的投资选项会更多，比如可投资房地产和黄金等资产。此种结构向投资者提供了一定程度的灵活性，在投资账户中加入了多种替代性资产，但相关风险也随之增加。但这种灵活性需要更多的立法，比如需要这样一条法规：此账户中任一有收益的投资项目，不得以"间接方式"让账户所有者受益。例如，自我指导型个人退休账户中的间接受益性投资，可以用来购买供账户所有者独自使用的度假屋或其他房产。① 这些账户的维护费用和管理费用往往较高，因此，虽然它们好处极多，但需要投资者进行适当的尽职调查并进行维护。

以前，BIT 的第二个支柱往往难以获得。在 2015 年 5 月初，美国金融业监管局（FINRA）向灰度投资公司提供了监管批准，允许 BIT 成为 OTCQX 的公开交易工具②。2015 年 5 月 4 日，第一位买入 BIT 的有资信投资者，被允许在美国场外交易市场集团的最高级别市场 OTCQX 中出售其 GBTC 股份。③ 这次交易出售了 2 股 GBTC，每股 44 美元。这一整天

---

① https://www.trustetc.com/self-directed-ira/rules/indirect-bene ts.
② http://www.cnbc.com/2015/03/04/bitcoins-golden-moment-bit-gets-finra-approval.html.
③ https://bitcoinmagazine.com/articles/bitcoin-investment-trusts-gbtc-begins-trading-public-markets-1430797192/.

仅仅交易了 765 股（或者 75 个比特币），虽然这个市场十分微小，然而，5 月份的这一天意义重大，它意味着在受管制的美国资本市场上首次交易一种比特币工具。

在 2017 年第一季度，许多原因让我们为 BIT 和 GBTC 感到高兴和兴奋①，然而它们远非理想的投资工具。灰度投资公司创造性地允许有资信的投资者在公开市场上出售股份之前先买入一年的锁定期（lock-up），然而这也有弊端。不同于 ETF 或共同基金，后者可以发行更多的股份以满足市场需求，而灰度投资公司无法发行更多的 GBTC 股份以满足投资者的需求。相反，能否创造新的 GBTC，完全依赖于有资信的投资者是否有出售其股份的意愿，而即使有出售意愿他们也要等一年之后才被允许出售。另外，由于灰度投资公司必须提交 S－1 注册登记表格且接受美国证券交易所的审查，因此它们无法创造更多的 BIT 股份让有资信投资者购买且用于私人配售。

同时，BIT 的股票 GBTC 的价格可抬高、可压低，这取决于哪些人愿意为了获取这些股份而出钱。GBTC 的第一次交易是每股 44 美元，大约相当于一个比特币价值的 1/10。因此，44 美元/股表明，比特币的价值应在 440 美元左右。但相反，在以 44 元/股的价格交易时，比特币的实际价格正处于 200 多美元的低价。有人愿意出 100% 的溢价投资比特币，且无须处理前一章提及的所有烦琐细节。图 15.1 表明了，随着时间的推移，GBTC 的资产净值（NAV）出现的变化。（资产净值是对应股票的比特币的真实价值。当虚线位于实线下方时，表示 GBTC 在交易时，是以相对于股票的基础价值的溢价来交易的。）

显而易见，GBTC 在某些时候，股票交易价格高于资产净值。对这种现象的解释颇多，例如：GBTC 如今每天都允许投资者将比特币直接放到他们传统的投资证券组合或退休账户中，另外，机构投资者也可以轻松地购买 GBTC。无论出于何种原因，这都表明，投资者有意于将

---

① http：//performance. morningstar. com/funds/etf/total-returns. action？t＝GBTC&region＝USA &culture＝en_US.

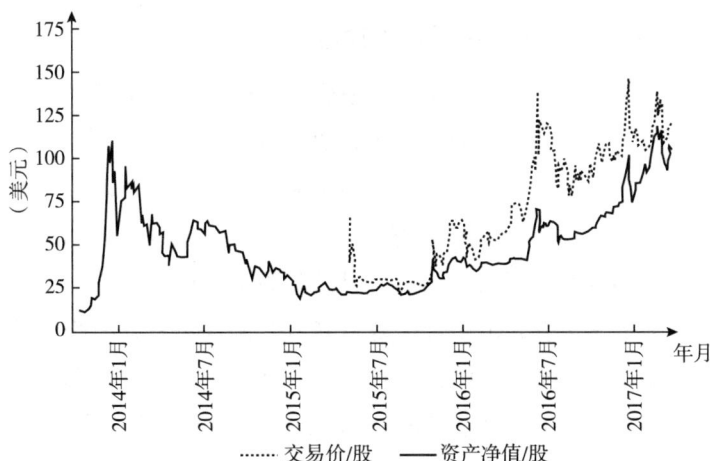

图 15. 1　GBTC 的其价格及其资产净值

资料来源：https：// grayscale. co/bitcoin-investment-trust/#market-performance。

比特币放到他们的证券投资组合中。截至 2017 年 3 月，对资本市场工具的最常用方法即利用 GBTC，因此，溢价就是投资者为了此等"使用权"而必须支付的价格。另外，许多人认为，这些溢价，值得他们在提交税务报告时，享有比特币价格上涨带来的好处。然而，在核心层面，GBTC 仍存在供需问题。只有当有资信投资者选择退出他们在 BIT 的期初投资时，才能够创建可自由交易的 GBTC 的新股份，而对此并没有要求任何期初投资者这样做。因此，当出现投资需求时，与需求匹配的股份供给却不一定存在。

有些人最初可能将 GBTC 看作一种 ETF，因此他们会怀疑为何围绕"比特币 ETF"出现了如此多的戏剧性事件。然而，BIT 及其股票 GBTC 与 ETF 相去甚远，在许可它们上市的监管批准层面和操作复杂性层面都是如此。ETF 的股票的价格接近于资产净值，避免出现像 GBTC 投资者必须忍受的那种高溢价。另外，一个 ETF 需要美国证券交易所签署同意。虽然 BIT 在正确道路上迈出了脚步，然而在其向投资者提供经美国证券交易所批准的 ETF 之前，还需要其他诸多努力和进步。

文克莱沃斯兄弟和比特币 ETF 的竞赛

在初创 BIT 时，灰度投资公司是美国境内唯一一个基于比特币的资本市场投资工具的提供商，然而其他方也有意于分一杯羹。灰度公司当时并不知道自己可能面临文克莱沃斯兄弟（前奥林匹克划船运动员且本应成为脸书创始人）的竞争。卡梅隆·文克莱沃斯和泰勒·文克莱沃斯最知名的经历当属他们两兄弟与脸书之间的故事。他们二人是有钱有势的投资者，由于自称是脸书概念的提出者，因此让马克·扎克伯格赔偿了 6 000 万美金。由于马克·扎克伯格的此次赔款大多数是以脸书公司的股份偿付，因此其当前价值已高达数亿美元。

然而，文克莱沃斯兄弟并未拿着自己价值不菲的赔偿款从此消声遗迹。他们已经尝到了成功的味道，再也不肯轻易地远离镁光灯。他们寻求新的商业冒险，而比特币正好提供了这样一个机会。2012 年，当他们在伊维萨岛（Ibiza）度假时，经大卫·安萨尔（David Azar）的介绍首次了解了比特币的概念①，因此他们置身于比特币相关信息的前沿。这两兄弟突然之间迷上了比特币，并且开始大量地购买，包括投资一些与比特币相关的创业公司。

在 2013 年的某个时刻，他们对外宣称自己大约拥有当时全球所有比特币（大约 100 000 枚比特币）的 1%。② 瞅准这个机会，卡梅隆出价 91. 26 美元购买比特币，此价格高于比特币交易平台门头沟的价格，也正是此价格使得比特币的整体网络价值超过了 10 亿美元。③

文克莱沃斯兄弟并不满足于被动投资，他们希望将产品引入市场。结果，在 2013 年 7 月份，他们代表文克莱沃斯比特币信托，向美国证券交易委员会提交了一份 S - 1 文件，试图将文克莱沃斯比特币信托作

---

① http：// www. forbes. com/sites/laurashin/2016/09/06/tyler-and-cameron-winklevoss-on-why-they-fell-in-love-with-bitcoin/#209cc1f83a08.

② http：// www. businessinsider. com/the-winklevoss-twins-bitcoins-2013-4.

③ Nathaniel Popper, *Digital Gold*: *Bitcoin and the Inside Story of the Misfits and Millionaires Trying to Reinvest Money*（Harper Collins, 2015）.

为 ticker COIN 下的一个 ETF①。S－1 文件通常有 100 多页，涉及一份产品的方方面面。文克莱沃斯兄弟为一份比特币产品而提交S－1文件，这表明他们对待比特币的严肃态度。

ETF，可以说是储存比特币的最佳投资工具。它流程透明且费用较低，其内部结构让 ETF 更加贴近资产净值，同时方便投资者在交易日交易。另外，这兄弟俩将美国证券交易委员会的批准，看作赢取投资者信任进而将比特币推向主流投资产品的一座圣杯。尽管这是一个令人称赞的想法，然而将之付诸实践的道路布满荆棘和艰辛。

2017 年年初，文克莱沃斯兄弟焦急地等待着 ETF 获得批准。在此期间，他们不断地修订自己的 S－1 文件，咨询了许多名律师，甚至创立了自己的加密资产交易所——Gemini。

₿ Gemini 交易所

ETF 并非文克莱沃斯兄弟唯一投资的比特币产品。在 2015 年，他们推出了自己的加密资产交易所——Gemini。他们遵守相应法规，期望获得纽约金融服务局的批准和许可。尽管过程漫长，然而在 2017 年 3 月份，他们的交易所终于成为领域内一家有限责任信托公司（共有 2 家），其管理办法类似于银行。该兄弟俩创办此交易所，是希望消除美国证券交易委员会对加密资产交易缺少管制的担忧。

随着 2017 年 3 月 10 日的临近，所有眼睛都盯着文克莱沃斯兄弟的 ETF，因为根据要求美国证券交易委员会必须就文克莱沃斯兄弟提交的 19b－4 文件做出相关决定，这一步骤对于 ETF 的上市十分必要。比特币 ETF 是否可以获得批准，让加密资产社区十分紧张。如果获得批准，不仅意味着这个新兴资产类别在法律层面赢得了一场伟大的胜利，也

---

① https：// www. sec. gov/Archives/edgar/data/1579346/000119312513279830/d562329ds1. htm # tx562329_12.

意味着必须生产大量的比特币，以满足资本市场上投资者购买对 ETF 的购买需求。① 在 2017 年 1 月初发表的一份研究报告中，来自尼达姆投资银行的分析师斯宾塞·鲍嘉写道，"我们认为，比特币 ETF 的成功上市，将深刻影响比特币的价格。我们保守估计，比特币 ETF 在首周将吸引 3 亿美元的资产，对此，为 BIT 获取潜在比特币（underlying bit-coin）的努力，有可能大幅提升比特币的价格"。②

在美国证券交易委员会做出决定之前，比特币价格因人们预期需求的激增而上涨。尽管精通加密资产和资本市场的一些业内人士对此产品能获得美国证券交易委员会的批准而深感怀疑③，然而在该委员会决策之前，比特币价格达到了历史新高。3 月 10 日，在与比特币毫不相关的一次美国证券交易委员会活动——证据峰会（Evidence Summit）中，一名工作人员公开表示："我想对不断发电子邮件询问的人说，对于比特币，我们现在没什么可说的，所以别再问我们了。"④ 显然，整个比特币社区迫切希望知晓美国证券交易委员会的最终决策。

这一天的晚些时候，美国证券市场交易委员会拒绝批准文克莱沃斯兄弟有关 ETF 的申请。⑤ 下文展示了该裁决的主要部分：

> 委员会未批准关于规则变更的申请，因为我们认为此提议不符合《证券交易法》第 6（b）（5）部分，后者要求国家证券交易所必能够避免欺诈和操控行为，且保护投资者和公众利益。委员会认为，为了符合此项标准，除了满足其他适用性要求之外，提供和交易"商品信托交易所交易产品"的交易所还必须满足在此事项中具有决定性意义的两项要求。首先，交易所必须与重要

---

① http：//www. CoinDesk. com/needham-bitcoin-etf-attract-300-million-assets-approved/.

② https：//www. scribd. com/document/336204627/Bitcoin-Investment-Trust-Spencer-Needham#from_embed? content = 10079&campaign = Skimbit% 2C + Ltd. &ad_group = &keyword = 500noi&source = impactradius &medium = a liate&irgwc = 1.

③ https：//www. bloomberg. com/gad y/articles/2017-02-27/winklevoss-bitcoin-etf-bet-is-a -count-down-to-zero-or-less.

④ http：//www. coindesk. com/sec-email-winklevoss-bitcoin-etf/.

⑤ https：//www. sec. gov/rules/sro/batsbzx/2017/34-80206. pdf.

市场之间建立了监督共享协议，来交易基础商品（underlying com-modity）或该商品的衍生物。其次，这些市场必须依法规行事。

根据之前记录，委员会认为与比特币有关的一些重要市场尚无监管。因此，鉴于交易所尚未达成且将来可能也无法达成针对所有已批准的商品信托交易所交易产品而制定的监督共享协议（此协议有助于解决该市场上潜在的欺诈或操控性行为和实践），因此，委员会认为相关规则变更提议与《证券交易法》不符。

上文的两大重点，其一，美国证券交易委员会认为比特币市场"缺少监管"，其二，证券交易所 Bats（比特币 ETF 有可能在该交易所上市）和提供比特币 ETF 的加密资产交易所之间的监管共享协议不全面。

无论当时人们对美国证券交易委员会的决策有何期待和想法，大多数人都对美国证券交易委员会的拒绝和严格而感到吃惊。尤其是，美国证券交易委员会并未详细审核文克莱沃斯兄弟的 ETF 的具体详情，而是关注于比特币市场的整体性质。美国证券交易委员会认为这些市场缺少监管，这对于文克莱沃斯兄弟而言无异于当头一棒，因为他们投入了巨大时间和金钱，并且创建了管理严格的 Gemini 交易所。虽然美国证券交易委员会的"否决"大部分是针对比特币市场，然而这也表明，短期来看，比特币 ETF 不会出现于美国市场。

3 月 10 日下午 4 点（美国东部标准时间）美国证券交易委员会否决了比特币 ETF 的上市请求，比特币价格立即从 1 250 美元下跌至 1 000美元，几分钟时间内跌幅高达20%以上。随后不久又反弹至 1 100 美元。这一事件让比特币质疑者们再次出现，他们说道"我早就说过会这样"，"比特币已死"等。《华尔街日报》决定在周末发表一篇题为《现实点儿：比特币是一项无用的投资》的文章，报道美国证券交易所的此番决定，同时开导广大读者。①

---

① http：//blogs. wsj. com/moneybeat/2017/03/10/lets-be-real-bitcoin-is-a-useless-investment/.

当那些博主和评论员周一回单位上班时，他们发现这些全年无休的加密资产交易所的投资者们，在周末竟然一直工作。因为在周一，比特币质疑者们看到的是，比特币的价格重返 1 200 美元以上，而且自从美国证券交易委员会公布否决决定之后，所有加密资产的网络价值竟然增加了 40 亿美元。千真万确，3 天里增长了 40 亿美元。

文克莱沃斯兄弟的 ETF，并不是被美国证券交易委员会拒绝的第一只比特币 ETF。2016 年 7 月，美国科技公司 SolidX Partners，向美国证券交易委员会提交 SolidX 比特币信托 ETF 的上市申请，希望在纽约证券交易所上市，股票代码为 XBTC。[①] SolidX 的产品和文克莱沃斯兄弟的产品之间存在一个重大差异，即 SolidX 期望给自己的信托投保，保额高达 1.251 亿美元，以防备比特币被偷盗或黑客入侵。但 2017 年 3 月，美国证券交易委员会否决了 SolidX 比特币信托 ETF 的上市申请。

Ⓑ ARK 投资公司和 ETF 的比特币敞口

2017 年 3 月，共有 2 只 ETF 提供比特币敞口（bitcoin exposure），即 ARK 投资公司的"下一代互联网 ETF"（Next Generation Internet ETF，股票代码为 ARKW）以及该公司的"创新 ETF"（Innovation ETF）。它们将比特币敞口和成长股的证券投资组合相结合，成为市场上表现最好的 ETF。利用灰度投资公司的 BIT，ARK 投资公司于 2015 年 9 月成为第一个投资比特币的公共基金管理机构，截至本书撰写之时，市场上仍旧只有一种 ETF 提供比特币敞口。鉴于 ARK 公司的业务侧重于快速发展的科技，例如机器学习、自动驾驶和基因组学等，因此投资比特币对于该公司而言再自然不过了。

---

① http://www.CoinDesk.com/solidx-bitcoin-trust-ling/.

交易所交易票据

在美国境外，资本市场型比特币产品具有更多投资选项，例如在位于瑞典斯德哥尔摩的纳斯达克北欧交易所（Nasdaq Nordic）中，XBT Provider 公司提供了 2 种交易所交易票据（Exchage Traded Notes，简称 ETN）。纳斯达克北欧交易所是一个受管制的交易所系统，隶属于美国知名的纳斯达克（Nasdaq）。为了在纳斯达克北欧交易所上市，这些投资产品必须克服众多重大的监管障碍。显然，瑞典金融监管局（FSA，监管瑞典金融的一个政府机构）已经批准了那些 ETN。

虽然 ETN 在交易所交易——如同 ETF，然而两者分别属于"票据"和"基金"。两者之间的一个明显区别是，ETN 向投资者提供了一种电子票据，同时向投资者保证，投资者将根据资产表现情况而获得回报，而 ETF 持有资产，并追踪该资产在股票市场的价值变化。

在技术层面，ETN 属于优先无担保债务工具，可追踪市场指数或市场基准。ETN 为投资者所投资的资产带来风险，且其发行方无须持有该资产。由于 ETN 属于债务工具，因此投资者的收益受制于发行方的信用质量。假如发行方破产，ETN 的投资者只能收回自己投资的一小部分。而 ETN 持有标的资产。因此，ETN 的投资者必须确信发行方有持续经营的能力，而且有能力追踪指数，但不必持有构成指数的一篮子资产。

ETN 的发行方，通常是那些利用自己的信用为金融工具提供担保的银行或金融公司，它们致力于消除投资者对其财务实力的担忧。摩根士丹利投资公司是 ETN 的首个发行方，巴克莱银行则频频发行此类票据，两者都是信用评级可靠的多元化跨国银行。然而，2008 年的金融危机告诫我们，识别和评估承销公司十分重要，而且，有时候难度还不小。① 作为一种债务工具，基本发行方（underlying issuer）的健康

① http：// money. usnews. com/money/personal- nance/mutual-funds/articles/2015/09/04/ which-are-better-etfs-or-etns.

状况，是创新型投资者在持有 ETN 前必须排除的额外风险。

如同 ETF，ETN 允许投资者将一项资产的风险加入他们的投资组合之中，却无须处理如何获取和保护该资产等麻烦事情。例如，一名投资者相信商品期货（例如活畜）却不想交易真实的期货合约，那么他可以投资一种能够追踪该期货指数的 ETN。当票据到期或提前回购时，其发行方负责向投资者支付基于该指数的报酬（减去必要费用）。由于 ETN 在交易所交易，因此它容易受市场力量的影响，能够以溢价或者折价交易[1]。在交易所交易时对资产的流动性有要求，因此投资者可以提前出售或购买。另外，投资者可以通过标准的经纪账户（brokerage account）或监护人账户（custodial account）持有 ETN。

2015 年 10 月，XBT Provider 公司发行了"比特币追踪者一号"[2]（Bitcoin Tracker One，交易代码为 COINXBT），以便追踪比特币的美元价格。[3] 它利用 Bitfinex、Bitstamp 和 GDAX 等交易平台中的比特币兑美元的平均兑换率，决定适用于投资的比特币的基础价值。[4] 第二年，XBT Provider 公司发行了"比特币欧元追踪者"（Bitcoin Tracker EUR）。这两项比特币 ETN 都可通过"盈透证券"（Interactive Brokers）来投资——它是一种面向投资者的贴现票据经纪人服务（discount broker service）。[5]

针对这些产品，XBT Provider 公司收取 2.5% 的管理费用，这比灰

---

[1] 在理论上，ETN 应该紧密追踪其标的指数的价值，发行者可以灵活地发行或赎回票据，以应对 ETN 的价格变化。如需了解更多信息，请访问以下网址 http://www.nra.org/investors/alerts/exchange-traded-notes-avoid-surprises，可以阅读美国金融业监管局向投资者发布的关于 ETN 的警告。

[2] 此前，投资者只能用欧元或瑞典克朗投资"比特币追踪者一号"，但自 2018 年 8 月 15 日起，投资者可以用美元直接投资。相关新闻详见 http://www.nasdaq.com/article/us-investors-can-now-buy-a-bitcoin-exchange-traded-note-cm/008924。
　　——编者注

[3] http://announce.com/Announce/RawView? DocKey = 1330-502640en-0SJISU5E6EOFJU R-BIMQU8C7 OGS.

[4] https://www.bloomberg.com/quote/COINXBT：SS.

[5] 比特币追踪者一号交易代码为 COINXBT；比特币欧元追踪者交易代码为 COINXBE。

度投资公司的收费高出25%。也许对于创新型投资者而言最重要的一点在于,不同于许多ETN,XBT Provider公司一直都是完全对冲(fully hedged)的,这意味着它持有的基础比特币的价值等同于ETN的价值。这能够极大地削弱对于XBT Provider公司信用质量的依赖,因为即便公司破产,基础比特币仍然能够赔偿投资者。如其官网上所言,"XBT Provider公司不具有任合市场风险。它持有的比特币价值,总是等同于已发行的ETN的价值"。①

在2016年年中,XBT Provider公司的主要股东KnCMiner公司宣布破产,此后XBT Provider公司被位于泽西岛的全球顾问有限公司〔Global Advisors(Jersey)Limited〕收购。KnCMiner公司是一家老牌比特币挖矿公司以及比特币挖矿设备生产商。对于ETN而言,发行方的可信度至关重要,全球顾问有限公司也认识到了这一点。在KnCMiner公司破产之后,且在确定新的担保方之前,XBT Provider公司的2个ETN的交易暂时停止,最终,全球顾问有限公司施以援手②。

该公司由让-玛丽·莫格拉蒂(Jean-Marie Mognetti)和丹尼尔·马斯特斯(Daniel Masters)两人领导,他们最初分别在雷曼兄弟银行(Lehman Brothers)和摩根大通担任商品交易员,他们将丰富的资本市场运营经验带入了比特币领域。在收购XBT Provider公司之前,该公司已经创建了一个面向机构投资者的比特币基金,并称之为GABI③,该基金的总部位于英国泽西岛〔类似于开曼群岛(Cayman Islands),因其创造性的管理方法而知名海内外〕。通过收购XBT Provider公司,该公司增强了ETN的交易对手的可信度,且为其日益增长的、面向机构的比特币投资平台添加了一种不错的资产。马斯特斯这样总结其背后的依据,"GABI是全球唯一的、面向机构的、接受完全监管的比特币投资基金,而随着XBT Provider公司的加入,我们此时正积极定位在线

① https://xbtprovider.com/.

② https://bitcoinmagazine.com/articles/publicly-traded-bitcoin-fund-xbt-provider-resumes-trading-following-acquisition-by-global-advisors-1467821753/.

③ http://globaladvisors.co.uk/.

零售和专业化市场。"[1]

交易所交易工具

面向投资者的另一种比特币投资工具即交易所交易工具（Exchange Traded Instrument，简称 ETI）。ETI 类似于 ETF，因为它们都是由资产提供担保的证券，但是 ETN 不一定必须由基础资产提供担保。不过，ETI 不太常见，且主要用于存储另类投资，例如期货或期权[2]。

2016 年 7 月，一种比特币 ETI 在直布罗陀证券交易所（Gibraltar Stock Exchange）上市，交易代码为 BTCETI[3]。它收取 1.75% 的管理费用，低于灰度投资公司和 XBT Prorider 公司，而且与比特币公司 Coinbase 合作保管其资产。尽管 ETI 的发起者和筹备者（即 Revoltura 和 Argentarius ETI Management Limited）并不知名，但是直布罗陀政府和直布罗陀监管者——金融服务委员会（Financial Services Commission）的参与，值得我们注意。

显然，直布罗陀抓住了这个机会，正将自己打造为一个虚拟货币中心。艾伯特·伊索拉（Albert Isola）作为直布罗陀金融服务和博彩部（Financial Services and Gaming）的部长，说道："我们继续与私营部门和我们的监管者合作，积极地为数字货币领域的经营者们创造适当的监管空间，此 ETI 在我们证券交易所上市，也表现了我们的创造性以及上市速度"。[4]

直布罗陀发布比特币 ETI 声明的当月，一名瑞士发行方冯托贝尔银行（Vontobel）宣布许可了一种比特币追踪者，其运行类似于 ETN，尽管它并未对外详细解释内容。2016 年 7 月，资本市场上的比特币产

---

① https://bitcoinmagazine.com/articles/publicly-traded-bitcoin-fund-xbt-provider-resumes-trading-following-acquisition-by-global-advisors-1467821753/.

② http://www.cmegroup.com/con uence/display/EPICSANDBOX/Exchange + Traded + Instru- ments + on + CME + Globex.

③ http://www.ibtimes.co.uk/gibraltar-stock-exchange-welcomes-bitcoineti-1572361.

④ https://www.gsx.gi/article/8292/gibraltar-stock-exchange-welcomes-bitcoineti.

品动作不断，然而这只是一个开端，好戏还在后面。

投资者是否接受加密资产的定价？

创新型投资者也许已经意识到，上述许多上市的交易产品，依赖于价格指数。尽管价格指数听起来简单，然而它有复杂的数学运算过程，被用于评估市场上的准确价格，尤其是可在全球交易且通过一系列法定货币和加密资产购买的那些加密资产。然而，定价对于加密资产这类资本市场工具的未来成长而言十分重要，因此这是创新型投资者应当关注的一个发展领域。

对于那些在不同地理位置、以不同法定货币交易的比特币而言，定价问题尤其严重。如今，不同加密资产交易所的运营，如同孤立的流动水池，因此，假如一家交易所的需求大幅高于其他交易所，那么此交易所的比特币将以高出其他交易所的溢价交易。在股票市场，通过套汇可以迅速解决此价差问题，然而由于在不同交易所之间移动比特币时存在时间延迟（更不用说法定货币的资本管制），价格差异持续存在。

由于投资者对比特币的兴趣与日俱增以及他们对稳健和规范化的比特币指数的需求，两个主要的投资市场（纽约证券交易所和芝加哥商品交易所）推出了它们自己的比特币价格指数。纽约证券交易所于2015年5月推出了自己的比特币价格指数（NYXBT）。[①] 当时，纽约证券交易所的总裁托马斯·法利（Tomas Farley）说道，"当我们的消费者考虑处理、交易或投资此新兴资产类别时，比特币的价值迅速成为他们希望追踪的一个数据点。作为全球指数领导者以及美国洲际交易所银行同业间拆借利率（ICE LIBOR）、美国洲际期货交易所的美元指数（ICE Futures U. S. Dollar Index）和许多其他知名基准的管理者，我们非常乐意让这个市场更加透明。"[②]

---

① https://www.nyse.com/quote/index/NYXBT.

② https://bitcoinmagazine.com/articles/new-york-stock-exchange-launches-bitcoin-pricing-index-nyxbt-1432068688.

纽约交易所的比特币价格指数采用了基于数据的规则，产生了它认为"客观和公平的比特币价值"。最初，指数采用比特币公司 Coinbase 的数据（纽约证券交易所曾经少量投资过 Coinbase[①]），但之后，它逐步扩展其数据来源，涵盖了其他交易所。

在 2016 年下半年，芝加哥商品交易所也推出了自己的比特币价格指数，此外还推出了比特币日参考汇率（CME CF Bitcoin Reference Rate）和比特币实时指数（CME CF Bitcoin Real Time Index）。[②] 它还创建了一个独立的咨询委员会［成员包括比特币布道者安德里亚斯·安东诺普洛斯（Andreas Antonopoulos）］以监管其价格模型（使用了来自全球诸多交易所的价格数据）。[③] 有些人猜测，使用此指数可以对比特币期货和其他衍生工具进行预测，因为后者正是芝加哥商品交易所的专长。

我们通常利用区块链数据提供商 Tradeblock 的 XBX 指数（适用于比特币机构交易者的一个主要的比特币指数），以获得交易日内资产的最准确价格。[④] 此指数的主要适用人群是机构投资者，它采用一些可解释市场流动性、操控企图和全球交易所内其他异常现象的算法，进而推导出比特币的价格。[⑤]

尽管上述指数皆侧重于比特币，但我们依旧期待能出现许多其他正日渐成熟的加密资产的价格指数。这将预示着更多资本市场工具的到来。

与财务顾问谈谈加密资产

数字货币委员会（Digital Currency Council）的创立者大卫·伯杰（David Berger）认为，如今，当财务顾问与他们的客户谈及投资证券组合时，应该谈谈比特币和加密资产了。"顾问们必须了解比特币的技术

---

① https：//www. f. com/content/b6f63e4c-a0af-11e4-9aee-00144feab7de.
② http：//www. cmegroup. com/trading/cf-bitcoin-reference-rate. html.
③ https：//www. cmegroup. com/trading/ les/bitcoin-frequently-asked-questions. pdf.
④ https：//tradeblock. com/markets/index.
⑤ 同上。

基础，以及如何持有、安全地存储和使用比特币。顾问们也需要了解数字货币的生态系统，风险评估，以及如何在该生态系统内理性投资。他们必须熟悉金融和税务影响，以及法律法规性事项，所有这些内容每天都在不断地发展更新。"①

如今，一般投资者可通过经纪公司买 GBTC。通过一个在线的自我指导型投资账户，投资者可了解该基金的报价，同时为自己的账户购买资产。

如果投资者雇用了财务顾问，那么买 GBTC 之前，最好与其财务顾问交流，让投资公司购买。有时候难免出现一些挫折，这是由于财务顾问缺乏此类投资工具的相关知识，无论他们是独立顾问还是任职于经纪公司。此时，创新型投资者应该认识到，比特币和其他加密资产可能对自己的投资证券组合产生积极影响。财务顾问和投资公司与客户之间应该积极沟通，知晓相关实情，与客户适当地讨论这些投资工具。

幸好，金融服务产业如今对这些投资选项越来越热情，同时也认识到最好让顾问们了解最新情况的重要性和必要性。2014 年，美国财务规划师协会（Financial Planning Association，简称 FPA）曾经发表了一份报告《比特币的价值正不断地提高投资者证券投资组合的效率》，这一标题就已详细表明了它对比特币的看法。②。在报告中，该协会认为，对于许多投资者而言，通过比特币，他们的证券投资组合将更具多样性、更加稳健。

尽管我们希望顾问们越来越了解和认可比特币和其他加密资产投资，然而创新型投资者在他们的顾问那儿遭遇的可能是：投资意见被马上否决、财务顾问不感兴趣、缺乏知识，甚至是嘲笑投资者。鉴于此，请考虑以下几点内容：

- 优秀的财务顾问是真正为自己的客户着想。比特币和其他加密

---

① https://www.thebalance.com/what-do-nancial-advisers-think-of-bitcoin-391233.

② https://www.onefpa.org/journal/Pages/SEP14- e-Value-of-Bitcoin-in-Enhancing-the -E ciency-of-an-Investor% E2% 80% 99s-Portfolio. aspx.

资产属于新兴资产类别，其过往记录短暂且动荡，因此，如果一名顾问立即否决或批判比特币和其他加密资产，不该因此否定此顾问自身的品质和能力。

- 投资者最好向自己的财务顾问提供相关链接和资源，让他们更好地了解比特币和其他加密资产。您可以参考此书的"资源部分"。

- 请提醒财务顾问：这并非意味着在这些加密资产的投资项目中孤注一掷，财务顾问的建议要有助于确定如何将这些加密资产恰当地配置到他们构建的资产分配模型中。（假如尚无可供参考的资产分配模型或理财计划，那么投资者应该小心你的财务顾问了）。

- 假如财务顾问无法信任加密资产，或者以为了创新型投资者的利益着想为理由拒绝投资这些资产，那么可按照第 14 章的解释而直接投资，或者通过一个自我指导型账户购买 GBTC。假如投资者采用此种方法，我们强烈建议您告知此前咨询的财务顾问，以便顾问将它补入自己的记录中，进而为其构建资产分配计划提供参考。优秀的财务顾问应该乐于坚持记录客户的那些令理财公司陌生的资产情况。

- 如果财务顾问在谈及此话题时不知所措，请把这本书交给他。

Ⓑ 独立财务顾问和经纪公司

里克·爱德曼（Ric Edelman）是美国顶级财务顾问之一，他认同伯杰的观点。爱德曼也是一名作者和演说家，他曾 3 次被《巴伦周刊》（Barron）评为美国顶级独立财务顾问。他也相信比特币的价值。"投资者不断地了解和认可比特币，这一点十分重要"，爱德曼如此说。除了比特币之外，他认为区块链技术极有可能解决许多商业问题，"许多商业领域将从此技术的进步中受益"。①

---

① https：//www. thebalance. com/what-do- nancial-advisers-think-of-bitcoin-391233.

作为一名财务顾问，爱德曼可能有些独特，其中一个原因在于，他是一名独立财务顾问，不同于效力于美国富国银行（Wells Yargo）、摩根士丹利公司或美林证券公司等经纪公司的财务顾问。经纪公司的财务顾问在向客户推荐与比特币或加密资产有关的投资工具时，可能会受到许多限制。这可能由于，这些公司的内部政策——禁止财务顾问向客户推荐未经公司内部调查团队充分评估的产品，或者由于他们缺少知识或兴趣，不愿意将此等资产用作投资工具。

未来怎么样？

我们相信，加密资产投资工具的数量将不断增加，即便最保守的投资者对于它们的了解也将越来越多，最终他们将意识到此新型资产类别的非相关性附加价值。尽管美国证券交易委员会未批准文克莱沃斯兄弟和SolidX的ETF的上市申请，然而我们相信，全球监管者将不断探究此新资产类别，这最终将提高美国证券交易委员会对比特币和其他加密资产的了解和认可程度。美国证券交易委员会的首要任务在于保护消费者，假如它认为加密资产领域暂时缺乏有效的消费者保护措施，那么它无法批准任何的交易所交易产品。

在全球范围内，与比特币相关的证券化操作仍将持续，这有助于那些真正具有价值的加密资产成为资本市场工具。灰度投资公司已经迈开了前进的步伐，它推出了以太坊经典投资信托（Ethereum Classic Investment Trust），其运行方式类似于GBTC，只不过持有的加密货币是以太经典（请不要将其与以太坊混淆）。

未来，我们必将有多种选项来投资资本市场工具（那些被证券化的加密资产）。例如，我们期待结合加密资产建立多元资产共同基金，帮助实现多样化投资。类似于REX股份公司的标普500黄金套期ETF（S&P 500 gold-hedged ETF），未来我们也许将拥有标普500比特币套期ETF（S&P 500 bitcoin-hedged ETF），我们也有可能拥有基于自身功能性的加密资产基金，例如加密商品基金（ryptocommodity fund）或者隐私型加密货币基金，类似于门罗币，达世币和零币。最后，鉴于指数化趋势的日益增长，且由于加密资产领域越来越成熟，我们将见证以网络价值衡量的加密资产 ETF，有可能包括一个由前 5、前 10 或前 20 的加密资产构成的资产篮子。

接下来两章中，我们将探讨创新型投资者如何通过为数众多的工具获取比特币和其他加密资产，包括挖矿、在交易所直接购买以及在资本市场投资（例如 GBTC 和同类型的投资产品）等。对于创新型投资者而言，加密资产世界的另一个有趣点，即他们可以直接参与开发者团队，有机会在起始阶段参与加密资产的发行。在过去，这只是高净值人群的特权，然而随着新潮流的出现——例如众筹、代币以及《创业企业融资法案》（JOBS Act）等，各种形态、各种规模的创新型投资者都有望加入。

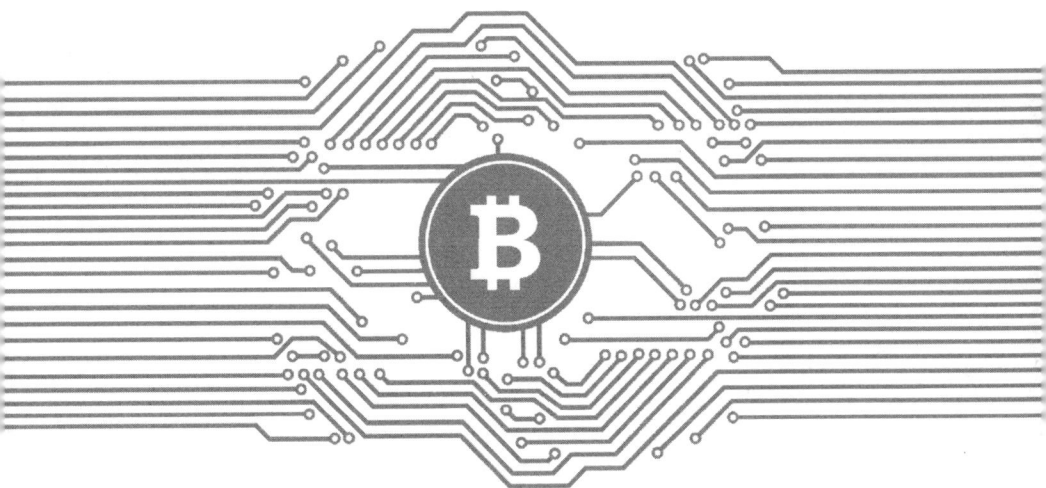

第16章

ICO的疯狂世界

THE INNOVATIVE INVESTOR'S
GUIDE
TO BITCOIN AND BEYOND

在科技发展早期阶段，史蒂夫·乔布斯（Steve Jobs）、比尔·盖茨（Bill Gates）和迈克尔·戴尔（Michael Dell）等创新者成为标志性人物，他们能够将自己的想法转化为市值惊人的公司。在过去 10 年，我们见证了埃隆·马斯克（Elon Musk），彼得·蒂尔（Peter Thiel）和马克·扎克伯格（Mark Zuckerberg）等梦想家实现了同样目的。这些创新者改变了世界，因为人们相信他们的洞察力，因此早期的支持者投入资金，帮助他们将理想变为现实。这些投资带来了巨大的收益，但这并非出于利他主义，最初的投资者们甘心冒风险投资，本就是寻求巨大的回报。

在投资初创企业时，私人公司常常被认为在进行风险投资（venture capital）。这个术语本身便传递出风险。毕竟，venture（冒险）作为一个动词，表示前往未知的世界，capital（资本）表示财富和资源。风险投资可以解释为：投资者冒着未知的风险，追求巨大的奖励，然而知道在过程中失败的风险也非常高。

风险投资是一个相对年轻的产业，它与硅谷（Silicon Valley）紧密相关。硅谷使人们对风险投资如雷贯耳，同样地，风险投资也让硅谷名扬四海。英特尔（Intel）公司，便是帮助风险投资行业快速启动的最早且最知名的公司之一，如今该公司制造着全球大多数计算机使用的芯片。该公司由知名科学家戈登·摩尔（Gordon Moore）（因为创造了"摩尔定律"而知名）和罗伯特·诺伊斯（Robert Noyce）（集成电路的联合创造者）创建于美国加利福尼亚州的圣克拉拉，然而他们难以为自己的新公司筹措资金。最终，他们找到阿瑟·洛克（Arthur Rock）为其捐助，洛克是一名美国投资家，正是他发明了风险投资家①（venture capitalist）这个术语。洛克发行可转换债券，帮助英特尔公司筹集了 250 万美元的资金，其中，他自掏腰包 10 万美元。两年后，在 1970 年下半年，英特尔上市，筹集资金 680 万美元，同时向洛克和那些购买债券的投资者提供了高额回报。英特尔是首批在创业初期利用风险投资筹措资金的公司之一，由于它的巨大成功，硅谷成为风险投资这一概念的发源地。

尽管风险投资行业相对年轻，许多加密资产公司如今却在颠覆此模式。"颠覆者"如今却面临"被颠覆"的风险。对于创新型投资者而言，意识到这一点很重要，即加密资产并非仅仅让野心勃勃的企业更加容易地筹措资金，它们也在为普通投资者创造机会，帮助他们尽早地参与下一批"脸书"或"优步"的创业过程。欢迎您进入众筹与加密资产进行碰撞的世界。

旧方法：投资者的视角

直到最近，只有当一家公司首次公开募股时，即在一家知名交易所（如纳斯达克或纽约证券交易所）交易公司股票时，普通投资者才有可能投资该公司。然而，在实现首次公开募股之前，这家公司有可能已经完成了数轮私人融资。随着一家私人公司不断壮大，每一轮投资也对应不同的名字，首先是种子轮，然后是天使轮、A 轮、B 轮、C 轮、D 轮等。在每一轮融资中，当投资者投入资金时，他们往往会获得该公司一定比例的股份。此类融资通常仅面向风险投资家、其他私募股权投资者或有资金的个人。首次公开募股是将私股转换为社会公众股，然后在公共交易所交易，这样投资者每天都可以购买、交易股票。

创新型投资者可以从上文中推断出，最早的几轮融资，虽然风险最

---

① https://www.britannica.com/topic/Intel-Corporation.

高，然而当一家公司获得成功后，投资者获得的回报也最多。避免普通大众参与这几轮融资，有助于保护普通大众免遭最早几个投资阶段内在风险的伤害。然而，这也导致普通大众错过了获得最大回报的机遇。更糟糕的是，在过去10年间，公司等待上市的时间越来越长，因此越来越多的回报进入了私人市场。

本·埃文斯（Ben Evans），作为安德森·霍洛维茨基金（Andreessen Horowitz，全球最知名的风险投资公司之一）的一名分析师，曾经在2015年发表了一篇报告，他清晰地表明如今价值越来越倾向私人市场。在1999年，一家科技公司首次公开募股的时间中位数是4年，而在2014年则增加至11年①，这意味着普通投资者如今必须等待近3倍的时间才能购买公司股份。尽管如今投资者对首次公开募股的热情已经不如科技繁荣时期，然而这一时间的延长，是由于科技和电信领域的繁荣发展导致了规则变化，以及2008年爆发的金融危机。在20世纪90年代末期，尝试首次公开募股的公司年收入在2 000万美元，而在2014年，年收入中位数不足1亿美元，而且这已经是金融危机时期最高年收入——2亿美元下降后的数值②。虽然这一趋势使首次公开募股过程更加稳定，且减少了投资者在资本市场面临的风险，然而风险越小，获利往往越少。

埃文斯在其报告中写道，"如今几乎所有的收益回报为私人所有。旧世界的科技巨头们将大量回报交给公开市场，而新世界的科技巨头们还没有这样做。"他笔下的旧世界科技巨头是指微软、甲骨文（Oracle）甚至亚马逊等公司，它们为公众市场创造的价值远远高于私有市场。而领英、点评网站Yelp、脸书和推特等公司，其收益的大部分进入了私人投资者的口袋中。例如，微软的私人资金每增长20 000%，其公共资金增长60 000%。然而脸书的私人资金每增长80 000%，其公共资金增长不足1 000%。正如同埃文斯写的，"如果脸书达到微软的

---

① http：//ben-evans. com/benedictevans/2015/6/15/us-tech-funding.

② https：//site. warrington. u . edu/ritter/ipo-data/.

公开市场回报水平，那么脸书市值必须高达 45 万亿美元"，这是美国GDP 的 2 ~ 3 倍。[①]

旧方法：公司的角度

虽然过去 10 年间普通投资者貌似被排除在外，然而被排除的还有其他人。大多数公司也无法参与上述融资过程，因为获取风险投资竞争非常激烈，通往公开市场的道路将更加严酷。对于希望吸引风险资本家投资的初次创业者而言，通常情况下，他们必须具备广泛的人脉。通过广泛的人脉，他们才可以被热情地引荐给风险资本家，这样就避免自己淹没在风险资本家们接到的成百上千个陌生电话之中。为了建立这样的人脉网，创业者必须知晓内情、消息灵通，而这似乎不合逻辑。

在筹资开始时便转向公开市场，这几乎不可能，因为首次公开募股的过程十分费时费钱。首次公开募股时，公司管理层必须向美国证券交易委员会提交 S－1 文件，参加路演，让投资者了解他们的上市股票，向投资银行家支付高昂费用以便给社会公共股制定适当的定价等。

由于上市过程十分辛苦，因此只有规模最大且最成功的公司才会寻求上市。当公司日益成熟且希望获得由公共市场提供的更大的资金池时，它们才会试图上市。另外，通过上市，它们自己以及私人投资者将更早地获得回报，这是由于首次公开募股之后，它们可以在更加流动的公开市场上出售股份。

如果无法接触风险资本家或者无法进入公开市场，那么对于大多数创业的企业家而言，其首选方法即通过家人和朋友、信用卡债务等筹措资金。好消息是，互联网经济的繁荣，孵化了大量奋发图强、努力上进的企业家，同时相应法规也不断地适应现实状况，使得创新型投资者和创新型企业家团结起来，共同实现新想法。

---

① http://ben-evans.com/benedictevans/2015/6/15/us-tech-funding.

资助创业公司的新方法

在 2008 年金融危机期间，债务市场冻结，股票市场崩溃，导致个人投资者遭受了重大损失，某些投资者甚至遭遇了毁灭性打击。为了避免投资者在未来遭遇类似磨难，相关部门制定并颁布了新法规。许多法规对准银行以及它们在金融危机中的行为，这最终影响到创业公司进入资本市场的能力以及采用其他传统的筹资方法（包括贷款和借款）的能力。在某种程度上，这些法规解释了为何如今公司实现首次公开募股的时间更长。

然而，许多领导者已经认识到，这个世界必须刺激更多的创新而非扼杀它[①]。他们开始质疑这些法规，并且引用史蒂夫·乔布斯、比尔·盖茨和迈克尔·戴尔等著名互联网公司创始人的故事，陈述创新行为如何让这个国家更加伟大。这些领导者明白，假如创立一家公司以及获取资金比以前更加艰难，那么这个国家必将承受苦果。

同时，筹资现象也出现了转变，因为许多企业家意识到他们无须借助风险投资、家庭、借款或资本市场也可以筹集到原始资本，即互联网通过"众筹"（crowdfunding）已经成为联系企业家和投资者的一股主要力量。借此，拥有优秀想法和计划的个人和企业，可以找到愿意投资的其他个人。如果小或微小规模项目的企业家无法通过更加传统的方式筹措资金，还有另一种新方法帮助他们与各层次投资者相连接。

Kickstarter、Indiegogo 和其他众筹网站，通过在线方式连接企业家和投资者。在得到投资者的投资承诺的同时，企业家答应给予回报，这取决于具体某一位投资者承诺投资的数额。意识到这类平台是滋生欺诈行为的乐土之后，这些网站实施了有助于保护投资者的政策和程序。例如，Kickstarter 将资金交由第三方保管，直到融资项目融到了足够多的资金。假如最终投资者人数不够，那么融资过程将结束，投资

---

① http：// www. forbes. com/sites/johnchisholm/2013/08/06/the-regulatory-state-is-strangling-st-artups-and-destroying-jobs/2/#1d88e9112651.

者可以取回自己的投资资金。

许多投资者之所以投资某些项目，只是为了见证这些项目变为现实，而其他投资者向某些项目提供资金，则希望获得相应产品。为了了解 Kickstarter 能够向有意于比特币和区块链领域的投资者提供哪些服务，您只需在 Kickstarter 网站的搜索框中输入这些术语即可。① 该网站的投资项目还包括纪录片、书籍、游戏和应用软件开发等。例如，如果投资者出资拍摄一部关于比特币的纪录片，那么纪录片拍摄完成后，投资者可以收到一份该纪录片的 DVD（数字通用光盘）。

至于众筹，最令人激动的一点，即它不仅允许梦想家打造自己的产品或公司，还允许各个层次的投资者参与其中，见证这些梦想最终得以实现。发起众筹之前，如果投资者希望共享创业公司提供的股票，那么他们还必须是有资信的投资者。虽然在此阶段众筹发起方希望让有资信的投资者参与众筹的意愿是美好的，但弊端仍旧存在，即普通投资者无法参与回报率最高的几个最早的投资阶段。

在 2012 年，众筹成功地吸引了美国政府的关注。幸运的是，政府不仅没有扼杀这个概念，反而围绕它制定了相关政策，将它推向市场，以帮助创业公司的发展。《创业企业扶助法》（Jumpstart Our Business Startups Act）签署于 2012 年 4 月 5 日。② 这如同宣告：众筹，极有可能作为创业公司筹措资金的一种替代方法。另外，该法案希望向众多投资者提供股权式机会（equity-based opportunities），包括无资信的投资者。③

🅱 面向所有投资者的众筹门户网站

《创业企业扶助法》向无资信投资者敞开了风险投资的大门（包括众筹和对 ICO 投资），这是一大跨越，向众多人群提供了宝贵的投

---

① http：// www. indiegogo. com.

② https：// www. sec. gov/spotlight/jobs-act. shtml.

③ http：// www. inc. com/andrew-medal/now-non-accredited-investors-can-place-bets-like-the-ultra-wealthy. html.

资机遇。《创业企业扶助法》的一项条款规定了门户网站的创建和运行，即投资者通过哪些在线平台可以寻找到投资机遇。这些门户网站必须获得美国证券交易委员会和美国金融业监管局的许可①。尽管目前此类门户网站的数量不多（Wefund 即其中之一），然而随着时间的推移，其数量将不断增加，向投资者和企业家们提供更多的投资机会。② 另外，我们期望，在不久的将来，证券经纪人能够创建自己的门户网站，在提供投资建议的同时，也提供投资机会。

在过往 80 年的法律中③，《创业企业扶助法》第一次向无资信投资者提供了以私人名义投资创业公司且获得股票回报的机会。尽管该法案在 2012 年经签署成为法律，但法案第三章（即适用于无资信投资者的部分）在 2016 年 5 月份才正式实施。④ 其部分原因在于：美国证券交易委员会必须参与其中，并且采用"最终规则，允许公司通过众筹提供和出售证券"。⑤ 通过第三章而实施的某些政策，包括限制筹资过程的期限，限制一名投资者可投资的金额，同时投资行为必须通过经美国证券交易委员会监管的中介机构，借助于证券经纪人或筹资门户网站⑥。

我们认为，尽管存在上述限制性政策，但是投资者投资新公司（包括对加密资产的投资）并且获得股权式回报的机会将大大增加。阻碍创业公司采用其他筹资方法的大门已经打开，那些从事加密资产项目的公司，已经开始利用它们自己的技术，寻找方法以筹措资金。

---

① 有关美国金融业监管局提供指导方针，投资者应该参考以下网址的内容：http：// www. nra. org/newsroom/2016/ nra-o ers-what-investors-should-know-about-crowdfunding.

② https：// www. crowdfundinsider. com/2016/08/88857-now-14- nra-approved-funding-portals-cre-ated-title-iii-jobs-act/.

③ https：// www. forbes. com/ sites/chancebarnett/2013/10/23/ sec-jobs-act-title-iii-investment -being-democratized-moving-online/#6baf33b840f5.

④ http：// www. huffingtonpost. com/josh-cline/the-six-things-nonaccredi_b_10104512. html.

⑤ https：// www. sec. gov/news/pressrelease/2015-249. html.

⑥ http：// www. huffingtonpost. com/josh-cline/the-six-things-nonaccredi_b_10104512. html.

加密资产和创业公司的区别

在我们详细讲解加密资产项目如何实施时，创新型投资者必须了解：众筹加密资产这一模式，取得极大的颠覆性效果。首先，通过众筹，加密资产项目允许普通投资者和风险资本家肩并肩同行，同时，众筹结构也可能消除对于风险资本家和资本市场的需求。其次，众筹和加密资产之间的联合具有极大的颠覆效果，并且使得加密资产项目与众筹网站 Kickstarter 处于完全不同的阵营。乔伊·钱格罗（Joel Monegro），作为占位符风险投资公司（Placeholder Ventures）的联合创始人和合广风险投资公司（Union Square Ventures）的前区块链领导者，首次在其博文"胖协议"（*Fat Protocols*）中简洁明晰地概述了这个想法。

钱格罗的论点如下所示：传输控制协议/互联网协议（TCP/IP）、超文本传输协议（HTTP）和简单邮件传输协议（SMTP）等支撑着网络的运行，它们都已经成为围绕互联网发送信息的标准。这些协议已经被商品化，虽然它们是互联网的基础，却未被完全货币化，只有这些协议上层的应用层被货币化了。这些应用层已经转化为超级企业，例如脸书和亚马逊，它们依赖于网络的基础协议，已经收获了绝大多数价值。我们当前所知晓的网络建设如图 16.1 所示，其中 y 轴表示已获取的价值。

此模型和加密资产模型相比，在加密资产模型中，必须将协议层直接货币化，以便使应用层正常运作。比特币就是一个不错的例子。协议层即比特币本身，它借助于比特币的原生资产被货币化。所有应用层（例如 Coinbase、OpenBazaar 和 Purse. io 等公司）都依赖于比特币，因此抬高了比特币的价值。换言之，在一个区块链生态系统内，如果希望应用层具有价值，那么协议层必须能存储价值。因此，应用层从协议中获取的价值越多，意味着协议层的价值增长也越多。鉴于许多应用软件开发于这些协议之上，因此一个协议层的货币价值必须高于它的任意一个应用层，这与互联网的价值创建过程正好相反。（请参考图 16.2，了解在区块链架构中如何捕获价值）。

互联网

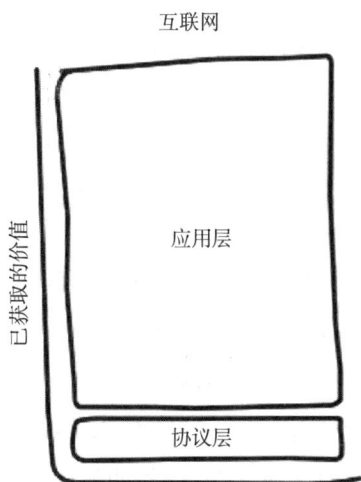

已获取的价值

应用层

协议层

区块链

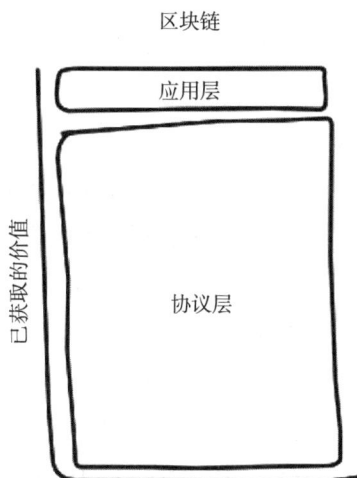

已获取的价值

应用层

协议层

图16.1 瘦协议和胖应用：如何在
网络内捕获价值
资料来源：www.usv.com/blog/fat-protocols。

图16.2 胖协议和瘦应用：如何在
区块链内捕获价值
资料来源：www.usv.com/blog/fat-protocols。

有趣的是，一旦发布这些区块链协议，它们可以自力更生。虽然某些协议由基金提供支持，例如以太坊基金或零币基金，然而这些协议本身并非公司。它们没有利润表、现金流，且无须向股东汇报。创立这些基金，旨在通过提供某种层次的结构和组织，帮助这些协议，然而协议价值并非取决于任何基金。另外，作为开源项目，具有适当优点的任何人，均可以加入协议的开发团队。这些协议无须借助资本市场，因为它们能够创建自我强化型经济生态系统。使用协议的人越多，它的原生资产价值越高，进而吸引越来越多的人使用协议，并创建自我强化型的正反馈循环。有些时候，协议开发中的核心人物也效力于一些公司，这些公司提供一些采用协议的应用。长期来看，协议开发者可以通过此种方法获得报酬。创建之后，他们也将受益于自己持有的原生资产。

通过ICO，推出新的加密资产

在描述通过众筹手段推出一种新型加密资产时，首次代币发售

（Initial Coin Offering，简称 ICO）是最常用的一个术语。我们希望将此术语拓展为"首次加密资产发售"（Initial Cryptoasset Offering，简称 ICO），因为在具体使用"代币"这个术语时，会被理解为，暗指加密资产属于货币，而根据我们在第 4 章节的讨论，在大多数情况下这并不适用于所有加密资产。我们的定义涵盖范围更广，因为许多新的 ICO，与新加密代币和加密商品的创建有关。

如果您希望了解过去数年间 ICO 的发展情况，请参考图 16.3（浅灰色线条表示单项 ICO，以及它们筹集的资金；深灰色竖条表示 2013 年中通过 ICO 累计筹措的总金额）。在图 16.3 中，请注意发生于此阶段的两大 ICO 事件：2014 年以太坊被成功推出，以及 2016 年 The DAO 项目遭受攻击。在 The DAO 受攻击的数月时间内，ICO 数量明显减少，然而在 2016 年接近尾声时，该年 ICO 累计筹资 2.36 亿美元，这几乎是 2016 年通过传统风险投资方式为区块链项目筹措资金的 4.96 亿美元的一半。[①] 鉴于 ICO 的增长率，在 2017 年，通过 ICO 筹措的资金有可能超过通过传统风险投资筹措的资金。

宣布 ICO

新型加密资产的宣布，可以采用多种方式：会议、推特、红迪网、Medium 或 Bitcointalk。宣布之后，需要发表相关白皮书，详细介绍创建者以及咨询委员会，同时清晰地陈述初始众筹的构成，这一点十分重要。必须使能外界人士轻松地通过上述某一种社交渠道或 Slack、电报等渠道联系创建团队。假如某一次 ICO 的相关信息稀少，那么投资者必须小心谨慎，当心上当受骗。

创新型投资者可以采用我们在第 12 章介绍的相关内容，调查某一次 ICO 是否是优秀投资项目。即便如此，在调查 ICO 时，情况比当前可正常运作的加密资产更加复杂和棘手。由于 ICO 通过众筹模型筹措

---

① http://venturebeat.com/2016/05/15/blockchain-startups-make-up-20-of-largest-crowd-funding-projects/.

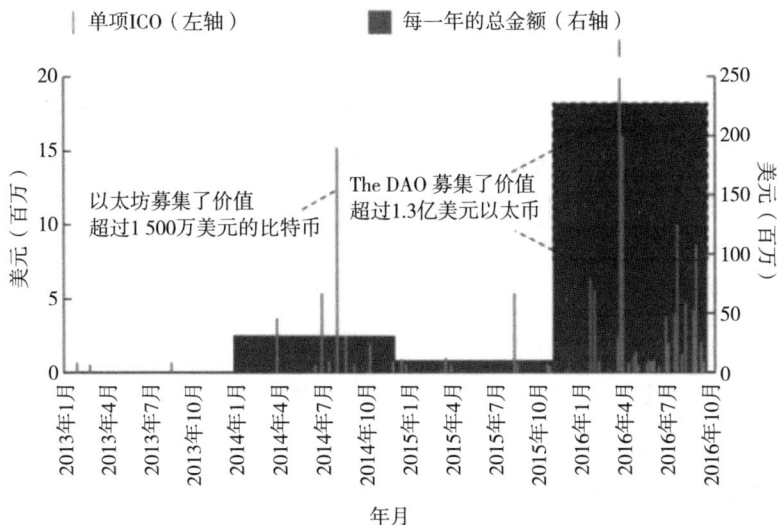

图 16.3　2013 年 1 月以后的首次代币发售

资料来源：https://www.smithandcrown.com/icos-crowdsale-history/。

资金和构建网络，因此往往缺少可借以正常运作的网络，也缺少区块链、哈希率、用户基础或以它为基础而创建的公司等。在此阶段，所有一切尚未付诸实际。结果，创建团队和咨询团队的诚信和过往历史，显得更加重要。同时也应该开展主题调查，了解此次 ICO 是否满足市场和商业需求。

ICO 的结构和时间点

ICO 有着具体的开始日期和结束日期，如果投资时间较早，还有相应的红利。例如，如果在早期阶段投资，投资者可以额外获得 10% ～ 20% 的加密资产。红利的构建，旨在激励投资者尽早购买，确保 ICO 实现其筹资目标。没有什么能够像稀少的红利一样能刺激人们的购买欲望。

ICO 最好应该设定它计划筹措的最大和最小金额。最小金额的设定，旨在确保研发团队具有足够的资金制作切实可行的产品，而最大金额的设定，旨在控制人群的投机行为。例如，The DAO 的 ICO 未给自己的筹资设定最大金额，因此导致投机行为最终失控。

ICO 时，最好清晰地表明新资产如何分配、筹措的资金如何使用。通常情况下，创始团队可以将为自己保留一部分资产，这类似于一家创业公司的创始团队保留公司的一部分股票。然而重要的是，这些条款必须确保公平，且附带合理的解释。

众筹开始

通常情况下，创新型投资者将比特币或以太币发送给开发团队提供的一个特殊地址，进而向一项 ICO 提供资金支持。正如同消费者在网上购物时向一个地址发送比特币或以太币，创新型投资者可以向一个地址发送比特币或以太币，进而保留他们在一项 ICO 中占有的份额。

根据 ICO 的意图不同，投资者将获得加密货币、加密商品或加密代币作为他们初始投资的回报。投资者接收适当加密资产的方式可能不同，有时候可能需要创建钱包以储存资产，然后方可在交易所出售它们（创建此等钱包是一个技术活，必须遵守 ICO 提供方的详细指示说明）；而有些情况下，可轻松访问获取资产，然后将它们转移至交易所即可（当 ICO 结束不久，如果大量资产提前出售，那么可能会影响此等资产的价值）。一般而言，与 ICO 相关的信息，将概述如何实现资产交付过程。投资者在投资之前，务必详细了解，避免意外事件的发生。

追踪 ICO

许多网站列出了新的 ICO 和其他资源，以密切关注当前和未来的 ICO[①]。Smith + Crown 是一家备受尊崇的公司，它将自身定位为 ICO 领域的信息来源。它实时更新当前、过去和未来的 ICO 销售量。[②] 其他信

---

① http://www.coindesk.com/6-top-trends-coindesks-2017-state-blockchain-report/.

② 威廉姆·莫加耶尔在以下网址整合了 ICO 资源和网站列表：http://startupmanagement.org/2017/03/13/the-ultimate-list-of-ico-resources-18-websites-that-track-initial-cryptocurrency-o erings/。

息来源包括 ICO Countdown① 和 Cyber-Fund②。CoinFund 也运营一个大型的 Slack 聊天社区，拥有几十个讨论话题，其中许多话题专门探讨未来的 ICO。

对 ICO 模式的批判

中本聪研究所（Satoshi Institute）的丹尼尔·克拉维兹（Daniel Krawisz）将 ICO 比作"狗皮膏药"和"哄抬股价的骗局"。③ 帕维尔·克拉夫琴科（Pavel Kravchenko）是分布式实验室（Distributed Lab）的创始人，他质疑"我们是否真的需要所有的这些货币"，并且建议"在参与 ICO 之前，我们应该仔细地想一想——如果没有货币，同一种技术是否可以解决同一些问题?"④ 虽然有些 ICO 来自那些试图误导投资者的资产发行方，或者"庞氏骗局"，然而创新型投资者可以利用第11章提供的内容，避开此等骗局。

与 ICO 有关的争论仍将继续，创新型投资者最好谨慎行事，充分了解当前 ICO 的优势和弊端。

通过荷威测试，查明 ICO 是否为证券

荷威测试（Howey Test）是 1946 年美国最高法院审判"美国证券交易委员会控告荷威公司"时使用的测试方法，该案旨在调查，出售且出租大片土地的一份复杂计划，是否等同于一份投资合同或者证券。通过荷威测试，可判定某物是否可被定义为证券，即便此物在发售中采用了不同的名称以规避管制。假如某物被定义为证券，那么美国证券交易委员会在监管时，将要求相关方必须满足一系列要求。此种情况下，在令人兴奋的新加密资产领域中，只有投资资本最雄厚的项目才能免于被压制。

---

① https://www.smithandcrown.com/icos/.

② http://www.icocountdown.com/.

③ http://nakamotoinstitute.org/.

④ http://nakamotoinstitute.org/mempool/appcoins-are-snake-oil/.

如果一种资产满足以下标准，那么它可能被称为证券：

- 它属于钱币投资。[①]
- 将钱币投资于一个普通企业。
- 期望从此项投资中获利。

大多数情况下，ICO 背后的团队希望自己避免被定义为证券，否则可能需要支付高额的法律费用，并使创新延迟，同时必须重组当前的加密资产格局。虽然大多数 ICO 满足前两项条件，然而第三项条件能否被满足有待于进一步解读。投资者在 ICO 时买入，是"期待赢利"呢？还是希望获得由区块链架构提供的终极功能？这二者之间的区别貌似微小，影响却十分巨大。

Coinbase、Coin Center、ConsenSys 和合广风险投资公司 4 家公司，在美国德普律师事务所（Debevoise & Plimpton LLP）的帮助下，合作发表了一篇题为《适用于区块链代币的一个证券法框架》（A Securities Law Framework for Blockchain Tokens）的文件。[②] ICO 背后的团队在律师的协助下，需要判定自己的加密资产出售行为是否受美国证券交易委员会的管辖，这一点十分重要。2017 年 7 月，美国证券交易委员会明确表示：某些加密资产属于证券。[③]

该文件包含一个框架，用于给 ICO 评分，识别它是否具有证券的应用性，同时根据适用于此等分类方法的相关法规，明确它的报酬。创新型投资者可以根据他们自己对于 ICO 的了解，自行评估这些标准：假如投资者认为此次出售属于投资合约，然而出售团队在操作时并不这样认为，那么此次 ICO 可能存在合法性问题。美国证券交易委员会

---

① https：// medium. com/@ pavelkravchenko/does-a-blockchain-really-need-a-native-coin-f6a52a13a 3#. 6u8xjtn55.

② 请不要使用"金钱"这个词语，导致投资者否决电子货币或加密货币的任意适用性，因为以后的案例已经拓展了"金钱"这个词的含义。

③ https：//www. coinbase. com/legal/securities-law-framework. pdf.

在 2017 年 7 月明确地表明：某些资产属于证券。[1]

框架文件也十分有益，因为它涵盖了适用于 ICO 的最佳实践，同时向创新型投资者提供了一份十分不错的清单。在下文中，我们改述了这一清单，告诉投资者在决定投资任意 ICO 之前应该考虑哪些因素（部分内容与先前介绍的相关内容重复，然而鉴于这是 ICO，最好加倍小心）。请注意：在此背景中，加密资产与代币同义：

1. 白皮书是否已经发布？
2. 是否存在一份详细的发展路线图，包括详细介绍整个过程中全部适当的财务状况？
3. 它是否采用了一种开放公开的区块链？代码是否已经公布？
4. 在出售代币时，定价是否清晰、符合逻辑且公平？
5. 您是否清晰地了解分配给开发团队的代币数量，何时发布这些代币？一段时间以后，发布这些代币，有助于激发开发者的参与热情，同时避免代币被集中控制。
6. 在发售代币时，是否自诩为一项投资？它应该着重推广自己的功能和使用案例，且包含适当的免责声明，将自身定义为一种产品而非投资。

天使投资者和早期投资者

对于有资信的投资者而言，最令人激动且获利最多的一个机遇，即成为创业公司的天使投资者。天使投资者包括：提供资金支持的家庭成员（或信用卡），以及更加正式的天使投资者，后者要么就职于天使投资公司，要么自己单干以试图寻求投资机遇。

在早期投资阶段，天使投资的规模也不同，最小的只有几千美元。天使投资阶段结束以后，假如风投进入更加正式的筹资阶段，那么天使投资者将见证自己的投资价值增加（至少在文件上是这样显示的）。

---

[1] https://www.sec.gov/oiea/investor-alerts-and-bulletins/ib_coino erings.

随着公司不断增长，当最终到达首次公开募股或被收购的阶段时，天使投资者的期初投资将获得巨大回报。

BnktotheFuture.com 这一网址，向有资信投资者提供了众多投资加密资产和相关公司的机会。该网址已经向一些知名天使投资者和早期投资者提供给了投资机会，包括 Factom、BitPay、BitPesa、ShapeShift、Kraken，甚至 BnktotheFuture 自己。通过它，也可以进入比特币和以太坊的矿池，投资者每日均可以获得通过这些矿池收获的加密资产的分红。

天使投资者也可以投资在线社区，例如 AngelList①和 Crunchbase②等，通过它们，有资信投资者能够联系创业公司。这两个社区都拥有丰富的与区块链有关的公司列表。事实上，AngelList 的清单上拥有 500多家区块链公司，平均估值 400 万美元，同时，它还拥有 700 多名区块链投资者，并且人数仍在不断增长。③通过这些网站，可以轻松找到与创业公司和风险资本家有关的信息，在担任天使投资者且自身作为投资机会的同时，它们能够向有资信的创新型投资者提供准确、详细的信息。

在区块链和比特币领域，资历最老的一个天使投资者组织是 BitAngels。④ BitAngels 的迈克尔·特尔宾（Michael Terpin）但凡遇到合适的投资机遇，便积极投身于区块链公司的天使投资之中。在特尔宾的数字货币投资者年度会议——CoinAgenda 上，投资者可以亲眼看到区块链创业公司的管理层亲自呈现他们的想法和商业模式。每年，特尔宾都会邀请该行业内的顶级创业公司，将他们的业务呈现给不同层次的投资者。在 2016 年，比特币钱包 Airbitz 获得了此次会议的"最佳呈现"⑤奖，该公司为区块链软件提供了一个一次性登录平台。此次会议结束后不久，Airbitz 在 Bnktothefuture.com 网站上筹集了超过 70 万美元。⑥

---

① www. angel. co.

② www. crunchbase. com.

③ https：//angel. co/blockchains.

④ http：//bitangels. co.

⑤ http：//bitcoinist. com/coinagenda-startup-winners/.

⑥ https：//bnktothefuture. com/pitches/airbitz.

未来，创新型投资者获取加密资产的机会将不断增加，可投资的公司数量也将不断增长。我们相信，这些机会不仅将影响到人们如何看待自己的投资理念，也会影响到他们如何与参与自己投资项目的金融专业人士合作，例如他们的财务顾问或会计师等。创新型投资者不能忘记自己的目的，在追逐貌似高收益的机遇时，必须清楚潜在风险。在此书的所有章节中，本章节涵盖的内容变化速度最快。因此，那些有意于参与ICO世界的创新型投资者，除了仔细阅读本章节内容之外，还必须做适当的尽职调查，包括时刻了解监管者对于这些资产的分类等。

我们已经向您展示了投资者可获取加密资产的多种方式，并且这些方式将持续增加。既然创新型投资者已经来到了加密资产的"奇幻世界"，那么，现在是时候利用学到的内容，重新审视他们当前使用的方法。

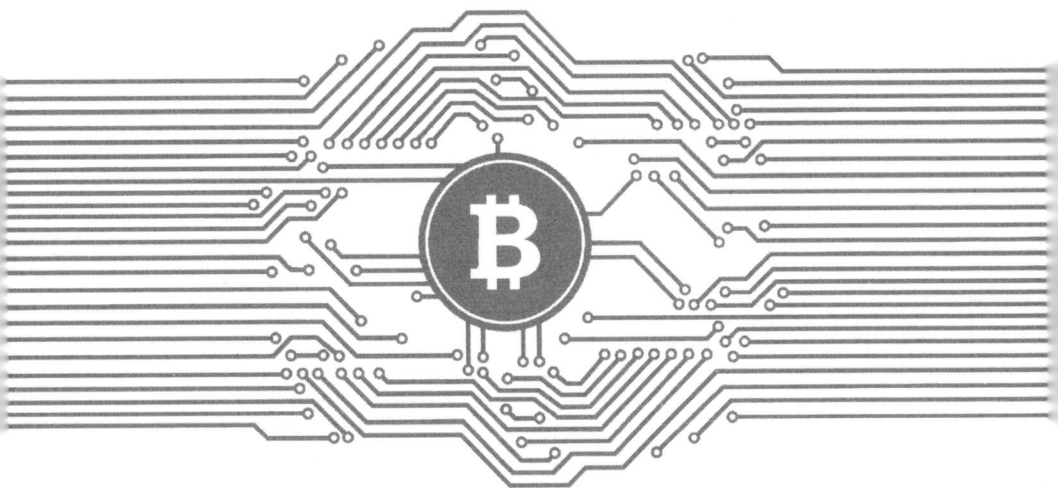

第17章

调整投资组合以应对颠覆性的区块链

THE INNOVATIVE INVESTOR'S
GUIDE
TO BITCOIN AND BEYOND

托夫勒（Toffler）在 20 世纪 70 年代说过："指数式变革将导致数百万人'突然与未来碰撞'"，当时这只是一个警告。创新型投资者在考虑投资加密资产时，不仅需要考虑单个投资（如比特币或以太币），还必须了解这一新兴资产类别和区块链技术的整体概念如何影响他们证券投资组合内的其他资产。本章将焦点放在面对指数式变革时，投资者积极评估和保护自己证券投资组合的重要性。

当我们仔细考虑加密资产如何改变我们当前的投资方式时，我们也必须承认，"区块链技术"的整体概念，预示着公司和行业将遭遇重大颠覆。对于大多数投资者而言，这种颠覆将影响他们已经做出的投资，或者正在考虑的投资。

举例而言，假如比特币影响到汇款方式，那么它对股票［如西联汇款（Western Union）公司——汇款业的领导者］将造成何种影响呢？假如以太坊作为一个去中心化的世界级计算机而迅速发展，它是否会影响到那些提供云计算服务的公司（如亚马逊、微软和谷歌）呢？如果最新的加密货币能够让公司更快地获得回报且支付更低的交易费用，这对维萨（Visa）和美国运通公司（American Express）有何影响呢？

指数型颠覆

克莱顿·克里斯坦森（Clayton Christensen）是哈佛商学院的一名教授，他曾经出版一本意义重大的书，论述在位企业如何奋力操控指数型变化。在《创新者的窘境：新科技何时导致大公司失败》（*The*

Innovator's Dilemma：*When New Technologies Cause Great Firms to Fail*）中，克里斯坦森明确地指出：即便那些最善于经营的公司，在面对足以颠覆其市场的新科技时，也可能会失败。那些颠覆范围巨大、深远的技术，为经济新增长奠定了基础，其中影响力最大的一些技术包括我们常说的通用型技术，包括电力、机动车、互联网，当然，还有区块链技术。虽然这些技术提供了许多机遇，而且即便大公司也认可其带来的潜力，但是大公司在试图利用这些技术时往往受到诸多限制。它们需要解决如下三重难题：

> 第一，颠覆性产品越来越简单和便宜，它们往往承诺较低的而非较高的利润。第二，通常情况下，颠覆性技术最先在新兴市场或微小市场中被商业化运用。第三，一流公司的那些最具购买力的消费者通常不想要，或者说，在初期不会使用那些采用了颠覆性技术的产品。①

在新兴市场设立某个新产品线，并非在位企业已有业务的一项"调味剂"。因为，在克里斯坦森看来，颠覆性产品的利润低、市场小，而且公司并不熟悉此等技术瞄准的客户群。有时候，新产品线甚至会蚕食公司已有的业务线，即同类相食。这些产品优于公司当前提供的其他产品，消费者因此会开始放弃（对于公司而言）利润更高的旧产品而购买新产品。然而，公司由于担心"同类相食"而有意避开新技术，无异于面临"死亡之吻"。如克里斯坦森指出的：

> 因为害怕自己已有的产品被蚕食，行业内原有的公司可能会推迟启用新技术的时间……然而，面对颠覆性局面时，公司在制定和实施缜密计划之前，必须采取相应的行动。因此我们难以详细知晓市场的需求以及市场规模将如何变化，所以公司制定的计划应致力于：促进学习而非执行。

---

① Clayton Christensen, *The Innovator's Dilemma*：*When New Technologies Cause GreatFirms to Fail Harvard*（Business Review Press, 2016）.

因此，那些拒绝接受新技术、开发新产品的在位企业，在短期时间内可能会实现利润最大化，然而长期来看，无异于"搬起石头砸自己的脚"。如同克里斯坦森所述，在颠覆性技术的早期发展阶段，公司不断地学习和实验，这一点十分重要。假如公司没有尽早地开始实验，等到该技术干扰其成长（运用新技术的市场的规模足够大，大到已经可以影响到在位企业）则为时已晚。届时，那些规模虽小却愿意花费时间和精力掌握新技术的公司，将更加灵活，经验更加丰富，在已经实现巨大增长的市场上，将战胜那些在位企业。

假如一家在位企业错过了大多数增长机会，它的产品和服务将被淘汰，利润将减少，市值将缩水，它将变成前景凄凉的投资项目。它们有时候也被称为"价值陷阱"。正如同创新型投资者期盼的那样，在位企业陨落的速度正不断加快，同时新公司胜出的速度也不断提高。通过观察全球最大公司保持其标普 500 指数身份的时间（或者它们的平均生存周期），我们可以量化出拒绝接受新技术、开发新产品对在位企业的破坏效果。"标普 500 指数"公司的平均生存期，已经从 20 世纪 60 年代的 60 年下降到后来的 20 年以下①。这清晰地表明：大公司千万不能自得意满。当前成功的公司，在未来的几十年不一定继续领导行业发展或者继续赢利。

研发颠覆性技术的速度也在不断加快。实际上，数千年间我们持续见证着这一趋势。例如，公元 900—1900 年，古人大约每隔 100 年发明一种通用型新技术，著名的发明包括蒸汽机、汽车和电力等。在 20 世纪，每隔 15 年便出现一种全新的通用型技术，我们熟悉的例子包括计算机、互联网和生物技术等。在 21 世纪，通用型技术每隔 4 年便横空出世，其中最近的 2 个例子当属自主式机器人和区块链技术。②

虽然颠覆性技术往往剥夺在位企业的利益，然而有些公司能够通

① http://www.aei.org/publication/charts-of-the-day-creative-destruction-in-the-sp500-index/.

② http://research.ark-invest.com/thematic-investing-white-paper.

过自我改革，持续经营数十年。即便存在上述危险，然而在位企业仍旧可以利用此等机会，利用已有的新增市场，大幅增加收益，提高其市值。辨识"价值陷阱"和革新在位企业之间的差异，对于创新型投资者而言，关系重大。

金融领域的区块链技术

2016 年，唐·塔普斯科特（Don Tapscott）和亚历克斯·塔普斯科特（Alex Tapscott）这一对父子出版图书《区块链革命：比特币底层技术如何改变货币、商业和世界》（*Blockchain Revolution*：*How the Technology Behind Bitcoin Is Changing Money*，*Business*，*and the World*），威廉·穆贾雅（William Mougayar）出版图书《商业区块链：开启加密经济新时代》（*The Business Blockchain*：*Promise*，*Practice*，*and Application of the Next Internet Technology*）。顾名思义，这些书探讨了在当前和未来，区块链技术将如何颠覆全球商业的运作方式。在本章，我们考察了加密资产颠覆金融行业的多种方式，以及在位企业的应对方式。考察人员将金融行业作为起跳点，然后将他们掌握的知识应用于其他行业。

在众多法律法规的约束下，金融行业步履维艰，有时难以适应新技术的发展。最近，随着多次数据泄露事件的发生，采用几近垄断式的结构、如今仍在使用几十年前的工具和模型、经营低效的货币制度，这些使金融行业已经显得老态龙钟。然而，塔普斯科特认为"弗兰肯金融（Franken-finance）（我们多年来采用的复杂、矛盾且有时荒谬的金融系统），已经时日无多，因为区块链技术有望在下个 10 年带来最伟大的变革和混乱，同时，对于那些善于把握者而言，也是巨大的机遇"。①

我们在第 2 章曾探讨过，并非所有采用区块链技术的案例都涉及加密资产（如比特币或以太币）。事实上，迄今为止，金融服务领域的

---

① Don and Alex Tapscott，*Blockchain Revolution*：*How the Technology Behind Bitcoin Is Changing Money*，*Business and the World*（Portfolio/Penguin，2016）.

大多数公司，在采用区块链技术时都有意避开了加密资产。在应用所谓的"分布式账本技术"（DLT）方面，上述操作正变得日益普遍，进而将自己区别于比特币、以太网和其他加密资产的区块链技术。至于采用分布式账本技术的公司，它们仍旧使用由公共区块链开发者们提供的许多创新技术，然而它们无须与这些团体来往或者分享它们的网络。它们选择某些自己希望使用的软件，在它们自有网络、自有硬件上运行这些软件，这类似于内联网（以前被称为"私有、经许可的区块链"）。

我们认为许多分布式账本技术的解决方案，不过是应对已经到来的颠覆性区块链的权宜之计。虽然分布式账本技术有助于简化已有程序（这有助于提高短期利润率），然而大多数此等解决方案被应用于日益老旧的商业模型中。正如同我们将要谈到的保险行业，在位企业可以利用公共区块链结构向公众提供他们当前经营的业务，然而这会蚕食它们的部分利润。尽管同类相食非常痛苦，然而正如同塔普斯科特所言，有时候这是长期生存所必需的。另外，监管规则可以限制在位企业，2008 年金融危机爆发之后，金融服务领域的在位企业对于监管部门的指责异常敏感。

在位企业通过否定加密资产，进而实现自我保护，其中一个明显例子是摩根大通的杰米·戴蒙（Jamie Dimon），他曾经声称比特币"应该被阻止"①。戴蒙先生和否定加密资产的其他金融业中的在位企业，正好符合塔普斯科特描述的那个不稳定模型：

> 颠覆性技术给市场带来了非常不同的价值定位。一般而言，颠覆性技术的表现不如主流市场上的成熟产品，然而它们的其他特征得到一些边缘以及新客户的重视。采用颠覆性技术的产品往往更加便宜、更加简单、更小，有时候使用起来会更加方便。

---

① http://fortune.com/2015/11/04/jamie-dimon-virtual-currency-bitcoin/.

由于颠覆性技术"更便宜、更简单、更小",因此加密资产等颠覆性技术在初始阶段能够吸引受众。此种吸引力往往出现于小众市场而非主流市场,因此导致戴蒙先生及一些在位企业否定它们。然而,更便宜、更简单、更小的产品显然不会一直处于边缘地位,它们可以非常迅速地进入主流市场,让"在位企业"措手不及。

汇款和区块链技术

长期以来人们一直觉得个人汇款市场已经非常成熟,足以发生颠覆性变革。在这一领域,旅居国外的人群可以向家里汇款以供养自己的家人。此市场的规模十分巨大,根据世界银行(World Bank)的报告,全球汇款现金流量几乎高达6 000亿美元,尽管它也承认这只是一个保守估计,"汇款金额的真实规模,包括那些通过正规和非正规渠道完成但未记录的现金流量,肯定远远高于这一数值"。①

大多数汇款源自高收入国家,然后汇至发展中国家的某个人,然而在这些国家,个人可能无法轻松地访问银行系统。由于接收国的家庭往往没有银行账户,即没有开立银行账户或者无法直接转账,因此能够提供汇款服务的公司,在汇款人及其家人之间搭建了一座桥梁②。多年以来,西联汇款和速汇金(MoneyGram)等公司,凭借它们作为"生命线"的身份,向这些汇款人收取高额的手续费,因为它们是少数几个国际汇款提供商之一,而且他们的服务对于汇款人及其家人的生活至关重要。

例如,临近2016年年底时,一笔汇款的全球平均手续费约为汇款额的7.5%,而加权平均数约为6%。③ 这些费用正在不断减少,而这理应如此。在2008年,平均手续费约为汇款额的10%,这意味着一位

---

① http://blogs.worldbank.org/peoplemove/impactevaluations/digital-remittances-and-global-fnancial-health.

② https://siteresources.worldbank.org/INTPROSPECTS/Resources/334934-1199807908806/4549025-1450455807487/Factbookpart1.pdf.

③ http://www.imf.org/external/pubs/f/fandd/basics/remitt.htm.

汇款人如果将100美元汇给家人，那么最终他的家人只能收到90美元，而汇款公司则收取10美元的费用。① 这非常不公平，以至有人将其称为"剥削"。

在互联网时代，随着越来越多的竞争者进入这一市场，人们意识到汇款公司收取如此高的费用十分不合理。虽然"电汇"（wire money）这个术语，让人感觉汇款公司从事的工作非常复杂，然而在现实中没有"电"这项操作。这个词语从西联汇款公司还是一家电报公司时就一直使用至今［当时用电线（wire）发送信息］，如今已经落伍。这些"电线"也早已经消失。在大多数情况下，汇款时，少数几家中央机构重新调整它们的账簿，在汇款账户和收款账户上记账；当然，在此之前，这些机构会在原始账户上取出一大笔钱。

显而易见，比特币由于成本低、速度快且其网络7×24小时运行，因此可以成为此类国际交易的首选货币。当然，通过比特币汇款，还必须满足一些条件：收款方必须拥有比特币钱包，或者需要一家公司作为中介机构，以便资金最终能到达收款方手中。虽然后者创造了新一代的中间商（因此产生了潜在问题），但至今为止，事实证明，这些中间商的收费远低于西联汇款公司。中间商可以是一名配有手机的当铺所有者，他接受比特币，然后向目标收款人支付当地货币。

印度是全球最大的汇款接收地，占全球汇款总额的12%。最近印度与比特币交易所合作，有望将进入该国汇款的手续费降低至0.5%。② 在墨西哥，该国比特币交易所——比特搜（Bitso）的规模也大幅扩大，在该交易所汇款时，其费用之低廉，类似于印度。③ 所有这些公司，都虎视眈眈地盯着在位企业向无辜消费者收取的巨额费用（高达数百亿美元）。

创新型投资者应该意识到汇款市场上出现的这些颠覆性变革带来

① https://www.cryptocoinsnews.com/india-see-bitcoin-blockchain-remittance-new-partnership/.
② https://news.bitcoin.com/why-volume-is-exploding-at-mexican-bitcoin-exchange-bitso/.
③ https://bnktothefuture.com/pitches/bitso.

的影响，不仅仅因为它威胁着公开交易的公司，例如西联汇款公司，更因为它将创造诸多机遇。例如：比特搜通过在线投资服务网站 bnkto-thefuture. com，来帮助创业公司获得资金支持，而这正如同我们在第 16 章探讨的，有助于连接投资者和加密资产创业公司。[①]

企业间支付和区块链技术

国际间汇款不仅仅局限于个人，企业也需要将大额资金汇给全球的商业伙伴。虽然这一行业过于庞大导致难以详述，然而存在同样的汇款问题：手续费过高，且支付速度过慢。例如，维萨已经认识到这一机会，如今正在与区块链创业公司 Chain 合作，采用区块链技术制订企业间支付的解决方案。[②] 区块链支付公司 BitPesa，同样利用比特币帮助非洲（当前包括肯尼亚、尼日利亚、坦桑尼亚和乌干达）企业寄出和接收全球汇款。[③]

瑞波是在位企业喜欢合作的一家创业公司，当前，许多公司创建的项目使用了它的原生代币——瑞波币。美国银行、加拿大皇家银行（RBC）、西班牙国际银行（Santander）、蒙特利尔银行（BMO）、加拿大帝国商业银行（CIBC）、加拿大 ATB Financial 银行等金融领域在位企业，利用瑞波公司的区块链技术，实现更快、更安全的金融交易。[④] 如果上述目标得以实现，那么这些努力不仅将给那些采用瑞波技术的公司带去回报，同时也有可能让瑞波获得收益，因此瑞波币也是一种桥梁货币，解决瑞波网络上的结算问题。[⑤]

创新型投资者也应该关注，更加廉价的资金流动如何为新兴市场中的新旧公司创造机会。资本加速了行业增长，假如资金可以在公众和公司之间更加自由地流动，那么也许能够在新兴市场引发新一轮有

---

① https://usa. visa. com/visa-everywhere/innovation/visa-b2b-connect. html.

② https://bnktothefuture. com/pitches/bitpesa-2.

③ https://ripple. com/network/fnancial-institutions/.

④ https://ripple. com/xrp-portal/.

⑤ https://www2. deloitte. com/content/dam/Deloitte/ch/Documents/innovation/ch-en-innovation-deloit-te-blockchain-app-in-insurance. pdf.

意义的经济繁荣。因此，有必要调查哪些国家和地区受益最多，以便在相应的目标地理区域购买更多、更丰富的 ETF 和共同基金。当宏观经济错位时，地域多元化的投资将使投资组合受益。

保险和区块链技术

迄今，大多数保险公司已经选择调查分布式账本技术的实施，然而尚未冒险进入加密资产的世界。在分布式账本技术将可能使保险行业产生变革的阶段，大型咨询公司急于成为思想领袖，因为这些公司希望借此赢得财力雄厚的保险公司的合约，而保险公司也希望获得相关帮助以便安全地避开潜在的颠覆性危机。德勤（Deloitte）公司认为："通过区块链技术，可以简化整个行业的流程，向那些提出索赔要求的消费者提供更好的用户体验。同时，将消费者的索赔要求和信息存储于区块链上，将减少欺诈事件的发生。"[1]

创新型投资者根据备受尊重的咨询公司做出的预测而采取行动，进而占据上风，了解哪些保险公司适合短期投资，哪些公司不适合投资。如前所述，我们认为许多分布式账本技术的实施只能作为权宜之计，短暂延长那些在未来几十年间必将烟消云散的业务系统的寿命而已。对于长期投资者而言，有必要小心分析，了解保险公司是否正在寻求某种分布式账本技术，以旧系统提供一种长久有效的解决方案。最后，许多大型咨询公司也许深陷于在位企业的迷思之中，因此对即将到来的颠覆性危机视而不见。

我们在第 5 章曾经谈到，有些公司（如 Etherisc）已经提供了去中心化的保险政策。颠覆性危机将不仅仅出现于保险公司的资金筹集和索赔管理流程之中，也将涉及它们自身的风险模型。例如，构建于以太坊之上的预测平台 Augur，可以围绕现实世界中的事件来创建市场。[2] 此平台

---

[1]　https://augur.net/.

[2]　http://insidebitcoins.com/news/how-blockchain-technology-could-revolutionize-the-1-1-trillion-insurance-industry/28516.

在保险行业的预测性应用，是多种多样的，这些应用直接影响了保险精算行业。而保险精算属于保险行业的一个主要部分，并规定了保险行业的定价模式。

通过加密资产提供的解决方案，保险公司可以找到一种折中办法。例如，区块链技术公司 Factom 已经采用一种智慧合约平台，该平台在创建保险单的同时，提升了保险单的安全性和识别能力。彼得·柯比（Peter Kirby）——Factom 公司的联合创始人，曾经指出：他的平台可以保护保险单持有者免于欺诈和身份被盗用，至少让他们有能力通过区块链技术（此平台的基础正是区块链技术）提供的永恒不变性，追踪欺诈和身份盗用事件的始作俑者。[①] 减少欺诈和身份被盗用事件的发生，将大幅改善许多保险公司的盈亏问题。另外，在透明的公共网络上经营业务，将有效提高消费者对公司经营的信任，进而吸引更多消费者。

Ⓑ 不要舍本逐末

唐纳德·特朗普（Donald Trump）于 2016 年当选美国总统后不久，金融行业的众多公司举行集会，希望新总统将来的政策能够与前任总统有所不同。[②] 在那时，投资者受益于他们投资组合中的金融股，并且有可能是在特朗普当选之前在他们的投资组合已投入的更多的金融股，这是因为他们要么听从了财务顾问的建议，要么看到金融媒体写道——金融股必将在"特朗普时代"受益。然而，将重心放在这些短期趋势上，正如同在即将下沉的泰坦尼克号上重新摆放折叠躺椅。

创新型投资者应该去了解——这些收益是源于真实的政策，还是由于对这些政策的预期（而这些政策尚未真正实施）？政策在强化

---

① http://www.businessinsider.com/us-bank-stocks-update-november-9-2016-11.

② https://www.cbinsights.com/blog/fnancial-services-corporate-blockchain-investments/.

金融现状时，暂时有效，然而面对长期趋势，这只是权宜之计罢了。投资者要认识到比特币和加密资产将给全球金融系统造成的颠覆性变革，这一点十分重要。认识到这一点之后，对那些固守当前运行模式、不考虑甚至尚未认识到新技术将给该行业带来哪些颠覆性变革的公司，创新型投资者应好好考虑该公司的长期投资前景。投资者应该考虑：鉴于他们对区块链技术的了解以及后者将给银行业造成的重大变革，他们是否继续作为这些银行和金融公司的长期买家。

三种可能的生存策略

我们列举了在位企业试图利用区块链技术的潜力时，可能使用的三种一般性策略。

如果你不能击败它，就买下它

2015 年年底和 2016 年的数月内，貌似每一家金融服务公司都意识到区块链技术有可能颠覆金融业。当在位企业觉得自己姗姗来迟且落于创业公司的下风时，它们会买下或者投资创业公司。真实情况便是如此，自 2015 年年底开始，越来越多的在位企业投资比特币和区块链相关创业公司，此种趋势一直延续至 2016 年上半年，包括花旗集团（Citigroup）、维萨、万事达信用卡、纽约人寿（New York Life）、富国银行、纳斯达克、全美人寿保险公司（Transamerica）、荷兰银行和西联汇款公司。①

虽然投资或收购策略对于试图避免颠覆性变革的在位企业而言是一种转变，然而其有效性远远不如预期。一旦大公司收购创业公司或者开始干涉，创业公司往往难以维持其敏捷灵活的公司文化。创业公司若想在一项颠覆性技术早期发展阶段取得成功，其敏捷灵活的文化就十分重要，否则，假如其受到部分企业存在的官僚主义的影响，那

---

① https：//www.hyperledger.org/about/members.

么创业公司将迅速地丧失其优势。

为保障共同利益团结起来

在那些调查如何将分布式账本技术应用于它们所处行业的在位企业中，行业财团受到广泛欢迎。一方面，行业财团非常明白，若想自己有任何用处，那么分布式账本必须在各方之间共享。一个联合财团能够帮助金融服务公司（许多此类公司在历史上都是竞争对手，它们严格保密自己的业务流程）学会如何共享。另一方面，如果太多知名公司和名人参与其中，这些财团也将遇到麻烦。

最著名的一个财团当属 R3 财团，它于 2015 年 9 月 15 日成立，由许多知名公司组成，例如：摩根大通、巴克莱银行、西班牙对外银行（BBVA）、澳大利亚联邦银行（Commonwealth Bank of Australia）、瑞士瑞信银行（Credit Suisse）、高盛、苏格兰皇家银行（Royal Bank of Scotland）、道富银行（State Street）和瑞士联合银行（UBS）。9 月底，另有 13 家金融公司加入其中，包括美国银行、纽约梅隆银行（BNY Mellon）、花旗银行、德意志银行（Deutsche Bank）、摩根士丹利和多伦多道明银行（Toronto-Dominion Bank）等。2015 年结束之前，另有 20 家金融公司加入 R3 财团。R3 财团由全球顶级金融公司组成，其中许多公司由投资者以个人股或投资组合中的债券或者管理货币基金投资（例如共同基金和 ETF）的方式而持有。

另有一个财团——超级账本项目（The Hyperledger Project）①，与 R3 财团相比，提供更加公开的会员制。请记住，有效区块链项目的一个优势即开源性。"超级账本项目"于 2015 年 12 月成立，由 Linux 基金会创建，旨在打造一个协作开源的平台，进而实现与金融公司之外的其他行业合作共赢。② 当前支持此项目的公司包括：空客公司（Airbus）、美国运通（American Express）、戴姆勒股份公司（Daimler）、国际

---

① https：// www. hyperledger. org/.

② https：// www. hyperledger. org/industries.

商业机器公司（IBM）和思爱普（SAP）。

该项目声称，"超级账本项目的会员和员工致力于共享最优经验并在用例开发、概念验证（POC）测试和超级账本的采用等方面提供协助"①。该项目最初的工作重心在金融和医疗保健领域，计划打造供应链解决方案。它也希望了解此次跨行业协作和开源性操作如何发展，以及最终结果如何。创新型投资者如果紧跟该项目的最新进程，帮助确认那些能够从上述结果中获益的公司，投资者自身也必将受益匪浅。

最近最有趣的一家财团即以太坊联盟（Enterprise Ethereum Alliance）。它于 2017 年 2 月底成立，且创建者包括：埃森哲咨询公司（Accenture）、纽约梅隆银行、芝加哥商业交易所集团、摩根大通、微软、汤森路透（Thomson Reuters）和瑞士联合银行②。该财团最有趣的一点在于：它旨在促成私人企业和以太坊公共区块链之间的结合。虽然该财团在开发软件时并非依赖于以太坊公共区块链，然而它希望，如果公司将来希望采用以太坊的公共网络，那么所有软件依旧可以共同协作。

创建一家创新实验室，让其自由发展

在位企业可以采用的第三种策略，即创新实验室。多所大学（包括哈佛大学）已经建立了创新实验室，希望通过学生和企业之间的协作，推动创新发展。企业界也已经采用了此种独特方式，通过坚实可靠的商业技能，提供可培养创意构想的论坛。通常情况下，这些创新实验室可以自由发展，大体上不受在位企业的影响，也可能是听取了克里斯坦森的以下建议。

> 主流企业成功及时地在颠覆性技术中占有一席之位的唯一案例，即公司的管理层设立自治组织，要求它围绕颠覆性技术打造全新且独立的业务。

---

① http：//www. coindesk. com/big-corporates-unite-for-launch-of-enterprise-ethereum-alliance/.

② https：//www. fastcompany. com/3017509/look-inside-google-garage-the-collaborative-workspace-that-thrives-on-crazy-creat.

在 21 世纪，创新实验室概念已经被许多公司采纳，其中最知名的当属谷歌公司——无论员工当前职务如何，它都鼓励员工创新。该公司创建了"谷歌车库"[①]（Google Garage），借助于它，公司员工可以与同事合作、共同创新。这一计划也造就了不少项目，例如无人驾驶等。谷歌希望这些项目的有机发展，未来能够为公司带来额外利润。

在克里斯坦森的建议中，创新实验室必须有一个关键特征——建立一个自主机构。单纯在公司内部设立创新实验室，无法保证成功。这些实验室必须能够自主运作，摆脱已有业务和赢利模式。

最伟大机遇仍在等待您

我们相信最伟大的投资增长机遇在公共区块链和它们的相关资产上。长期来看，那些付出巨大努力从事于加密资产的公司，必将获利最多。如果一家公司追求以分布式账本技术作为解决方案，那么投资者必须考虑：长期来看此解决方案是否能够增大公司价值。

机遇永远无穷无尽，然而机遇的开发，需要愿景家、开发者和商业领导者的独创性。如果创新型投资者能够正确识别前方的机遇，那么未来必将是一段美好的创新时期，同时也是创新型投资者获利颇丰的时刻。

加密资产收益的税收报告

管理证券投资组合的金融专业人士或成功的投资者在做出投资决策时，必须了解税收衍生（tax ramifications）（损益两方面）的概念和方法。此类型的策略，也应该成为创新型投资者管理其投资组合中加密资产的方法。虽然有些策略指明了如何处理这些资产的税务问题，然而整体而言仍然不够清晰，甚至于提供税务指导的诸多机构对其也缺乏了解。加密资产受到越来越多人的欢迎和认可，因此我们相信，政府监管者和税务部门将越发关注它。

[①] https://www.irs.gov/pub/irs-drop/n-14-21.pdf.

　　所有的加密资产都具有价值，无论买入或卖出，都将为创新型投资者创造收益或损失。因此，当美国国税局表明自己希望在这个"数字"蛋糕中分一份利时，我们也就毫不吃惊了。2014 年，美国国税局觉得自己已经弄懂比特币，因此通过《美国国税局通知第 2014—21 号》（IRS Notice 2014–21）文件，为其税务处理提供了指导方针。虽然没有详细介绍此项规定中难懂的条文①，然而大致意思是：尽管比特币被称为"虚拟货币"，然而为了税收，美国国税局仍将其视为"资产"。例如，股票、证券和房地产都属于资产。根据此指导方针，"适用于资产交易的一般性税务原则，同样适用于那些使用了虚拟货币的交易"②。

　　因此，投资者，甚至于比特币的临时用户，在处理比特币税务问题时采用的方法，必须与股票、证券和房地产一致。任意资产的资本收益都将产生应交税事件。相应地，资本损失也有其用处。在比特币问题上，其底线是无论交易或投资必须追踪和记录交易价格。差异在于资本收益或资本损失，根据长期持有或短期持有的状况，正确适当地处理税务问题。此法规的适用范围也包括通过比特币支付的收入，甚至于比特币挖矿——此法规认为它们是在持有时期以比特币的市场价格而衡量的直接收入。

　　2014 美国国税局指导方针十分有趣，因为尽管它的出台主要针对比特币，然而它涉及"虚拟货币，例如比特币等"。这是否意味着此法规涵盖"虚拟货币"类目中的所有加密资产？

　　以下引文中，此法规如此定义所谓的"虚拟货币"：

> 　　在某些环境中，虚拟货币的运作方法如同"真实"货币——在美国或其他国家被指定为法定货币的硬币和纸币，一般在货币发行国作为一种交换媒介而广泛使用，然而虚拟货币在任意司法管辖区域不具有合法货币身份。

　　《美国国税局通知第 2014—21 号》提供了与比特币和虚拟货币的

---

① https：//www. sec. gov/oiea/investor-alerts-and-bulletins/ib_ coinofferings.

② https：//www. irs. gov/uac/newsroom/irs-virtual-currency-guidance.

税收指导有关的更多信息。此文件进一步解释道：

> 与现实货币具有同等价值或者作为真实货币替代品的虚拟货币，可被统称为"可兑换的虚拟货币"。用户之间可以通过数字方式交易和购买比特币，并且可以兑换为美元、欧元和其他真实货币或虚拟货币。[①]

上述引文中，比特币被视为"可转换的"虚拟货币。同时，该法规也向读者（此时思维已经非常混乱了）更加详细地描述了金融犯罪执法网络局在 2013 年规定的"可兑换数字货币"。[②] 尽管金融犯罪执法网络局不关心税务问题，它只是希望解决犯罪活动中数字货币的滥用问题，但这反映出一个问题：美国为数众多的管理机构，已经无法就比特币和其他加密资产的分类给出清晰、一致的意见。

美国商品期货交易委员会（CFTC）起诉一家试图出售比特币型期权的创业公司，因为该公司未在该委员会登记注册，此时，该委员会也进入了如何定义加密资产这一混乱地带。它将"财产"定义为"商品"而非"资产"，随后《商品交易法》（Commodity Exchange Act）也采用了这一定义方式。[③]

美国商品期货交易委员会执法部主管艾坦·戈尔曼（Aitan Goelman）曾经试图阐述此观点，"尽管比特币和其他虚拟货币的相关活动让人十分兴奋，然而创新行为本身并不能豁免此领域的从业人员遵守适用于商品衍生品市场上所有参与者的同等规则"。[④] 这表明，该委员会将比特币定义为商品，而它的执法部主管将比特币称为虚拟货币，场面十分混乱。

如果某些加密资产属于商品，那么与它们被称为资产相比，商品可以使它们获得不同的税务待遇。商品必须遵守 60/40 的税收裁定，这

---

① https://www.irs.gov/pub/irs-drop/n-14-21.pdf.

② https://www.fncen.gov/sites/default/fles/shared/FIN-2013-G001.pdf.

③ http://www.CoinDesk.com/cfc-ruling-defnes-bitcoin-and-digital-currencies-as-commodities/.

④ http://www.cfc.gov/PressRoom/PressReleases/pr7231-15.

意味着60%的商品交易收益被视为长期资本收益，而剩余的40%则被称为短期资本收益。这与对股票收税不同，因为对于股票而言，在12个月之后以营利方式出售股票，其收益被视为长期资本收益，而当前的税率上限是15%。在12个月之前出售股票，其收益被视为短期收益，根据投资的收入当次而采用税收衍生政策。

加密资产各不相同。政府部门需要进一步理清和理解这些资产，同时最好制定一系列新法规（包括税收处理）以识别其中差异。目前，美国国税局和美国商品期货交易市场看待这些资产的方式不同，因此美国国税局有必要进一步阐述其裁定，进而提供正确适当的指导。请不要期望这会迅速发生，美国国税局用了15年才制定出衍生产品的税收指导方针。[①]

此时此刻，投资者及其会计师应该考虑如何处理这些资产的税务问题。美国国税局认为它们是财产，因此在记录收益和损失时，最好采用类似于股票或证券的方法。

我们都不是会计，并且无法预测政府监管者最终将如何解决此类问题。至于税收，投资者首先应该与他们的会计师探讨任意的比特币或加密资产活动，并且向会计师寻求相关信息和意见。其次或最重要的一点，请记录这些资产的所有活动（不仅包括买卖这些资产，还包括将此等资产用于购买商品或服务等）[②]。请保留纸质或Excel表单，在购买、出售或者通过此等资产购买其他商品或服务时，记录日期和价格信息。有声誉的交易所和某些旨在开发追踪工具、记录工具和为区块链税务报告提供资源的创业公司，迟早都会提供更加精密的报告工具和资源。

尽管这些资产的税务类法规可能发生变化，然而有一点确定无疑：如同其他资产一样，美国国税局也在监督加密资产。

---

① https：//bitcoinmagazine. com/articles/tax-day-is-coming-a-primer-on-bitcoin-and-taxes-1459786613/.

② https：//support. coinbase. com/customer/portal/articles/1496488-how-do-i-report-taxes-.

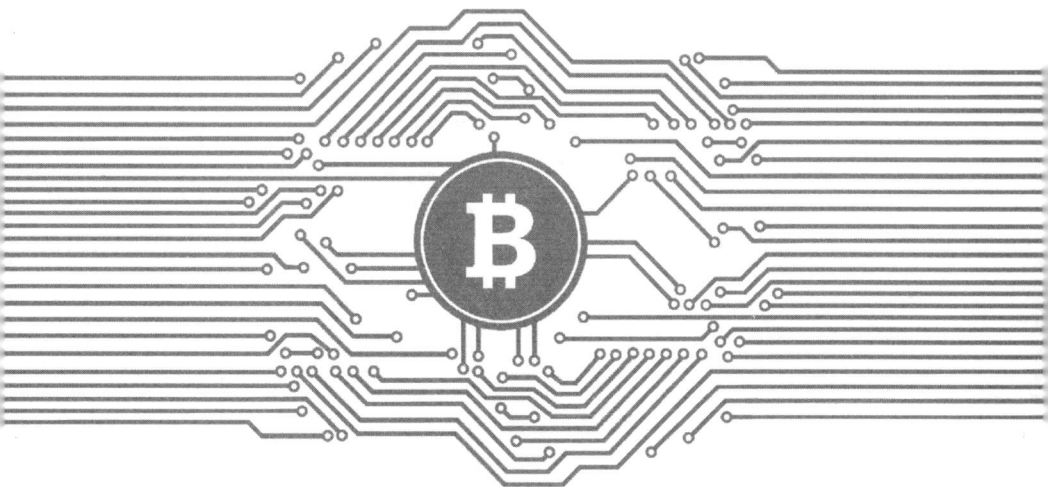

第18章

投资的未来在此

THE INNOVATIVE INVESTOR'S
GUIDE
TO BITCOIN AND BEYOND

通观此书，我们试图提供有关投资和加密资产相关的历史背景。在这一方面，我们希望读者可以清晰地认识到：加密资产应该同其他传统和另类资产类目一起被评估。和其他资产类别一样，加密资产也存在好的投资和坏的投资。在考虑这些投资时，需要和其他潜在投资进行同等程度的尽职调查和研究。

虽然加密资产的投资机遇不断增加，然而大多数机遇存在于交易所内单项加密资产的购买和交易。我们在第 15 章曾经讲到，当前存在一些资本市场投资，未来还将出现更多。这些投资将以什么形式出现，我们拭目以待。它是由多种加密资产构成的共同基金吗？还是某种具体的加密资产指数的 ETF，如由门罗币、达世币和零币构成的一种隐私型投资组合？投资者获得对冲基金以便积极管理多种加密资产的机遇，已经在不断增加。然而，对冲基金的结构有可能会过时，因为资产管理基础设施通过 Melonport 等平台完成去中心化。潜在产品和工具未来会越来越多，它们向投资者和货币经理人提供巨大的获利空间。

单个货币经理人是否会因其专长和积极的资产管理而出名？或者消极投资（包括基于规则的加密资产类别）将成为精选的工具？

20 世纪 80 年代，投资者希望用他们的金钱投资富达麦哲伦基金（Fidelity's Magellan），原因在于一人——彼特·林奇（Peter Lynch）。在林奇的辉煌时期，基金市场从 2 000 万美元增长至 140 亿美元，在 13 年间排在标普 500 指数第 11 位。整体而言，这是积极管理者和共同基金的全盛时期，投资者追随货币经理人而非股票。对某位货币经理人的热情并非仅仅局限于 80 年代的股票市场。最近的 2015 年，证券大师比尔·格罗斯（Bill Gross）从太平洋投资管理公司（Pimco）离职进入杰纳斯公司（Janus），引起轩然大波。因此太平洋投资管理公司发现，其总资产的 21% 也随着格罗斯一起离开了公司。[①]

林奇离开富达麦哲伦基金的 25 年之后，许多金融专家和作家批评他的手法，尤其是他的"购买您了解的"建议。这是他的投资哲学的基石，因为他在购买股票时，依据他作为一名消费者而使用过的产品，切身感受公司的商业模式。当面对其他人对积极管理的批判时，为了阐述他那知名的观点，林奇强调了对投资进行基本分析的必要性："人们购买股票，对它却一无所知，这如同赌博，结果不会好的"。[②]

创新型投资者必须知道："如果一无所知或知之甚少，那么不应该投资"这不是圣人的建议而是常识。还有另外一条规则：不要因为比特币、以太币或任意其他加密资产在上周增值 2 倍或 3 倍而投资它们。在投资之前，请向朋友解释该资产的基础信息，并且根据证券投资组合的风险情况和目标，决定此次投资是否适合。

投资的千禧时代

在本书中我们提供了大量的历史背景，因为这关乎投资者对加密资产的投资。许多长期投资者也许将此信息视为一种提醒，他们明白自己是如何历经千辛万苦才形成投资方法和策略。对于这些投资者而言，花费时间和精力了解加密资产并且思考在未来是否投资加密资产，这对于他们自己的投资策略而言无疑是一种进化，他们自己也会成长为创新型投资者。一部分千禧一代投资者已认识到这些机遇并且开始涉足机密资产，他们正逐步发展为新一代投资者。

与千禧一代或者在新旧世纪交替时步入成年人行列的年轻人相关

---

① http：// www. pionline. com/article/20150921/PRINT/309219982/a-year-later-pimco-still-feels-eect-of-gross-exit.

② http：//www. foxbusiness. com/markets/2015/12/07/peter-lynch-25-years-later-it-not-just-what-know. html.

的书籍、文章和假设着实不少，与婴儿潮时代出生的人群相比，历经互联网泡沫破裂和2008年金融危机的千禧一代，拥有完全不同的货币银行观和投资方法。

千禧一代在市场危机期间成年，他们非常吃惊地意识到自己的财务状况。脸书公司最近发起的一项研究表明：千禧一代受教育程度较高，也许是由于获得高等教育而欠下了学生贷，对自己的财务状况的管理成为他们人生中一个重要的课题。事实上，86%的千禧一代每个月都攒钱。[1] 同样有趣的是，根据高盛公司的调查，33%的千禧一代认为，到2020年时他们将不再需要银行。[2]

看到这些统计信息，我们不难明白为什么许多金融机构如今正寻找方法，试图招揽更多的千禧一代客户。以上情况的问题在于：许多财务顾问的商业模式无法迎合千禧一代。在过去20年里，理财公司鼓励其财务顾问只与资产超过250 000美元的投资者签约，不服务于所有层次的投资者。[3] 其背后的逻辑是让财务顾问向越来越小的客户群提供更好的服务，这有利于提高利润率。然而这也意味着它们的客户群逐渐变老。由于这些商业模式，它们如今越来越难以吸引千禧一代投资者。其实，在所有年龄段的投资者中，千禧一代投资者也许最需要这些金融机构的帮助。

也许，理财公司将目光从千禧一代转移到在线投资网站而非向他们提供个人财务顾问，这是为了解决千禧一代给它们的商业模式带来的颠覆性变革。从商业角度看，支持这一群体似乎更加划算。然而，此种方法试图"解决处理"这个群体而非"招揽"他们。深入研究结果表明：相比于在婴儿潮时期出生的人，千禧一代有时候更关注和担忧的、更愿意讨论的问题是他们的财务状况。下文截取了泛美公司（Transamerica）的一份研究报告：

---

① https：//insights. les. wordpress. com/2016/01/facebookiq_millennials_money _january2016. pdf.

② http：//www. businessinsider. com/millennials-dont-think-they-will-need-a-bank-2015-3.

③ http：//www. thinkadvisor. com/2012/01/05/merrill-lynch-boosts-client-minimum-earns -experts.

76%的千禧一代工作者会与他们的家人和朋友谈论存钱、投资和退休规划等问题。令人吃惊的是,与出生于婴儿潮时代的人(9%)相比,千禧一代(18%)"经常"谈论这些话题的比率高出了一倍。

千禧一代亲眼见证了自己的父母深受"经济大衰退"的影响,父母的投资组合要么减小,要么遭受了损失。许多人认为股票市场类似于赌场。同时,他们也已经意识到存钱、投资和规划未来的好处。如果理财公司认为在线投资网站将安抚千禧一代直到他们年龄增大且更加富有(同时达到建立财务顾问关系的最低要求),那么它们正在错过此次颠覆点。当许多理财公司忽略千禧一代时,千禧一代也在拒绝这些公司。他们正在寻找让自己感到舒心的投资工具和公司。事实上,千禧一代很容易接受数字资产的价值。最近发表于《赫芬顿邮报》(*The Huffington Post*)的一篇文章认为:

> 千禧一代,在(社会上处于尴尬地位的)比特币创业风投公司的支持下,正在将大量的知识资本和金融资本投入加密货币中,如比特币、以太币以及其他。以"e"为前缀的诸多单词在20世纪90年代给科技类投资者带去的兴奋与激动,此时此刻在正在发生。[1]

千禧一代是否正在将投资重点转向比特币和其他加密资产?选择先锋基金(Vanguard fund)或者小规模投资苹果公司难道不是更好吗?鉴于先锋基金要求最低投资额,以及投资者在购买股份时需要支付佣金,千禧一代将加密资产市场视为他们适当投资且实现小幅增量的开始,而投资股票或基金不能实现这个目标。[2]

请注意:至少千禧一代此时拿出了自己的资金做投资,为未来健康的财政打下基础。我们亲眼见证了千禧一代投资加密资产,而且他们会

---

[1] http://www.hu ngtonpost.com/david-seaman/strange-bedfellows-millen_b_10836078.html.

[2] 每个比特币可以分给为1亿个单位,方便我们购买1/2、1/10、1/100或1/1 000个比特币。

采用投资策略，例如在特定价格点获取利润，实现多重资产的多样化。我在一次小型比特币讨论会中，不仅看到了极客们讨论哈希率以及对"工作证明"和"权益证明"的比较，还听到了不同年龄段的参会者从金融角度深入探讨他们最近的加密资产投资。

加密资产的黄金机遇期？

我们可能正好处于这样一个节点，即千禧一代已经认识到加密资产带来的机遇，而大多数金融机构（包括一般投资者、财务顾问和大型机构投资者）仍然拒绝加入加密资产浪潮。然而，他们此时正在观望，某些大型投资者也可能正在小心尝试，这预示着投资工具的增加近在眼前。

机构型货币经理人涉足加密资产领域并创建投资工具，将使更多投资者提高其对加密资产的认知。为这些投资工具提供资金，也将影响投资者对加密资产的需求，有可能对相关市场造成价格重大的上行压力。而那些早已经规划好加密资产投资组合的创新型投资者，将获得巨大的收益。我们应该注意到：当更多的机构参与其中，且更多的信息出口出现时，加密资产市场的竞争性会越来越激烈。此时，一名接受过良好教育且聪明的创新型投资者在加密资产市场仍然掌握优势。然而优势不一定总在他们手中。

如今我们正处于加密资产的黄金机遇期，基础设施和法规已经越来越成熟，而大多数金融机构和机构投资者尚未进入此领域。因此，对于已经进入这些市场的创新型投资者而言，他们仍旧掌握着信息优势和交易优势。在整个投资界觉醒且认识到这个机遇之前，我们仍有机会进入这个市场从中获益。根据我们提供的信息，向前走一步，同时详细了解相关的金融方案、目标，创新型投资者必将从普通投资者中脱颖而出。

成为一名不断创新和学习的投资者

随着加密资产价格的上涨，市场上可交易的加密资产数量越来越多。

ICO 的增长和随后发生的激增，已经让该行业的记者或追随者无法紧跟其发展节奏。加密资产是一个运动靶。虽然资产类别皆是如此，然而加密资产的发展速度快于大多数其他资产。这便是为何我们希望创新型投资者能够通过历史背景和久经时间考验的投资工具和技巧（如现代投资证券组合理论和资产配置等）了解和评估这些资产。

创新型投资者在未来金融世界中将成为积极的参与者，然而这并非意味着，一路上他们将独自前行。金融从业者的建议，会是一种有效手段，因为他们可以提供调查信息和投资方向。尽管创新型投资者会依靠经验丰富的从业人员的建议，然而最终决定权在他们自己手中。他们应该根据正在发生的事情，不断地调整自己的投资方法、策略甚至于抉择。在当前生活呈指数型变化的时代，这一点显得尤其重要。

"购买并持有"策略总是有效的，直到它不再有效为止。"长期投资"总是有效的，除非您需要为自己的退休生活规划自己的收益。时代不断变化。市场起起伏伏，有时候变动十分巨大。个人状况也不断发生变化，亲人生病或者失业等，将使任意一份金融计划发生重大变化。

创意型投资者最好竭尽全力形成自己的投资理念、投资方法，以及观点——哪类投资最适合自己当前的状况。这不是否决其他人的观点，而是借助自己接受的教育以及根据广泛的消息形成的知识库，评估其他人的观点。

我们已经引导创新型投资者见识了加密资产世界，介绍了它的丰富历史，尽管这个历史尚在书写过程中。这是一个十分精彩的世界，对于新加入者，我们希望提供一个好的入口。对于已经进入的投资者，我们希望可以拓展他们的眼界。

我们相信，当中本聪创建比特币时，他也在创造一种未来。我们希望通过此书，能够更好地阐述这个未来世界，并提供一种方法让您能置身其中——因为那个未来就在这里。

比特币杂志（Bitcoin Magazine）：https：// bitcoinmagazine. com/。

如果您希望阅读长篇文章以深入了解加密资产的重要发展，我们建议您登录此网站。虽然此网站每天发布新文章，但我们主要用它来进行复杂问题的研究和分析。

比特币信息图表（BitInfoCharts）：https：// bitinfocharts. com/。

虽然该网站的用户界面一直饱受诟病，但我们不可以貌取人。这个网站是一个信息宝库，它储存了许多在别处难以找到的信息，如大多数知名加密资产的交易特征、哈希率、富豪榜等。

区块链信息（Blockchain. info）：https：// blockchain. info/charts。

通过这个网站，我们可以轻松下载图表和比特币网络统计数据的CSV 文件。

美丽新币（BraveNewCoin）：https：// bravenewcoin. com/。

这个网站涵盖了许多资源，包括相关分析、API 和精心编制的指数。它主要提供专业级的资源。

币之帽（CoinCap）：https：// coincap. io/。

通过这个移动软件，我们可以快速查看市场上所有加密资产的最新动态，它也建立了官方网站。然而在我们看来，移动软件才是瑰宝，它甚至可以追踪个人的加密资产证券投资组合。

币之舞（CoinDance）：https：//coin. dance/。

它自称为"社区驱动型比特币统计资料和服务"，涵盖大量独特的比特币图表，包括 LocalBitcoins（一家比特币创业公司）的交易量、节点活动、观点投票、用户人数统计资料和其他。

币之桌（CoinDesk）：http：//www. coindesk. com/。

最新比特币、区块链和加密资产新闻的记录簿。假如您希望了解过去 24 小时发生了什么事，游览该网站是您最好的选择。

币之市价（CoinMarketCap）：https：//coinmarketcap. com/。

提供所有加密资产的定价和交易量信息，以及总体加密资产活动图表。在市场火爆时，它是我们查询最频繁的网站之一。

加密资产对比（CryptoCompare）：https：//www. cryptocompare. com/。

通过这个网站，我们不断地下载一系列与加密资产有关的数据。它不仅提供了与交易和交易量有关的重要（免费）信息，还涵盖技术指标、社交媒体统计数据、开发者活动等信息。

教育：https：//www. coursera. org/learn/cryptocurrency。

如今，网络上出现了越来越多的在线高质量课程，包括比特币和加密资产相关的课程。我最喜欢的一门课程是美国普林斯顿大学通过Coursera 讲授的"比特币和加密货币技术"。

以太坊扫描（Etherscan）：https：//etherscan. io/charts。

在此，您可以轻松地下载与以太坊网络统计数据有关的图表和CSV 文件，同时深刻理解以以太坊为基础运作的加密代币。

交易所战争（Exchange War）：https：//exchangewar. info/。

这是一个包罗万象的网站，我们可以追踪全球各种加密资产交易所的活动，以及它们在不同交易配对中相应的份额。

谷歌警报（Google Alerts）：https：//www. google. com/alerts。

了解有关比特币和加密资产的最新新闻，利用"谷歌警报"功能，您将每天收到一封邮件，用您最喜欢的关键词了解最新的新闻。

史密斯 + 王冠（Smith + Crown）：https：//www.smithandcrown.com/。

涵盖"首次代币发售"方方面面内容的网站，包括过去销售、当前销售和未来销售的信息，该网站还包含大量研究成果。

交易区块（TradeBlock）：https：//tradeblock.com/markets/。

创作这本书时，该网站针对比特币、以太坊、以太经典和莱特币的跨交易所活动，提供了最像"彭博"的用户界面。

除了这些网站之外，我们在极大程度上依靠推特获取信息，同时也关注红迪网、Slack 和 Telegram。我们的推特账号是：

@cburniske

@JackTatar

更多资源，请登录：http：//www.BitcoinandBeyond.com。

《加密资产》非常出色地介绍了数字货币和数字资产的情况。强烈推荐希望了解金融未来发展的读者们阅读此书。

——巴拉吉·S. 斯里尼瓦桑（Balaj S. Srinivasan）

21. co首席执行官，安德森－霍洛维茨公司（Andreessen Horowitz）董事会合伙人

伯尼斯克和塔塔尔向我们深刻地揭示了互联网时代以来的最大投资机遇。《加密资产》资料丰富，它可帮助读者付诸行动。这是加密资产爱好者和资本市场投资者必须阅读的一本书。

——亚瑟·B. 拉弗（Arthur B. Laffer）

拉弗经济顾问有限公司（Laffer Curve）董事长，里根总统经济政策咨询委员会（President Reagan's Economic Policy Advisory Board）成员，拉弗曲线（Laffer Curre）创建者

当我们猛冲向一个新的去中心化经济时，伯尼斯克和塔塔尔已经为我们做出了非常重要的贡献：投资这可能重新定义世界的资产时的清晰的逻辑，甚至建立了一门新的学科。

——迈克尔·J. 凯西（Michael J. Casey）

麻省理工学院媒体实验室数字货币计划（Digital Currency Initiative at MIT Media Lab）资深顾问，《加密货币时代》（*The Age of Cryptocurrency*）合著者

在这部全面且清晰的著作中，伯尼斯克和塔塔尔表明：加密资产

是第二代互联网的基础，是创新型投资者千载难逢的机遇。如果您希望了解金融和商业的未来，请仔细阅读此书。

——亚历克斯·泰普斯科特（Alex Tapscott）

NextBlock Global 公司首席执行官，《区块链革命》（*Blockchain Revolution*）合著者

区块链技术将改变一切，正如同曾经的车轮和互联网一般。伯尼斯克和塔塔尔将帮助您了解区块链及其中的加密资产。假如您是一名金融顾问，此书将帮助您更好地服务客户。

——里克·埃德尔曼（Ric Edelman）

三次获得独立金融顾问第一名，《纽约时报》（*New York Times*）畅销书《有关您未来的真相》（*The Truth About Your Future*）作者

《加密资产》作为一本权威指南，适时向您介绍了一个极新的投资领域。通过这本书，您将了解投资这个领域所需知道的一切：以一种由信任和机遇构成的安全富饶的地籍簿，取代松散专制的"赢者通吃"互联网，让我们成为潜在的赢家。

——乔治·吉尔德（George Gilder）

发现研究所（Discovery Institute）联合创始人，《金钱丑闻》（*The Scandal of Money*）作者

加密货币和加密计算的发展和重要性，不逊于早期的互联网，由此产生的技术革命和经济革命，也许比当时的互联网更加重要。《加密资产》精彩地介绍了其在技术和金融方面的突破，如果您希望了解这一复杂的课题，请阅读此书。

——杰里米·阿莱尔（Jeremy Allaire）

Circle 公司首席执行官和创始人

这是一本经过潜心研究的加密资产方面的专著。我很兴奋，因为作者的洞察力和知识，我们行业的知识库得到持续扩充。

——文尼·林厄姆（Vinny Lingham）

Civic. com 联合创始人和首席执行官，电视节目《创智赢家》（*Shark Tank*）的赢家，比特币基金会（*Bitcoin Foundation*）董事会成员

自从比特币问世以来，人们一直好奇：为什么比特币和其他加密资产具有价值。作者通过透彻且细致的分析，给我们最令人信服的解释，这反映出他们对技术非常了解并且具有强大的金融背景。无论是投资新手还是老练的加密资产投资者，他们都可以在该使用手册中发现新观点并得到合理建议。

——劳拉·时恩（Laura Shin）

《福布斯》（*Forbes*）资深编辑和《无拘无束》（*Unchained*）主持人

《加密资产》介绍了数字经济的一个迷人新领域。两位作者展示了众多历史案例以提醒我们：在兴奋之余，关注每个项目背后的团队和人才，非常重要。

——克里斯蒂恩·卡塔利尼（Christian Catalini）

麻省理工学院西奥多·T. 米勒职业发展教授（Theodore T. Miller Career Development Professor at MIT），麻省理工学院斯隆商学院（Sloan School of Management at MIT）技术革新、创业和战略管理助理教授

金融服务从业人员和投资者如果希望了解该迅猛发展的新资产类别的基本原理和发展方向，请务必阅读《加密资产》。两位领域内的权威作者带来的著作，是当前非常值得关注的加密资产投资指南。

——桑德拉·罗（Sandra Ro）

芝加哥商业交易所集团（CME Group）数字化部门前主管

伯尼斯克经验丰富，通过其重要研究成果，可以帮助读者更好地了解该新兴资产类别。在这本书中，他和塔塔尔以一种简单易懂的方式，介绍了他们多年的研究成果。

——大卫·克尼斯克（David Kinitsky）

富达实验室（Fidelity Labs）研究和创新副总裁

对于外行人而言，加密货币世界充满了风险和陷阱。没有准备，任

何人都不应该冒险进入这一世界。《加密资产》以简单易懂的语言，解释了比特币及其继任货币的完整范例，同时为我们提供了在探索此精彩世界时必须了解的种种内容。

——约翰·迈克菲（John Mcafee）

迈克菲协会（McAfee Associates）创始人

这本书系统全面又简单易懂。如果您正在考虑构建加密资产投资组合，那么我建议您阅读这本书。

——赖安·希尔基斯（Ryan Selkis）

数字货币集团（Digital Currency Group）前投资总裁，CoinDesk 常务董事

谨慎的专业投资者，如果希望了解和评估这个新资产类别，请阅读《加密资产》。伯尼斯克和塔塔尔巧妙且精彩地解释了这一新时代的投资机遇。

——凯瑟琳·伍德（Catherine Wood）

ARK 投资管理创始人和首席执行官

这本书罕见地结合了量化分析和第一性原理，其内容既富有远见又具有独创性。

——亚当·怀特（Adam White）

Coinbase 副总裁，GDAX 总经理

在持续发展的数字世界，总有一天巨大的价值将通过区块链来传输并得到保护，包括音乐和创意工作等。《加密资产》通过探究区块链的起源、使用案例和基础价值等，让更多非技术人员可以了解它。如果您正在寻找一种方法以了解下一波互联网创新趋势，您应该阅读这本了不起的书。

——杰西·瓦尔登（Jesse Walden）

媒体链（Mediachain Labs）创始人，声田（Spotify）的区块链领导者

伯尼斯克和塔塔尔向我们展示了加密资产的未来。他们的观点具有极强的针对性和敏锐性。如果您希望了解新时代的财富和价值创造，请

阅读此书。

——威廉姆·莫加耶尔（William Mougayar）

虚拟风险投资（Virtual Capital）普通合伙人，《商业区块链》（*The Business Blockchain*）作者

区块链分析专家和投资者伯尼斯克，与金融规划专家塔塔尔强强联手，向读者奉献了一本优秀的加密资产投资指南，帮助读者全面了解这个蓬勃发展、令人激动的资产类别。虽然许多投资者刚刚发现此机遇，但这些资产已经向其提供了巨大的回报，因为当前整体市场价值已经高达 1 000 亿美元，是一年前的 10 倍，10 年前的 100 倍。伯尼斯克和塔塔尔将这些资产统称为"加密资产"，他们详细介绍了其相关技术如何崛起，它解决了哪些问题，它（如同互联网一样）如何动态影响风险投资过程和投资本身。未阅读此书之前，请不要调整您的投资证券组合。

——迈克尔·特品（Michael Terpin）

Transform 集团创始人，CoinAgenda 组织者，BitAngels 联合创始人

虽然加密资产领域已经呈现出指数级的增长趋势，但为了发挥其全部潜能，它必须广泛地融入这个现实世界。在客观性和清晰性的前提下，伯尼斯克和塔塔尔在这本书中将加密资产归为一种资产类别，结果证明，它对推动机构型投资者抓住这个开创性机遇具有重大作用。

——詹妮弗·朱·斯科特（Jennifer Zhu Scott）

Radian Partners 创始合伙人，世界经济论坛区块链未来委员会（Future of Blockchain Council of the World Economic Forum）成员

《加密资产》概述了这个新兴却发展快速的区块链世界。我们将明白此创新领域将如何重塑未来经济。伯尼斯克和塔塔尔通过介绍背景，展示具体流程和项目，向我们介绍了投资此新兴资产的相关实践知识，他们整合了双方的知识和对此复杂话题的理解，因此他们让我一步步跌入加密资产的"兔子洞"（奇境）中。

——亚历克斯·桑纳伯格（Alex Sunnarborg）

CoinDesk 研究分析师，Lawnmower. io 联合创始人

《加密资产》介绍了此新兴资产类别的过去、现在和未来。这本书简单易读，通过其详细内容，读者将彻底了解比特币和其他加密资产的优点和缺点。我向此新兴领域的投资者强烈推荐这本书！

——巴·柏兰德（Pat Bolland）

美国全国广播公司财经频道（CNBC）、加拿大广播公司（CBC）和加拿大商业新闻网（BNN）前商业编辑

《加密资产》是一本与加密相关的指南。无论您是一名初学者还是专家，在阅读此书之后，您将更加了解整个生态系统。

——格雷格·罗森（Greg Rosen）

BoxGroup 负责人

伯尼斯克和塔塔尔详细描述了加密资产的起源、演化和分析结果。这本书介绍了加密资产短暂却密集的历史，探讨了如何分析它们的价值，指明了哪些加密资产具有潜力。如果您希望了解加密资产如何重塑明日世界，如何影响价值创造，那么我强烈推荐您阅读此书。

——路易斯·坤德（Luis Cuende）

Aragon 和 Stampery 联合创始人

伯尼斯克和塔塔尔写下了当代的《漫步华尔街》（*A Random Walk Down Wall Street*）。任何人如果希望从加密资产繁荣期获利，最好阅读此书。

——帕特里克·阿尔尚博（Patrick Archambeau）

CoinDesk 工程副总裁，Lawnmower. io 联合创始人

在区块链技术成为热门话题之前，伯尼斯克和塔塔尔就已经投身于该领域的分析和研究之中。多年以来，我们并不看好该领域，但也对它的进步感到吃惊。此书及时地向读者介绍了这个新兴的价值 1 000 亿美元金融市场，以及它带来的混乱和希望。两位作者不仅给出了投资者在投资这些项目时需要了解的技术要点和市场分析，也描述了投

资者在挑战极限时表现出的时代思潮和兴奋情绪。请慢慢品读此书。这是一个时间胶囊，将告诉您这项了不起的技术是如何诞生的。

——皮特·卡比（Peter Kirby）

公正通有限公司（Factom）联合创始人和首席执行官

伯尼斯克和塔塔尔克服种种困难，为入门读者提供了一本简单易读的指南，同时对老练投资者也会有所启发。当学习加密资产时，我肯定将它指定为研究生必读书。

——史蒂芬·麦基翁（Stephen Mckeon）

俄勒冈大学朗德克斯特商学院（Lundquist College of Business at the University of Oregon）金融学副教授

此书介绍了基于代币的筹资方法，同时提供了迄今为止我了解到的最佳比特币评估方法。它描述了首次代币发行（ICO）的背景和潜在影响，向投资新手和如同我这样的投资老手提供了富有远见的观点和知识。我认为它是一本非常优秀的加密资产读物。

——保罗·沃拉蒂塔克（Paul Veradittakit）

潘泰拉资本（Pantera Capital）合伙人

当人们问我如何了解加密资产时，我有一个简答的回复——读读这本书！

——阿里·保罗（Ari Paul）

BlockTower Capital 首席信息官

这是一部影响深远的著作，它介绍了加密货币作为一种数字货币如何走向主流。这本书涵盖了此种技术通过种种创新进入价值互联网，以及背离传统金融领域时展现出的全部潜力。伯尼斯克和塔塔尔为分析这一领域从各自专业领域引入了丰富的知识和跨学科方法，开辟了新方向。

——查理·海特（Charlie Hayter）

CryptoCompare 联合创始人和首席执行官

《加密资产》是一部非凡的杰作。伯尼斯克和塔塔尔能够利用他们丰富的行业经验，将复杂又不断演化的话题，浓缩为一个简练又信息丰富的入门指南，帮助投资者在这一新资产类别的投资过程中掌握优势。在未来几年，《加密资产》将作为散户投资者投身此领域的一个入口。

——彼得·格瑞斯（Pieter Gorsira）

CoinDesk 软件工程师，Lawnmower. io 联合创始人

如今，发行数字资产如同创建网站一般简单。伯尼斯克和塔塔尔向读者奉献了一本全面的入门指南，帮助其分清良莠。

——德米安·布雷纳（Demian Brener）

齐柏林解决方案（Zeppelin Solutions）创始人和首席执行官

此书简单易懂、全面详细，适合各类型投资者。

——杰瑞德·海文尼·吉丹斯基（Jared Harwayne Ginansky）

澳大利亚区块链协会（Blockchain Association of Australia）创始董事会成员

伯尼斯克和塔塔尔的这本书，不仅解释了加密资产世界，同时描述了投资者如何投资于它以及如何参与到这个可能是互联网之后最大的一个投资机遇之中。

——内德·斯科特（Ned Scott）

Steemit 创始人和首席执行官

《加密资产》是一本内容丰富且条理清晰的加密资产世界入门读物。它采用了经典金融定价模型以解决加密资产评估这一困难任务，同时向读者介绍了如何投资此新型资产。

——阿莱西奥·萨瑞托（Alessio Saretto）

达拉斯市得克萨斯州大学（University of Texas at Dallas）金融系助理教授

如果您希望了解加密资产如何运作，请阅读安德烈亚斯·安东诺普洛斯（Andreas Antonopoulos）的《区块链：通往资产数字化之路》（*Mastering Bitcoin*）；如果您希望了解如何或为何投资于此类新型资

产，请购买一本《加密资产》。

——特龙·布兰克（Tron Black）

美第奇风投（Medici Ventures）投资者和主要开发者

新手们往往尝尽各种办法投资现有的金融工具，但大多数人惨淡收场。然而加密货币及区块链技术已显现威力，有可能影响到未来的商业方法。伯尼斯克和塔塔尔合著了一部非常详尽的著作，解释了投资者需要了解此新资产类别的种种内容。

——道格拉斯·戈德斯坦（Douglas Goldstein）

金融理财师，《向国王一样富有》（*Rich as a King*）的作者

《加密资产》解释了各种加密投资，涵盖货币、代币和商品，同时向读者提供了用于投资分析的种种工具。《加密资产》是投资新手、专业人员和商业领袖能够做出的最佳投资。

——罗恩·柯克曼（Ron Kochman）

沃特信息科学（Volt Information Sciences）前总裁和首席执行官，加密资产天使投资人

《加密资产》向我们展现了一个一站式商店，帮助我们了解此新兴资产类别。我们将了解它丰富多彩的历史，如何使用基本的评估技巧，以及如何应对这个有时候动荡不安的市场。

——马修·格茨（Matthew Goetz）

BlockTower Capital 首席执行官

投资时，人们往往希望了解下一个大事件。至于那些希望了解新兴技术的好奇者以及已经了解区块链的读者，伯尼斯克和塔塔尔想尽了一切办法。此书介绍了区块链技术的起源，解释了它的运作方法，以及未来发展。读完此书后，读者有可能在这令人兴奋的冒险旅程中投入金钱和时间，并且对此激动不已。

——汤姆·萨奇（Tom Szaky）

TerraCycle 创始人和首席执行官

任意一名金融顾问如果希望了解风云变幻的资产和技术蓝图，必须阅读此书。金融顾问在与创新型投资者探讨加密资产之前，最好熟知加密资产的相关知识。

——弗雷德·派伊（Fred Pye）

3iQ 集团董事长和首席执行官

哪一种技术将验证一份电子账簿的账目次序，同时无须一位中央管理者？时间将告诉我们。假如您无法等待，那么请阅读伯尼斯克和塔塔尔合著的这本书。它将提供一个不错的认知。

——弗朗索瓦·加登（Francois Gadenne）

退休收入行业联盟（Retirement Income Industry Association）主席和常务董事

这是一部当前与该主题有关的最完整、信息最丰富的著作。伯尼斯克和塔塔尔将带领读者进入一个未知领域，向他们解释复杂的加密资产世界及其底层技术，而这非常有可能成为这个时代最重要的创新。

——莱安·兰斯洛特（Ryan Lancelot）

《比特币怎么回事？》（*What's the Deal with Bitcoins?*）合著者

如果您希望了解比特币网络效应以及比特币在社区内引发的创新热潮，请阅读此书。该社区的成员创建了多种分布式计算机生态系统，它们正在改变现有的商业模式。

——克里斯蒂娜·多兰（Cristina Dolan）

InsureX 联合创始人和首席运营官

区块链技术解锁的加密资产交易和金融科技创新对华尔街的影响，如同个人互联网出版和博客对传统媒体的影响。此种权力转换势不可当。伯尼斯克和塔塔尔将向读者提供评估这些新加密资产的工具，让其在这个财富和权力再平衡过程中占据优势地位。

——帕克里克·伯恩（Patrick Byrne）

Overstock.com 首席执行官

首先要感谢我们最优秀的文学伙伴——伟大的凯伦·莱西（Karen Lacey）。这其实是一本由三人共同完成的著作，我们感谢您帮我们定义、润色和实现我们的想法。您不仅升华了我们的见解，同时也跟我们一起跳进了加密资产这一"兔子洞"。如果您希望与一位天赋异禀且耐心的文学伙伴合作，请通过 www. theuncommonoctopus. com 联系凯伦。

谢谢麦格劳希尔集团（McGraw – Hill）的编辑凯西·伊布罗（Casey Ebro），您真是太棒了。也感谢我们的著作代理人玛丽莲·艾伦（Marilyn Allen）。

特别感谢加密资产和金融社区的同仁们，是你们向我们提供了诸多想法、建议和评论，尤其是令人赞叹的"三人组"——Alex Sunnarborg, Patrick Archambeau, Pieter Gorsira, 以及 Charles Bovaird, Balaji Srinivasan, Arthur Laffer, Michael Casey, Alex Tapscott, Ric Edelman, Campbell Harvey, George Gilder, Jeremy Allaire, Vinny Lingham, Laura Shin, Christian Catalini, Sandra Ro, Spencer Bogart, David Kinitsky, John McAfee, Ryan Selkis, Adam White, Jesse Walden, William Mougayer, Michael Terpin, Jennifer Zhu Scott, Pat Bolland, Greg Rosen, Luis Cuende, Travis Scher, Peter Kirby, Stephen McKeon, Paul Veradittakit, Ari Paul, Charlie Hayter, Demian Brener, Ron Quaranta, Jared Harwayne-Gidansky, Ned Scott, Alessio Saretto, Tron Black, Douglas Goldstein, Matthew Goetz, Tom Szaky, Fred Pye, Ryan Lancelot, Cristina Dolan, Ryan Strauss, Jack

Hough。当然，还要感谢布莱恩·凯利（Brian Kelly）的支持和协助。我们非常感激全球加密资产社区的大力支持。如果我们遗漏了在此书编纂之路上曾经帮助我们的朋友，请原谅我们——没有加密资产社区的鼎力帮助，这本书绝不可能问世。

——克里斯·伯尼斯克和杰克·塔塔尔

感谢曾是作家的父亲，打小就要求我写日记、编写暑期报告以及提交论文，以此让我得到购买各种小玩意儿的机会。父亲教育我为何在房屋内不应该摆一台电视机，告诉我所有的创造力皆来自小心维护，优秀的品质绝不接受妥协。

谢谢母亲，无论好坏，母亲永远是我的信念的源泉。虽然她可能暂时还不了解区块链，她却热爱着它们，因为我热爱着它们。在我看来，母亲最积极乐观，不断地教导我在黑暗处寻找光明。谢谢我的兄弟贾斯汀（Justin），当妈妈去世时，是他遏制住我掐死自己的冲动。是他教会我"权利并不总是必须腐败"的道理。

谢谢卡西·伍德（Cathie Wood），是他把我从鱼贩行当中揪了出来，并且教育我，并非所有的金融业务都是糟糕的。几年间，卡西向我传授的经济学、市场学以及世界运作方式等方面的知识，远远超过我在斯坦福大学的求学所得。尽管世上导师越来越少，卡西的教诲却是我这一生的关键。谢谢您，鲍勃·伍德（Rob Wood），介绍我和凯西相识。

谢谢布雷特·温顿（Brett Winton），您教会我如何解决最复杂的问题，也许我并不像自己害怕的那样愚笨。乔尔·莫奈格罗（Joel Monegro），是您在加密世界中为我高举火把，谢谢您。我不曾期望与任何人能够如同与您一样通过头脑风暴集思广益。谢谢詹姆斯·王（James Wang），教会我爱上推特，这对我太有用了。

最后但非常重要，谢谢您，塔塔尔，您是此书问世的驱动力所在。如果不是我们在"共识"晚会上的相遇以及您毫不保留的热情，此文将难以出版。

——克里斯·伯尼斯克

谢谢伟大的哈里·马科维茨（Harry Markowitz）提供意见和洞察力。此书的一个美妙结果即：我能够与这个伟大的男人建立友谊。谢谢你，哈里。你的帮助让我受益匪浅。

尤其感谢我的兄弟——斯图·沙洛夫（Stu Sharoff），你深耕于这个古怪的世界，并为我提供了封面建议，另外，这么多年一直是我的好兄弟。同样感谢斯图·罗森伯格（Stu Rosenberg），你同样深耕这个领域，这么多年来不断给我支持。

尤其感谢我的风险投资合伙人和亲爱的朋友——罗恩·科尔曼（Ron Kochman），你为此书提供诚实可靠的观点，进而让这段旅程如此有趣。同样感谢斯蒂夫·凯茨（Steve Katz），每一天我们都非常想念你。

谢谢伟大的约翰·焦亚（John Gioia），你在此书的编纂过程中不断地提供自己的意见和观点。谢谢艾琳·卡巴斯（Irene Cibas），这么多年，你一直坚持自我，忍受约翰和我的种种。同时感谢比尔·波诺莫（Bill Bonomo）、约翰·巴贝拉（John Barbera）和大卫·芬克（Darid Fink），感谢你们给我帮助和支持，在我需要时，你们总在那里。当然，还应当感谢富有传奇色彩的萨姆·柯尔克（Sam Kirk），你在此书成书过程中施以援手。

感谢我的母亲和父亲，虽然你们已经不在人世，但你们每一天都在启发我、指导我。

最重要的是，感谢我的家人，在此书创作过程中，你们忍受我的种种缺点。如果没有你们的支持和谅解，我永远不会写完这本书。感谢我的子女，埃里克（Eric）和格蕾丝（Grace），我无法用言语表达你们的建议和支持对我如何重要和宝贵。你们是我万物的灵感所在。

最后，感谢我存在的理由以及我一生的挚爱——莫迪·安（Maudee Ann）。没有人比你更加了解在我生活中曾经产生了多么疯狂的构思和想法，然后你却一一忍受它们，全程支持我。谢谢上帝让我有机会与你共度一生。谢谢你。我对你的爱无以言表，无时无刻，永不停止。

　　当然了，感谢我十分优秀的合著者——伯尼斯克，你是那么富有智慧、幽默、有同情心和诚实。与你建立的友谊，无疑是此书最美好的一部分。

——杰克·塔塔尔

蔡长春

兴业银行信息科技部架构师，先后服务于证券公司、保险公司、银行等金融机构，长期从事金融系统开发及架构设计工作。对金融科技抱有极大热情，是新技术积极的倡导者和推动者。从 2015 年至今，潜心研究区块链，对区块链技术在金融行业的应用有深入的研究和丰富的实战经验。

林　侃

东京大学工学博士、清华大学五道口金融学院博士后、斯坦福大学访问学者，现供职于中国银保监会，曾在国家部委、外资投行、大型券商、政策性银行工作与实习，曾从事金融政策制订、金融科技投资等工作。在国际顶级会议、期刊上发表十余篇论文，著有《中国金融科技安全教程》等书，对区块链、大数据、人工智能在金融中的应用与风险防控有深刻的理解。

邹传伟

统计学学士、经济学硕士和经济学博士，副研究员。先后就读于北京大学数学科学学院和中国经济研究中心（现国家发展研究院）、中国人民银行研究生部（现清华大学五道口金融学院）以及哈佛大学肯尼迪学院梅森学者项目。曾供职于中央汇金公司、中国投资公司，现为南湖互联网金融学院常务副院长。获首届（2014 年度）孙冶方金融创新奖。

田思源

软件工程与信息系统工学硕士，Sun 高级工程师，IBM 软件工程经理，联合国大学国际软件技术研究所技术专员，乐意盟科技技术负责人。

许余洁

北京鼎诺投资管理公司总经理，中国人民大学数量经济学博士，清华大学和中国证监会联合培养博士后，中国资产证券化研究院首席研究员，曾任联合信用评级公司研究总监。

姜晓芳

北京航空航天大学计算机博士生、CFA 持证人和北京金融分析师协会的发起会员。曾供职于汤森路透，为金融领域的高级业务分析师，对资本市场和客户需求有深刻的理解。现任金融信息化研究所资深研究员，负责金融大数据、人工智能、区块链等领域相关理论体系和新兴技术的跟踪研究。中国金融学会金融信息化专业委员会（金信委）秘书处副主任。

杨鑫杰

南湖互联网金融学院学术研究组高级主管，毕业于浙江大学经济学院。

赵 伟

经济学硕士，南湖互联网金融学院学术研究组主管，毕业于英国爱丁堡大学。

郝 莹（Celine）

清华大学五道口金融学院金融 EMBA，民商法硕士，参与北京大学光华管理学院高层管理教育项目。具有多年政府工作经验，采用新型余热回收技术的公司——保蓝热力的创始人和投资人，青荷资产管理创始人，清华五道口区块链俱乐部创始人，长安俱乐部青年领袖。投身金融行业多年，探索"区块链＋"及金融科技与实业的产融结合。